よくわかる真言宗

重要経典付き

瓜生 中

角川文庫
20124

目次

第三章　真言宗の本尊と諸尊

第四章　空海の生涯と空海以降の真言宗

第六章 真言宗のお経

付　録

はじめに

密教《みっきょう》はインドの龍猛《りゅうみょう》という学僧が、密教の根本経典《こんぽんきょうてん》である『大日経《だいにちきょう》』と『金剛頂経《こんごうちょうきょう》』を発見し、それを体系化して創始したもので、大乗仏教《だいじょうぶっきょう》の最高の教えといわれている。この教えがインドから中国にわたって六人の学僧に伝えられ、七番目の恵果《けいか》阿《あ》闍梨《じゃり》から入唐《にっとう》の折りに教えを受けた弘法大師《こうぼうだいし》空海《くうかい》が、我が国に本格的に伝えたのである。

帰朝後、空海は京都の高雄《たかお》神護寺《じんごじ》で密教の布教に励み、ときの嵯峨《さが》天皇はじめ多くの人々に信任され、密教は瞬く間に皇族や貴族の注目するところとなった。そして、帰朝から一〇年後の弘仁《こうにん》七年（八一六）、空海は嵯峨天皇から高野《こうや》山《さん》を下賜《かし》され、密教の根本道《こんぽんどう》場《じょう》の創建に着手した。そして、弘仁一四年（八二三）には教王護国寺《きょうおうごこくじ》（東寺《とうじ》）を下賜された。東寺は平安京《へいあんきょう》遷都に伴って都の守護として西寺《さいじ》とともに創建されたものだったが、ここを真言密教《しんごんみっきょう》の寺院に改めるようにとの勅命が下ったのだった。高野山と教王護国寺の創建により、真言密教は法相宗《ほっそうしゅう》や華厳宗《けごんしゅう》、最澄《さいちょう》の天台宗《てんだいしゅう》などと並ぶ一大仏教宗派となったのである。

平安時代末には高野《こうや》山座《さんざ》主《す》の覚鑁《かくばん》が空海以来の教義に異を唱え、根来寺《ねごろじ》を拠点に新義《しんぎ》真《しん》言宗《ごんしゅう》を開き、その後も多くの分派を生じて現在までに古《こ》義真言宗《ぎしんごんしゅう》一六派、新義真言宗三派の一九の分流に分かれているが、今も不動信仰《ふどうしんこう》などを中心に多くの信徒に支持されている。また、加持祈禱《かじきとう》や真言《しんごん》（陀羅尼《だらに》）などの密教の修法《しゅほう》や教義は宗派を超えて採用され、浄土真宗《じょうどしんしゅう》を除くすべての宗派で多少なりとも密教の要素を取り入れている。このように密教が歓迎されたのは、即身成仏《そくしんじょうぶつ》を説く密教が現世利益《げんぜりやく》的な側面が大きいからである。そして、今日の密教の隆盛を導いた空海の功績には計り知れないものがある。

小著では密教の歴史、思想、空海の生涯と思想、密教の普及に功績のあったインド、中国、日本の高僧の生涯と思想、高野山金剛峯寺《こんごうぶじ》や教王護国寺、根来寺など主要寺院の歴史、真言宗の行法《ぎょうぼう》、真言宗の重要経典と法要《ほうよう》などで読まれる経典、真言宗の諸尊《しょそん》、真言宗の行事などについて分かりやすく解説した。読者の皆さんが小著を通して空海や真言密教の思想に触れて概要を把握され、経典などにも親しんでいただければ幸いである。

二〇一六年　初冬

瓜生　中

第一章　真言宗の基礎知識

◆はじまりは呪文や呪術

インドでは釈迦《しゃか》が仏教を創始する以前から、パリッタという呪文が民間に流布していた。毒蛇に嚙《か》まれたときや病気平癒《びょうきへいゆ》、雨乞《あまご》いなど何か危難に遭ったときに人々は呪文をとなえて災厄を逃れようとしたのだ。

釈迦は呪文や呪術的な呪いなどを用いることを厳しく禁じていた。仏教は神のいない宗教であり、釈迦の教えに従って生きることによって人間が持つ短所がしだいになくなり、やがては完璧《かんぺき》な人間になることを目指す。近年の学者は悟りの境地を人格の完成と言うが、短所のない完璧な人格を具《そな》えることができれば、他人に腹を立てることも、世の中に不満を持つこともなくなる。それが悟りの境地だ。

釈迦の思想としては呪文や呪術などを駆使するのは低級な行為で、本来の仏教の目的以外のところに仏教が向かってしまう恐れがある。だから釈迦は呪文や呪術を厳しく禁じた。

しかし、仏教が広い地域に住むさまざまな階層や種族の間に広まっていく過程で、その地域の人々の習俗や信仰を取り入れていく必要に迫られた。そこで、釈迦の本来の教えに反して、呪文や呪術が仏教にも取り入れられたのである。

たとえば、『般若心経《はんにゃしんぎょう》』の末尾に「羯諦《ぎゃて》、羯諦《ぎゃて》……」という有名な言葉がある。この言葉は古来、インドから中央アジアの広い地域でとなえられていた呪文（パリッタ）なのである。『般若心経』の作者は大乗仏教《だいじょうぶっきょう》の根幹を成す「空《くう》」の思想を広めるために短い経典を作り、その末尾に羯諦、羯諦の呪文を加えたのである。

『般若心経』が広く支持された理由は、人々が常日頃から口ずさみ慣れ親しんでいた呪文を用いたところにあるのだ。識字率の低い時代には羯諦、羯諦の部分だけをとなえていたと考えられている。今も中央アジアなどでは羯諦、羯諦だけをとなえているところもあるという。

◆雑密と純密

このような多くの呪文が次第に仏教に取り入れられ、次第に醸成されたのが密教《みっきょう》で、古い時代に呪文を集積した密教を雑密《ぞうみつ》と呼んでいる。そして、それらの呪文を整理して組織体系化し仏教的に整備したものが純密《じゅんみつ》と呼ばれるものだ。

呪文や呪術が体系化され整備された七世紀の半ばごろに『大日経《だいにちきょう》』『金剛頂経《こんごうちょうきょう》』という密教の根本経典《こんぽんきょうてん》が作られた。密教とは大日如来《だいにちにょらい》の秘密の教えという意味で、われわれ人間を含めて世の中のすべての存在は大日如来の化身であるとされる。

『大日経』には胎蔵界《たいぞうかい》の世界観が、『金剛頂経』には金剛界《こんごうかい》の世界観が説かれている。胎蔵界は絶対寂静の涅槃《ねはん》（悟り）の世界、金剛界は万物が生々流転《せいせいるてん》する現実の世界である。

曼荼羅《まんだら》はその二つの世界を図示したもので、密教的宇宙《みっきょうてきうちゅう》の見取り図である。

日本には雑密の部分は仏教伝来以前から散発的に伝えられていたと考えられている。そして、日本に純密を最初に伝えたのは天台宗《てんだいしゅう》を開いた最澄《さいちょう》である。しかし、最澄の主唱する天台《てんだい》の教義は『法華経《ほけきょう》』を中心に禅《ぜん》や密教《みっきょう》、戒律《かいりつ》を融合したもので、最澄は在唐《ざいとう》一年の間、主に天台山《てんだいさん》に滞在して天台教学《てんだいきょうがく》を学んだのであるが、当時の天台山では密教はほとんど伝授されていなかったことから、最澄もあまり注目していなかった。

しかし、当時の中国では密教が盛んで、最澄は帰る直前に乗船地の明州《めいしゅう》に来たときに密教の盛況ぶりを目の当たりにし、慌ただしく灌頂《かんじょう》を受けたのである。このことから最澄のもたらした密教は不完全なものであり、持ち帰った密教経典《みっきょうきょうてん》も一部に過ぎなかった。

これに対して最澄と同じ遣唐使船団で入唐《にっとう》した空海《くうかい》は、はじめから密教の習得のみを目的に唐に渡った。空海は在唐二年の間に恵果阿闍梨《けいかあじゃり》（七四六～八〇五）から余すところなく秘法を授けられた。しかも、恵果《けいか》の指導を受けたのはわずか九ヶ月間だ。

空海がこのような短期間に密教を習得できたのはすでに日本にいるときに深く密教を理解していたからだ。彼は奈良の大安寺《だいあんじ》の勤操《ごんぞう》（七五四～八二七）から密教の手ほどきを受けたと考えられている。空海は膨大な密教経典と密教法具《みっきょうほうぐ》、曼荼羅などを持ち帰り、本格的に我が国に密教を伝えたのである。

いっぽう、最澄は密教において空海に後れを取ったことを悔やみ、臨終に際して弟子たちに比叡山《ひえいざん》に密教をしっかりと根付かせるようにと遺言した。これに応《こた》えて第三世天台座主《てんだいざす》の円仁《えんにん》が入唐し、九年間、留《とど》まって密教を学び帰朝した。次に第五世天台座主になった円珍《えんちん》は在唐五年にして密教を深く学んで帰朝した。二人の活躍によって比叡山はすっかり密教化し、高野山《こうやさん》を凌《しの》ぐ密教王国となったのである。

密教は現世利益《げんぜりやく》の仏教で当時の貴族などの病気平癒や厄除《やくよ》け、延命長寿などといった個人的志向に合致したことから、瞬く間に広まった。また、一方では日本古来の山岳信仰と結びつき、修験者《しゅげんじゃ》の間で護摩《ごま》などの加持祈禱《かじきとう》が行なわれ、神仏習合《しんぶつしゅうごう》という日本独特の信仰を生み出したのである。

現代も密教は盛んに信仰されており、とりわけ、不動明王《ふどうみょうおう》は幅広い階層、年齢層に熱く信仰されている。

◆即身成仏と三密加持

密教《みっきょう》の教義の中心になるのが即身成仏《そくしんじょうぶつ》。それを達成するための修行が三密加持《さんみつかじ》である。

釈迦《しゃか》は前生からとてつもなく永い時間、輪廻転生《りんねてんしょう》を繰り返し、そのたびに厳しい修行と善行《ぜんぎょう》を繰り返した。その結果、最後にこの娑婆世界《しゃばせかい》に生まれ変わったときに偉大な悟りを開く（成仏《じょうぶつ》すること）ことができた。

そのように、仏教では悟りを開くまでには永い永い時間がかかると考えられていた。しかし、大乗仏教《だいじょうぶっきょう》の最後に登場して、かつ最高の教えとされる密教では、今生《こんじょう》（今生きている身体のまま）で成仏することができると説く。これを即身成仏という。

そして、即身成仏を達成するためには三密加持が重要な修行になる。三密《さんみつ》とは身《しん》、口《く》、意《い》の三密で、身は身体的な行為、口は言葉、意は心に思うことである。身密《しんみつ》は印《いん》（仏像が結ぶさまざまな手つき）を結ぶこと。密教では多くの印があり、仏ごとに違った印が定められている。仏に向かって祈願するとき、その仏の印を結ぶのである。口密《くみつ》は陀羅尼《だらに》（真言）をとなえること。陀羅尼も仏ごとに定められており、祈願する仏の陀羅尼をとなえるのだ。たとえば、薬師《やくし》如来《にょらい》の場合は「オンコロコロセンダリマトウギソワカ」ととなえ、薬師如来の印を組む。意密は心の中で祈願する仏をイメージすること。薬師如来に祈願するときには薬師如来の陀羅尼をとなえ、その印を結んで心に薬師如来の姿をイメージするのである。

そして、三密に修《しゅ》することによって仏と合体するのが加持《かじ》である。仏と合体する、すなわち仏が祈願者の身体の中に入ってくることによって、仏はその人の苦しみや悲しみ、悩みを悉く《ことごと》把握する。つまり、祈願者の痛いところや痒《かゆ》い所が手に取るように分かるのである。それらを仏の智慧《ちえ》と能力によってなおしてくれるのだ。

加持を取り持ってくれるのが密教の僧侶《そうりょ》である。宗派や流派によっても異なるが、護摩《ごま》供養《くよう》のとき、導師《どうし》の僧侶が退出した後に他の僧侶が祈願者の前に立ち、洒水《しゃすい》（柳の枝に聖水をつけて清めること）を行なった後に「これからお加持を行ないます」といって両手を胸の前に掲げて、ハスの花のような形の印を組むと同時に護摩供養の本尊《ほんぞん》である不動明王《ふどうみょうおう》の真言《しんごん》をとなえ、こころに不動明王をイメージする。

このとき、不動明王と祈願者の間に加持が成立し、祈願者は不動明王とともにハスの花の中に生まれるのだ。これを一蓮托生《いちれんたくしょう》といっている。つまり、一つの蓮の中に一緒に生を受けるということだ。

◆真言宗の開祖・龍猛

真言密教《しんごんみっきょう》の開祖とされているのが龍猛《りゅうみょう》である。彼は西暦一五〇年から二五〇年ごろに活躍したインドの学僧で、南インドのバラモンの家に生まれ、出家してはじめ小乗仏教《しょうじょうぶっきょう》を学んだが、後にヒマラヤに籠《こも》って老僧から大乗仏教《だいじょうぶっきょう》を教えられたという。さらに、南海の龍宮《りゅうぐう》に赴いて大乗経典《だいじょうきょうてん》を得たという伝説的な話も伝えられている。

『中論頌《ちゅうろんじゅ》』『廻諍論《えじょうろん》』『十二門論《じゅうにもんろん》』など大乗経典の注釈書を多く著している。

この龍猛が密教《みっきょう》を広めたことに関して次のような伝説的な逸話が伝えられている。先にも述べたように、密教は大日如来《だいにちにょらい》が説いた秘密の教えで、陀羅尼《だらに》（呪文）はふつうの人間には理解できない。その陀羅尼をよく理解しているのが金剛薩埵菩薩《こんごうさったぼさつ》という大日如来の腹心の仏である。

この金剛薩埵菩薩が、大日如来から授かった密教の教えを『大日経《だいにちきょう》』と『金剛頂経《こんごうちょうぎょう》』にまとめて南インドの鉄塔の中に隠しておいたという。龍猛は夢告によってそのことを知り、南インドで鉄塔を探し出し、扉を開くと中に夢告通り、『大日経』と『金剛頂経』が納められていたという。龍猛はそれを読破して密教を広めた。このような伝説的な話から龍猛が真言密教の第一祖とされているのである。

この話はあくまでも伝説の域をでないが、密教のルーツが南インドにあることは確かなようだ。実は仏教が広まったのは釈迦《しゃか》が布教したガンジス河中流域で、紀元前三世紀には、インド最初の統一王朝であるマウリヤ王朝を築いたアショーカ王の息子のマヒンダがセイロン島（スリランカ）に伝えたが、インド南部で仏教は普及しなかったと考えられている。

釈迦が厳しく禁じた陀羅尼を駆使するなど、密教の教義は明らかに釈迦が主唱した教えとは異なる。ということは、もともとインド南部で行なわれていた陀羅尼を中心とする宗教が、仏教の思想を取り入れて整備されたと考えることができる。このことから、欧米の仏教学者の中には密教は仏教ではないと明言する人が多い。

◆真言八祖とは

開祖・龍猛《りゅうみょう》の後、真言《しんごん》は空海《くうかい》まで八人の高僧が継承してきた。この八人を真言八祖《しんごんはっそ》と呼び、真言八祖像《しんごんはっそぞう》とよばれる肖像が各地の真言宗《しんごんしゅう》の寺院に納められている。

中国に最初に密教《みっきょう》を伝えたのは善無畏《ぜんむい》（六三七～七三五）である。彼はインドのマガダ国の王族の出身だが、部族内で内乱があったことから若くして出家した。当時、インド最大の学問寺として知られたナーランダー寺で密教を学び、中央アジアを経て唐《とう》の開元《かいげん》五年（七一七）に長安《ちょうあん》に入り、唐の玄宗《げんそう》皇帝の帰依《きえ》を受け、その保護のもと多くの密教経典《みっきょうきょうてん》を漢訳し、金剛智《こんごうち》（六七一～七四一）とともに中国で密教の基礎を築いた。

七二五年、弟子の一行を助手として『大日経《だいにちきょう》』を漢訳する。一行は『大日経』の注釈、『大日経疏《だいにちきょうしょ》』を著した。ほかにも善無畏は多くの密教経典を漢訳し、密教の秘法《ひほう》を弟子に伝える灌頂《かんじょう》をはじめて紹介して、実践した。

善無畏の後を継いだのが金剛智である。彼は南インドのバラモンの出身だが、後に仏教に帰依した。ナーランダー寺を中心に各地で修行して律や中観《ちゅうがん》、瑜伽《ゆが》など大乗仏教《だいじょうぶっきょう》を幅広く学んだが、三一歳のときに密教を学んでこれに専心するようになった。唐の開元八年（七二〇）に弟子の不空《ふくう》（七〇五～七七四）とともにセイロン（現在のスリランカ）、インドネシアのスマトラ島を経て広州《こうしゅう》（広東《カントン》）から上陸し、洛陽《らくよう》、長安で密教経典を漢訳し、これを中国に広め、密教の秘法を伝授する灌頂の道場を設立した。

金剛智の後を継いだのは弟子の不空である。彼は金剛智とともに海路、中国に渡った。師の没後、さらなる密教経典を求めてインドに帰り、セイロン島で密教を学び七四六年に再び長安に戻った。没するまでに膨大な数の経論を漢訳し、鳩摩羅什《くまらじゅう》、真諦三蔵《しんだいさんぞう》、玄奘三《げんじょうさん》蔵《ぞう》とともに四大翻訳家の一人に数えられている。玄宗皇帝は不空から灌頂を受け、不空はしばしば国家や皇帝のために加持祈禱《かじきとう》を修した。次の粛宗《しゅくそう》皇帝のときにも内供奉《ないぐぶ》（宮廷内に設けられた皇帝専用の祈禱道場《きとうどうじょう》）で護摩供養《ごまくよう》をはじめとするさまざまな加持祈禱を行ない、その次の代宗《だいそう》の代にもたびたび加持祈禱などを行なって信任を得ている。不空には多くの弟子がおり、空海の師匠の恵果《けいか》も弟子の一人である。

不空の弟子の恵果（七四六〜八〇五）は真言付法《しんごんふほう》の第七祖で、空海に密教を伝授したことで知られる。唐の代宗の信任を得て内供奉の護持僧《ごじそう》となり、続く二帝にも仕えて三朝の国師として敬われた。空海に秘法を伝授し終わり、邂逅《かいこう》から九ヶ月後には遷化《せんげ》した。そのとき、空海が勅命によって碑文を撰《せん》したことは有名である。

空海が入唐《にっとう》したとき、金剛智、善無畏、不空、一行《いちぎょう》、恵果の真言五祖像《しんごんごそぞう》がすでに中国にあった。これに空海は龍猛《りゅうみょう》と龍智《りゅうち》の二祖像を描かせて真言七祖像《しんごんしちそぞう》にして持ち帰った。この真言七祖像はインド、中国の真言密教《しんごんみっきょう》の正系で、今も教王護国寺《きょうおうごこくじ》（東寺《とうじ》）に納められ、国宝に指定されている。

そして、空海の没後、高弟の真如《しんにょ》親王が弘法大師《こうぼうだいし》像《ぞう》を描かせ、空海が持ち帰った七祖像に加えて真言八祖像とした。今も東寺をはじめ真言宗の大寺《だいじ》ではこの八祖像を掲げているところが多い。ちなみに、真如親王は平城《へいぜい》天皇の皇子で若くして出家して空海の弟子になり、頭角を現して高弟になった人である。

◆古義真言宗と新義真言宗

真言密教《しんごんみっきょう》は空海《くうかい》が入唐《にっとう》して日本に伝え、高野山《こうやさん》を創建してここを拠点に瞬く間に広まった。空海の没後も優秀な弟子が出てその教義を継承したが、その後、しだいに派閥ができて亀裂《きれつ》を生じるようになった。そして、平安時代の末に覚鑁《かくばん》(一〇九五～一一四三)が出るに及んで、真言宗《しんごんしゅう》は二分されることになった。

覚鑁は一三歳のときに仁和寺《にんなじ》で出家して密教《みっきょう》を学び、奈良の興福寺《こうふくじ》や東大寺《とうだいじ》で法相《ほっそう》、三論《さんろん》、華厳《けごん》などの教義を学び、二〇歳のときに高野山に登って本格的に密教を学んだ。当時、高野山は比叡山《ひえいざん》の隆盛に押されて衰退しており、覚鑁はその復興に力を入れていた。そして、空海直伝の教義を改革してもっと民衆に受け入れやすいものにしようとしたのである。

覚鑁は教義解釈の一部を空海直伝のものから改変し、伝法灌頂《でんぽうかんじょう》や護摩供養《ごまくよう》など加持祈禱《かじきとう》のときの作法も変えたのである。これに対して保守派の僧侶《そうりょ》達は猛反発した。結局、高野山に空海が創設した伝法院《でんぽういん》では灌頂《かんじょう》ができなくなった。そこで覚鑁は山内《さんない》に新たに大伝法院《だいでんぽういん》を創設し、鳥羽《とば》上皇に上申して上皇の御願所とした。

その後、覚鑁の一派と保守派との間に亀裂を生じ、しばしば争いを繰り返した。覚鑁は将来、争いが激しくなることを見込んで、高野山の山麓《さんろく》の根来寺《ねごろじ》に拠点を設けた。覚鑁の没後はさらに争いが激しくなり、弘安《こうあん》九年(一二八六)に、覚鑁の衆徒七〇〇人余りが山を下りて根来寺に拠点を移した。このときから、根来寺は新義《しんぎ》派を名乗り、高野山は古義《こぎ》と呼ばれるようになって、真言宗は二派に分かれることになったのである。

その後も高野山との間で争いが絶えず、双方が僧兵を繰り出して互いに焼き討ちなどをした。その過程で根来寺の僧兵は強大な兵力となり、近世には根来鉄砲隊《ねごろてっぽうたい》を組織して戦国大名などにも手強《てごわ》い存在となった。いっぽうで、根来寺には優秀な学僧《がくそう》が参集して栄えた。

しかし、戦国時代の末になると豊臣秀吉《とよとみひでよし》の焼打ちに遭って大塔《だいとう》などのわずかな建物を除いて伽藍《がらん》の大半を焼失した。このとき、学僧たちは当然のことながら寺を追われることになった。根来寺には専誉《せんよ》（一五三〇〜一六〇四）と玄宥《げんゆう》（一五二九〜一六〇五）という二人の学頭《がくとう》がいたが、それぞれの配下の学僧たちは学頭と行動を共にした。

専誉は一時、故郷の泉州《せんしゅう》（大阪府）に留《とど》まった後、奈良の長谷寺《はせでら》を拠点とし、ここが後の真言宗豊山派《しんごんしゅうぶざんは》の本山となった。いっぽう、玄宥は京都の智積院《ちしゃくいん》を再興して、ここを拠点とし、智積院は後に真言宗智山派《しんごんしゅうちさんは》の本山となったのである。また、根来寺は焼き討ち後、徐々に伽藍を再建し、長谷寺と智積院の住持《じゅうじ》が輪番で管理するようになった。

豊山派と智山派の基を造った専誉と玄宥は真言密教以外にも法相や戒律、禅《ぜん》、浄土教《じょうどきょう》などを幅広く学んだ。その結果、江戸時代には自由な学風が生まれ、多くの碩学《せきがく》が集って研《けん》鑽《さん》を積んだ。そして、この時代になると高野山を凌《しの》ぐ勢いで新義真言宗の系統が栄えたのである。現在も智山派《ちさんは》の成田山新勝寺《なりたさんしんしょうじ》や平間寺《へいけんじ》（川崎大師《かわさきだいし》）、豊山派《ぶざんは》の護国寺《ごこくじ》など多くの参詣者を集めている。

なお、古義、新義の名は明治以降の呼称である。そして、戦後は根来寺が新義真言宗《しんぎしんごんしゅう》を名乗って独立し、豊山派、智山派と合わせて三つの流派で活動することになった。

◆多くの流派に分かれた真言宗

先に述べたように真言宗《しんごんしゅう》は覚鑁《かくばん》の時代に高野山《こうやさん》と袂《たもと》を分かち、根来寺《ねごろじ》を拠点にいわゆる古義《こぎ》と新義《しんぎ》に二分された。

言うまでもなく、日本で最初の真言密教《しんごんみっきょう》の寺院は高野山である。弘仁《こうにん》七年（八一六）に空海《くうかい》が開創した。そして、それから七年後の弘仁一四年（八二三）には空海が教王護国寺《きょうおうごこくじ》（東寺《とうじ》）を下賜され、ここを密教寺院《みっきょうじいん》に改変する。空海が存命中は両寺は一体で、空海の指導のもと整然と運営されていた。

しかし、空海が没すると事情は変わっていき、次第に溝が深まっていったのである。溝が生じたのにはさまざまな理由があるが、その一つに空海の年忌法要《ねんきほうよう》などのときの両山の住持《じゅうじ》や管理職クラスの僧の席次に問題があったのだろう。要するに合同の法要《ほうよう》のとき、高《こう》野山座主《やさんざす》と東寺の長者《ちょうじゃ》（住職）のどちらが上席に着くのかという問題である。これは意外に根の深い問題で、後々、遺恨を生む原因となったのではなかろうか。

さらに、空海の没後も入唐《にっとう》して真言密教を学んで帰国した僧侶《そうりょ》は数多い。彼らはそれぞれ別の密教寺院で密教の奥義を修得してくるケースが多く、師匠が異なると教義解釈や加《か》持祈禱《じきとう》のときの作法などに違いが生ずる。そのような理由で真言宗は多くの流派に分かれることになった。

真言宗《しんごんしゅう》は真言一六派といわれるように、次の一六の流派に分かれた。（カッコ内は大本山）。

〈古義真言宗〉

一、高野山真言宗《こうやさんしんごんしゅう》（高野山金剛峯寺《こうやさんこんごうぶじ》）
二、東寺真言宗《とうじ》（教王護国寺《きょうおうごこくじ》〈通称、東寺《とうじ》〉）
三、真言宗醍醐派《だいごは》（京都の醍醐寺《だいごじ》）
四、真言宗御室派《おむろは》（京都、仁和寺《にんなじ》）
五、真言宗善通寺派《ぜんつうじは》（香川県の善通寺《ぜんつうじ》）
六、真言宗大覚寺派《だいかくじは》（京都、大覚寺《だいかくじ》）
七、真言宗泉涌寺派《せんにゅうじは》（京都、泉涌寺《せんにゅうじ》）
八、真言宗中山寺派《なかやまでらは》（兵庫県、中山寺《なかやまでら》）
九、真言宗清澄寺派《せいちょうじは》（兵庫県、清澄寺《せいちょうじ》）
一〇、真言宗須磨寺派《すまでらは》（兵庫県、須磨寺《すまでら》）
一一、真言宗山階派《やましなは》（京都市、勧修寺《かじゅうじ》）

二二、信貴山《しぎさん》真言宗（奈良県、朝護孫子寺《ちょうごそんしじ》）

〈新義真言宗〉

一、新義《しんぎ》真言宗（和歌山県、根来寺《ねごろじ》）

二、智山派《ちさんは》（京都市、智積院《ちしゃくいん》）

三、豊山派《ぶざんは》（奈良県、長谷寺《はせでら》）

〈鎌倉時代に叡尊《えいそん》が開いた真言宗の一派〉

一、真言律宗《りっしゅう》（奈良県、西大寺《さいだいじ》）

◆曼荼羅とは何か

古代インドでは土で円形の壇《だん》を築き、そこに神々の姿を描いてさまざまな祈願をしていた。それが密教《みっきょう》に取り入れられて曼荼羅《まんだら》になった。曼荼羅はサンスクリット語の「マンダラ」を音写したもので、「壇」「円輪具足《えんりんぐそく》」などと漢訳される。土の壇を意味することから「壇」と漢訳された。また、「円輪具足」とは車の車輪が車軸やスポークや外輪がそろってはじめて順調に回転するように、あらゆるものが欠けることなく、そろっているという意味である。密教のマンダラは主にこの円輪具足の意味である。

密教の曼荼羅には広狭二つの意味がある。広義には大日如来《だいにちにょらい》の秘密の徳《とく》、すなわち悟りの境地のあらわれで、曼荼羅の中には森羅万象《しんらばんしょう》が含まれていると考えられている。一方、狭義にはすべての仏・菩薩《ぼさつ》などを一堂に会して、仏の世界観をあらわしたものとされる。ふつうは仏の世界、宇宙《うちゅう》という意味で曼荼羅という言葉を用いている。

曼荼羅は密教が興った七世紀以降に造られるようになったものだが、はじめは古代インドの風習に従って屋外に土の壇を築き、その上に仏、菩薩、明王《みょうおう》、天《てん》など諸尊《しょそん》の姿を描き、祈願が終わると同時に、それを取り壊していたようである。チベットには今でもこのような古い形式を受け継いだ「砂曼荼羅《すなまんだら》」というものがある。これは屋外につくった壇上に色とりどりの砂で曼荼羅を描き、儀式が終わって風が吹くと自然に消滅する仕組みになったものである。すなわち森羅万象を包括した曼荼羅をつくり、それがまた宇宙にかえっていくのである。

曼荼羅が中国に伝わると、気候の違いから屋外に壇を築くのが困難なこともあり、また、中国では早くから紙がつくられ、木も豊富にあったので、木で祭壇をつくって紙や布に描いた曼荼羅を掲げるようになった。日本にはこれが伝わってきたのである。

◆曼荼羅の種類

曼荼羅《まんだら》は大きく二つの種類に分けることができる。一つは大日如来《だいにちにょらい》を中心にして周囲にさまざまな仏、菩薩《ぼさつ》、明王《みょうおう》、天《てん》などを並べたもので、これを「普門《ふもん》の曼荼羅」または、「都部《とべ》の曼荼羅」という。金剛界曼荼羅《こんごうかいまんだら》と胎蔵界曼荼羅《たいぞうかいまんだら》がこれにあたる。日本には空海《くうかい》が

「普門の曼荼羅」を伝え、京都の神護寺《じんごじ》には空海が描いたという両界曼荼羅《りょうがいまんだら》（金剛界曼荼羅と胎蔵界曼荼羅）が伝えられている。

次に「一門《いちもん》の曼荼羅」または「別尊曼荼羅《べっそんまんだら》」と呼ばれるものがある。これは釈迦如来《しゃかにょらい》や阿弥陀如来《あみだにょらい》、観音菩薩《かんのんぼさつ》などを中心にして、その眷属《けんぞく》などの一門を描いたものである。大日如来の個々の能力（別徳《べっとく》）を仏・菩薩などの姿に託したもので、各曼荼羅の中心になる仏・菩薩などは大日如来の化身《けしん》といわれている。釈迦曼荼羅《しゃかまんだら》、法華曼荼羅《ほっけまんだら》、観音曼荼羅《かんのんまんだら》、普賢延命曼荼羅《ふげんえんめいまんだら》など種々のものがある。

さらに、表現形式の上から四種類に分類することができる。これを四種曼荼羅《ししゅまんだら》といい、「大曼荼羅《だいまんだら》」（「現図曼荼羅《げんずまんだら》」）「三摩耶曼荼羅《さんまやまんだら》」「種字曼荼羅《しゅじまんだら》」「羯磨曼荼羅《かつままんだら》」の四種がある。

大曼荼羅は現図曼荼羅とも呼ばれ、種々の仏・菩薩などを原色で描いた極彩色のもので、もっともよく見られる金剛界・胎蔵界の両界曼荼羅がこれにあたる。広大無辺の大日如来の世界が宇宙に広がる様子をあらわしたものといわれている。

次に三摩耶曼荼羅は仏・菩薩などの姿を直接にはあらわさず、諸尊が持っている持物などで象徴的にあらわしたものである。これは大日如来の衆生救済《しゅじょうきゅうさい》の使命が万物に行きわたることを表現したものである。

また、仏・菩薩のサンスクリット語の名前の頭文字を種字《しゅじ》といい、この種字だけであらわされたものを種字曼荼羅という。これも諸尊の姿を直接にはあらわさず、梵字《ぼんじ》（サンスクリット語の文字）一字であらわす。たとえば阿弥陀仏《あみだぶつ》の場合はその頭文字である𑖮𑖿𑖨𑖱𑖾で表現する。

羯磨曼荼羅は諸尊《しょそん》の像や三摩耶曼荼羅の持物などを鋳造や彫塑像などで立体的にあらわしたものである。これは大日如来の徳《とく》（御利益《ごりやく》）に裏付けられた万物のはたらきをあらわしているという。東寺《とうじ》の講堂にまつられている諸尊がこれに当たる。

四種曼荼羅は大日如来が宇宙にあまねく広がり、万物は大日如来の意のままに動かされているというダイナミズムをあらわしたものである。大曼荼羅がもっともよく見られ、種字曼荼羅も少なくない。三摩耶曼荼羅や羯磨曼荼羅はまれにしか見ることができない。このほか仏・菩薩が座っている蓮華座《れんげざ》を諸尊の代わりに並べた「座位《ざい》の曼荼羅」というものもある。

◆別尊曼荼羅

大日如来《だいにちにょらい》は全知全能であらゆる願いをかなえてくれるが、その個別の徳《とく》を大日如来以外の仏・菩薩《ぼさつ》に託したのが別尊曼荼羅《べっそんまんだら》である。

金剛界《こんごうかい》・胎蔵界《たいぞうかい》の両界曼荼羅《りょうがいまんだら》が大日如来を主尊《しゅそん》として、そのすべての徳を余すところなく、表わしているのに対して、別尊曼荼羅は個別の仏・菩薩を主尊として大日如来の個別の徳をあらわしている。具体的には息災《そくさい》・増益《ぞうやく》・降伏《こうぶく》・敬愛《けいあい》などを祈願するときにこの別尊曼荼羅を掲げて祈禱《きとう》を行なう。

息災は天変地異などの災害を除去するためのもの、増益は商売繁盛、延命長寿などの幸福を増進するためのもの、降伏は悪魔や怨敵《おんてき》を鎮めるためのもの、敬愛は愛する人を引き寄せるためのもの。

病気平癒や除災など、個別の御利益《ごりやく》を祈禱の本尊《ほんぞん》とする別尊曼荼羅は具体的で分かりやすく、中世以降、人気を集めて盛んにつくられるようになった。このうち「法華曼荼羅《ほっけまんだら》」は『法華経《ほけきょう》』の信仰に基づいて息災などを祈願するときの本尊で、釈迦如来《しゃかにょらい》と多宝如来《たほうにょらい》を中心とするものである。

また、「阿弥陀曼荼羅《あみだまんだら》」は極楽往生《ごくらくおうじょう》を願うときの本尊で、阿弥陀如来《あみだにょらい》が主尊である。「釈迦曼荼羅《しゃかまんだら》」は説法印《せっぽういん》の釈迦如来を主尊とするもの、「尊勝曼荼羅《そんしょうまんだら》」は息災の本尊、「請雨曼荼羅《しょううまんだら》」は雨乞《あまご》いの本尊である。さらに「普賢延命曼荼羅《ふげんえんめいまんだら》」は延命長寿を願う時の本尊である。このほか「閻魔天曼荼羅《えんまてんまんだら》」「大仏頂曼荼羅《だいぶっちょうまんだら》」「一字金輪曼荼羅《いちじきんりんまんだら》」「北斗曼荼羅《ほくとまんだら》」「宝楼曼荼羅《ほうろうまんだら》」など別尊曼荼羅には実にさまざまなものがある。

◆密教は日本にいつ伝えられたか

日本には早くから雑密《ぞうみつ》の部分は伝えられており、空海《くうかい》もすでに奈良時代の末には虚空蔵《こくうぞう》菩薩求聞持法《ぼさつぐもんじほう》を修《しゅ》していたことは先にも述べた通りである。また、奈良の大安寺《だいあんじ》などにはインド、中国、朝鮮などから来た多くの外国人僧侶《そうりょ》が常駐していた。彼らの中には密教僧《みっきょうそう》もおり、日本人僧侶の中には彼らから密教《みっきょう》の手ほどきを受けた者もいたようだ。

そんな僧侶の一人に勤操《ごんぞう》という高僧がおり、彼はすでに『大日経《だいにちきょう》』などの密教経典《みっきょうきょうてん》を入手して読み、深く密教を理解していたと考えられている。空海は入唐《にっとう》前に勤操から『大日経』を授かり、密教の教義をかなり深く教えられたとも考えられている。

そして、延暦《えんりゃく》二三年（八〇四）、空海と最澄《さいちょう》は同じ遣唐使《けんとうし》船団《せんだん》で入唐した。最澄の目的は本場の天台教学《てんだいきょうがく》を学び、経典を持ち帰ることだった。天台《てんだい》の教えは『法華経』を中心に禅《ぜん》や戒律《かいりつ》、密教を融合させたもので、最澄も霊巌寺《れいがんじ》の順暁《じゅんぎょう》という僧から密教を伝授された。

最澄は戒律や禅などの経典とともに多くの密教経典を携えて、翌年帰朝した。帰朝した最澄を和気弘世《わけのひろよ》が和気氏《わけし》の氏寺の高雄山寺《たかおさんじ》（神護寺《じんごじ》）に招き、桓武《かんむ》天皇の召によって諸大《しょだい》徳《とく》（諸大寺の高僧）八人に伝法灌頂《でんぽうかんじょう》を授けた。

このように我が国に最初に密教を伝えたのは天台宗《てんだいしゅう》の最澄である。そして、最澄が帰朝した翌年、空海が帰朝する。空海は留学期間を大幅に短縮して帰朝したため、国法に触れ、三年余りのあいだ大宰府《だざいふ》で留め置きになり、入洛を許されなかった。しかし、嵯峨《さが》天皇が即位するとすぐに入洛を許され、彼も神護寺を拠点に密教の普及に専念する。

空海が金剛界《こんごうかい》、胎蔵界両部《たいぞうかいりょうぶ》の伝法《でんぽう》を受け、膨大な数の両部の典籍と密教法具《みっきょうほうぐ》や曼荼羅《まんだら》などをもたらしたのに対し、最澄は主に胎蔵界の伝法を受けて帰朝し、空海の帰朝によって最澄の密教が極めて不完全なものであることが露呈した。最澄もそのことを率直に認め、弟子を連れて自ら空海のいる神護寺を訪ねて伝法灌頂を受けた。

その後も最澄は空海に教えを請い、たびたび経典の借覧を願い出た。しかし、このころの最澄は比叡山《ひえいざん》での大乗戒壇院《だいじょうかいだんいん》の設立のために東奔西走していて多忙を極め、弟子を空海のもとに送って教えを受けさせた。また、経典の借覧については空海もはじめのうちは快く受けていたが、次第に二人の間には確執が生まれ、『理趣経《りしゅきょう》』の借覧を巡って決別することになる。

『理趣経』は密教の秘中の秘とされる経典で、空海はこの経典の扱いに非常に神経質になっていた。つまり、最澄のような胎蔵界を中心とした不完全な密教を学んだものにはとうてい理解しがたいと考えたのである。いくら先輩の大僧正《だいそうじょう》といえども、気軽に借覧を申し出た最澄の態度に立腹したのだろう。そして、空海のもとで学んでいた弟子の泰範《たいはん》は最澄のもとを去って空海の弟子になってしまった。

たしかに、密教を伝えたのは最澄が最初であるが、その内容が不完全だったことから、空海の陰に隠れてしまう結果になったのである。そのことを痛感した最澄は、弟子たちに密教をしっかりと学ぶようにとの遺訓を残したという。

これに応《こた》えて第三世天台座主《てんだいざす》になった慈覚大師《じかくだいし》円仁《えんにん》、第五世座主の智証大師《ちしょうだいし》円珍《えんちん》らが相次いで入唐し、円仁は五年、円珍は足掛け一〇年という長きにわたって唐《とう》に留《とど》まって密教をみっちり学んで帰朝した。その結果、比叡山は極度に密教化し、天台密教《てんだいみっきょう》は真言密教《しんごんみっきょう》を凌《しの》ぐ勢いになったのである。

◆密教独特の伽藍

釈迦《しゃか》の時代、インドでは農村部ではバラモン教（ヒンドゥー教の前身）が信仰され、都市部では様々な新進の宗教が並立していた。仏教も新参の宗教で、釈迦も時世を鑑《かんが》みて都市部で布教をはじめ、その教えを広めた。また、古い経典に「僧院（寺院）は街から遠からず近からず、街の喧騒《けんそう》の聞こえないところに設けるのが相応《ふさわ》しい」という釈迦の言葉がある。

そして、釈迦は食事を作るなどの日常生活を維持するための仕事は在家《ざいけ》の信者に任せ、修行僧はひたすら修行と布教活動に専念せよと説いた。その結果、必然的に街まで托鉢《たくはつ》に行ける場所に僧院は設けられたのである。つまり、仏教は都市型の宗教としてスタートしたのだ。

このことから、中国に仏教が伝えられても寺院は長安《ちょうあん》などの大都市に伽藍《がらん》を構えた。そして、日本に仏教が伝えられても寺院は平城京《へいじょうきょう》などの都市の区画の中に創建されたのである。中国でも日本でも、碁盤の目状に区画された街の中に創建された寺院は方形の敷地に整然と諸堂を配置することができたのである。

しかし、平安時代になって最澄《さいちょう》が比叡山《ひえいざん》を、空海《くうかい》が高野山《こうやさん》を開くと寺院の伽藍事情は変わってくる。山岳地帯の地勢を巧みに利用して、山中の諸所に伽藍を配置する「山地伽藍《さんちがらん》」が登場してくるのである。比叡山や高野山などがその典型で、山中の各所に金堂《こんどう》や塔《とう》などの建物が点在する。

そして、密教寺院《みっきょうじいん》の伽藍として重要なのが伝法堂《でんぼうどう》（伝法院《でんぼういん》）である。これは文字通り伝《でん》法灌頂《ぼうかんじょう》などの重要な儀式を行なう施設で、空海が高野山に創建したのがはじまりとなった。醍醐寺《だいごじ》や根来寺《ねごろじ》など本山級の密教寺院には必ず伝法院がある。浅草《あさくさ》の浅草寺《せんそうじ》の本坊《ほんぼう》は伝法院というが、本坊の一画に伝法院があることからこのように呼ばれるようになったのである。

また、伝法院の傍らには閼伽《あか》井《い》と呼ばれる水舎《すいしゃ》がある。これは伝法灌頂のときに用いる霊水をたたえた井戸で、神聖な場所であることから普段は覆舎《おおいや》で囲われて厳重に管理されている。

空海が中国からもたらした建造物に多宝塔《たほうとう》（次ページを参照）がある。これも密教の中心的な伽藍の一つだが、後に宗派を問わず多宝塔が建てられるようになった。

密教寺院の金堂（本堂《ほんどう》）も特徴ある建物だ。内部は内陣《ないじん》と外陣《げじん》に厳格に区画され、間に板戸を設けて板戸を閉めると内陣は真っ暗になる構造になっている。真っ暗になった内陣で加持祈禱《かじきとう》などの法要が営まれる。

さらに比叡山延暦寺《ひえいざんえんりやくじ》の根本中堂《こんぽんちゆうどう》は天台密教《てんだいみつきよう》独特の建築様式で知られる。床を地表から三メートルぐらいの高さのところに上げ、前半を外陣、後半を内陣とする。高く上げた床の上が内陣で、外陣は地面と同じ高さにして石敷きになっている。外陣の中央には床の高さまで石垣を組み上げ、その上に本尊《ほんぞん》の薬師如来《やくしによらい》をまつる厨子《ずし》を載せている。外陣から座って礼拝する参拝者は、正面に本尊のまつられている厨子を拝する仕組みになっている。第三世天台座主《てんだいざす》の円仁《えんにん》が入唐《につとう》したとき、中国の密教寺院で流行《はや》っていた建築様式を伝えたものである。

根本中堂の建築様式は、使い勝手の良さから平安時代の中ごろから各宗派の本堂に改良を加えて採用されるようになった。現在、各寺院で広くみられる、内陣と外陣を区画して一つ屋根の下に納める様式は根本中堂にならったものだ。そして、寺院の中心の建物の名称である本堂は、根本中堂を略したものである。

◆真言密教と多宝塔

多宝塔《たほうとう》はもともと『法華経《ほけきよう》』の「見宝塔品《けんほうとうほん》」に出て来る。釈迦《しやか》が大勢の聴衆の前で『法華経』の教えを説いていたとき、釈迦の背後に塔が浮かび上がってきた。驚いた弟子たちが釈迦に「あの塔は何ですか」と尋ねると、振り返って塔を見た釈迦は「あれは多宝如来《たほうによらい》さまのお住まいだ」と答えた。多宝如来は遠い昔に悟りを開いた釈迦の大先輩の仏陀《ぶつだ》だ。

さらに弟子たちは「多宝如来さまはどうしてここにいらしたのですか」と尋ねると、釈迦は「私が『法華経』という素晴らしい教えを説いているので、それを讃歎《さんだん》しにいらしたのだ」と答えた。

すると、多宝塔の中から「善哉《ぜんざい》、善哉」という讃歎《さんだん》の声が聞こえ、ゆっくりと扉が開いて中から多宝如来が手招きをして釈迦を誘った。これに応《こた》えた釈迦は多宝塔の中に入った。多宝如来は少し席を譲って釈迦を座らせ、二人で親しく法話《ほうわ》を交わしたという。

これが多宝塔の由来で、「法華図説曼荼羅《ほっけずせつまんだら》」にその光景が描かれ、多宝塔の中で釈迦と多宝如来が並んで法話を交わす姿が描かれている。その多宝塔が密教《みっきょう》で重んじられるようになったのは、密教の創始にまつわる次のような伝説による。

七世紀の半ばに興《おこ》った密教は大日如来《だいにちにょらい》の秘密の教えといわれ、『大日経《だいにちきょう》』の中にその教えは説かれている。しかし、その教えは大日如来の秘密の言葉である真言《しんごん》（陀羅尼《だらに》）で説かれていることから、凡人には理解できない。そこで、大日如来は真言に精通している金《こん》剛薩埵菩薩《ごうさったぼさつ》にその教えを伝えた。これが密教の根本経典である『大日経』で、金剛薩埵菩薩はその『大日経』を南インドの鉄塔の中に納めておいたという。

その後、密教の開祖とされる龍猛《りゅうみょう》が夢でその話を知り、探索した結果、ついに鉄塔を見つけることができた。そして、龍猛が扉を開けると、夢のお告げの通り、『大日経』と『金剛頂経《こんごうちょうぎょう》』が入っていたというのだ。

このような伝説から、密教では根本経典《こんぽんきょうてん》が納められていた多宝塔が重視されるようになった。多宝塔は二重（二階建て）で、下層は三間四方、上層は円形で下層との接合部分は亀腹《かめばら》という饅頭《まんじゅう》型の構造物でつなぎ、上部に相輪《そうりん》を設える。この様式の多宝塔は中国で完成し主に密教寺院《みっきょうじいん》に建てられた。日本には空海《くうかい》が伝え、密教の普及とともに広まった。最初に多宝塔が建立されたのは高野山《こうやさん》の根本大塔《こんぽんだいとう》であるが、何度も火災などで焼失し、現在の根本大塔は昭和一三年に建立されたもので、鉄筋コンクリート造りである。また、空海が建立した多宝塔の形を正確に受け継いでいるのが和歌山県の根来寺《ねごろじ》の多宝塔だ。根来寺は豊臣秀吉《とよとみひでよし》の焼打ちで伽藍《がらん》の大半を焼失したが、多宝塔だけは奇跡的に残った。

また、時代が下ると日本では密教以外の寺院でも多宝塔を配するようになり、各地の寺院で見ることができる。たとえば、浄土宗《じょうどしゅう》の総本山、知恩院《ちおんいん》にも三門《さんもん》を登ったところに大きな多宝塔が建っている。

◆密教と修験道

「修験《しゅげん》」とは、「修行得験」の意味だという。「験《げん》」とは験力《げんりき》のことで、修行によって神仏から授けられる超人的なパワーだ。仏教でいう神通力《じんずうりき》である。つまり、厳しい修行によって超人的なパワーを獲得する道が修験道《しゅげんどう》である。

国土の約七割を山岳地帯が占める日本では古くから山は聖地とみなされ、その頂には神々が降臨すると考えられて山は信仰の対象とされてきた。また、古くから死者の霊は山に赴き、一定期間さまよった後に浄化されて頂から昇天する、浄化された霊が神となって降臨すると考えられていた。これが、いわゆる氏神である。

しかし、非業の死を遂げたり、世の中に強い怨《うら》みを残して亡くなった人の霊は亡者として山中をさまよい続け、災いをなすとも考えられていた。こういった霊は魑魅魍魎《ちみもうりょう》として恐れられていた。その意味で、山は魔界であり、他界《たかい》であって容易に人々が近づくことのできない場所だったのである。

しかし、聖地であり、魔界である山に分け入って厳しい修行に耐え、俗界では得られない不可思議な霊力を獲得しようとする人々も早くからあらわれた。これが後世の修験道のルーツになる山岳修行者《さんがくしゅぎょうしゃ》である。

彼らの存在は仏教伝来（六世紀の前半）以前に遡《さかのぼ》ると考えられており、初期の山岳修行者たちは仏教伝来以前から日本に伝えられていた道教的《どうきょうてき》な神仙術《しんせんじゅつ》などの修得を目的として山に入っていたと考えられている。神仙術を修めれば不老長寿や自由な空中の飛翔《ひしょう》などの超能力を得て仙人になることができるとされた。

また、彼らはこれまた仏教伝来以前から伝えられていたと考えられる雑密《ぞうみつ》（一七ページを参照）を駆使して、超自然的な能力の獲得に精進《しょうじん》していたのである。

そのような山岳修行者たちが後の修験道の基礎を築いたことは明らかである。そして、彼らはすでに奈良時代以前に山岳修行の一定の形式を確立し、苦修練行《くしゆうれんぎよう》する中でさまざまな神秘体験を重ねていったものと考えられるのである。

山岳修行者たちは奈良時代前後には日本の宗教界において、一定のジャンルを確立してきた。そして、彼ら修行者の中にはエキスパートがあらわれた。その代表が、後世、山伏《やまぶし》の祖として仰がれる役小角《えんのおづぬ》である。役小角については謎に包まれていて、その実像ははっきりしない。山岳修行者の理想像として作り上げられたのが役小角像であると見ることができるだろう。そして、役小角の背後には複数の山岳修行のエキスパートの存在が見え隠れする。

◆修験道の確立

前述したように山岳修行《さんがくしゆぎよう》は、すでに奈良時代以前に一つの宗教的ジャンルを確立し、奈良時代を通じて発展を続けたと考えられるが、未《ま》だ教理的な根拠を確立するには至らなかった。

しかし、平安時代のはじめに弘法大師《こうぼうだいし》空海《くうかい》が体系化された純密《じゆんみつ》を伝えると、密教《みつきよう》によって教理的基礎づけが行なわれるようになる。密教は宇宙《うちゆう》の本源《ほんげん》と見なされる大日如来《だいにちによらい》と融合することによって救われると説くが、この思想に従って山は大日如来の浄土と位置付けられた。そして、大日如来の懐で修行することによって即身成仏《そくしんじようぶつ》を果たすことができると考えられたのである。

若いころから熱心に山岳修行に取り組んだ空海は、唐《とう》に留学して密教の奥義を授けられ、帰朝後は密教思想《みっきょうしそう》に基づく山岳修行を各地の山に広めた。そして、その後に活躍した天台《てんだい》宗《しゅう》の慈覚大師《じかくだいし》円仁《えんにん》も密教に基づく山岳修行を喧伝《けんでん》した。

その後、密教の護摩《ごま》や加持祈禱《かじきとう》などを取り入れ山岳修行は密教と深く結びついていった。修行者たちの多くは正式に出家した僧侶《そうりょ》ではなく、拠点とする寺を持っていなかった。ふだんは山に入って修行をしている彼らも、積雪期や閉山期間になると、拠点が必要になってくる。

そこで密教と深く結びついた彼ら山岳修行者たちは、真言宗《しんごんしゅう》や天台宗の密教系《みっきょうけい》の寺院に寄宿するようになる。寺院の方でも護摩や祈禱《きとう》などに長じ、占いなども行なう彼らは有り難い存在だった。平安時代から鎌倉時代を通じてそのような山岳修行者が密教寺院《みっきょうじいん》で増え続けて一大勢力となった。そして、室町時代に入ると山岳修行者の一団を独立させて修験《しゅげん》道《どう》という一派を確立したのである。修験道という言葉が使われるようになったのは室町時代以降のことである。このころから役小角《えんのおづぬ》は役行者《えんのぎょうじゃ》と呼ばれるようになり、山伏《やまぶし》という言葉も登場した。

そして、室町時代の後半には京都の聖護院《しょうごいん》を本拠とする天台系《てんだいけい》の本山派《ほんざんは》と、醍醐寺《だいごじ》を中心とする当山派《とうざんは》に分かれ、両派は互いに競い合いながら全国の霊山にその勢力を広めていった。さらにこの二代勢力とは別に東北の出羽三山《でわさんざん》を中心とする出羽修験《でわしゅげん》、吉野《よしの》の金峯山《きんぷせん》寺《じ》を中心とする修験、石川県と岐阜県、福井県にまたがる白山《はくさん》を中心とする白山修験《はくさんしゅげん》、富《ふ》士山《じさん》を中心とする富士修験《ふじしゅげん》など各地に一派が形成されて大いに栄えた。

役小角が修験道の祖として大きくクローズアップされてくるのもこのころからで、各地の霊山で行なわれていた特色ある修験道も役小角の伝説とともに画一化されていった。また、修験道という言葉が一般的になったのもこのころからと考えられ、白装束に笈《おい》を背負った山伏のスタイルも定着したと思われる。

ちなみに、山伏の白装束は死に装束で、死者の霊が赴く他界に入るための正装である。そこには、一度、山で死んで再び生き返るという「擬死回生」の思想があるのだ。

修験道は日本を代表する宗教文化に成長し、最も日本人の民族性にあった信仰形態として一世を風靡《ふうび》した。しかし、明治になって神道《しんとう》を国の国教とし、神仏分離《しんぶつぶんり》を断行した結果、修験道は壊滅的な打撃を受けて事実上、消滅することになった。明治元年（一八六八）には神仏判然令《しんぶつはんぜんれい》が出されて修験道は廃滅し、山伏（修験者）は還俗《げんぞく》することを強要された。

しかし、吉野や熊野《くまの》、出羽三山などに残ったわずかな修験者が自坊《じぼう》を中心に細々と命脈をつなぎ、戦後はかつての霊山に少しずつ修験者が戻ってきている。しかし、往年の盛況ぶりにはとうてい及ばないのが現状である。

◆真言密教と天台密教との違い

天台密教《てんだいみっきょう》は最澄《さいちょう》がつたえ、天台宗《てんだいしゅう》で発展したことから天台宗の密教《みっきょう》、略して台密《たいみつ》と呼ばれている。いっぽう、真言宗《しんごんしゅう》の密教は空海《くうかい》が伝え、後に東寺《とうじ》（教王護国寺《きょうおうごこくじ》）を賜って、ここを拠点として広めたことから東寺の密教、略して東密《とうみつ》と呼ばれている。

最澄は『法華経《ほけきょう》』の一乗思想《いちじょうしそう》（すべての仏教を融合しようとする思想）に基づき、禅《ぜん》、戒《かい》律《りつ》とともに密教を取り入れた。しかしながら、最澄がもたらした密教は不完全なもので、最澄の没後、第三世天台座主《てんだいざす》の慈覚大師《じかくだいし》円仁《えんにん》、第五世天台座主の智証大師《ちしょうだいし》円珍《えんちん》が入唐《にっとう》して密教をみっちり学び、帰国して比叡山を拠点にその基盤を強固なものにした。そして、円仁の弟子の安然《あんねん》によって台密は完成し、東密を凌《しの》ぐものになった。

また、台密では釈迦《しゃか》如来《にょらい》と大日如来《だいにちにょらい》は同一の仏で、釈迦如来の異名が大日如来であるとする。釈迦《しゃか》は顕教《けんぎょう》（密教以外の仏教）の教主、大日如来は密教の教主であるとする。いっぽう、東密では釈迦如来をはじめとするすべての仏、菩薩《ぼさつ》、明王《みょうおう》などは大日如来の化身《けしん》であるとする。

台密では密教と顕教を厳然と区別し、前者の教主が大日如来で後者の教主が釈迦如来であるとして、釈迦如来と大日如来を別々に考える。これに対して東密では大日如来をすべての仏、菩薩、ひいては万物の根源と考える。

仏教は神のいない宗教で、釈迦は人間としてこの世に生まれ、厳しい修行の結果、偉大な悟りを開き、人間として死んでいった。だから、大乗《だいじよう》仏教では同じ人間であるわれわれ凡夫《ぼんぷ》（凡人）も釈迦と同じ修行をすれば悟りの境地に至って、永遠の幸福を得ることができるのである。しかし、密教、とりわけ東密では大日如来はキリスト教の説く全知全能の神となり、密教は一神教となったのである。

東密と台密の間にはいま述べたような違いがある。しかし、両者とも大日如来は最高の仏で、釈迦が説いた顕教の経典よりも大日如来が説いた密教の経典の方がはるかに優れているという点では一致している。

コラム／弘法大師入定伝説

承和《じようわ》二年（八三五）、旧暦三月二一日、空海《くうかい》は高野山《こうやさん》で亡くなった。訃報《ふほう》を聞いた朝廷の使者が高野山に急行したが、着いたときにはすでに荼毘《だび》に付されており、空海の尊顔を拝することができなかった。朝廷の記録にはそのように記載されている。

しかし、鎌倉時代になると、空海は奥之院《おくのいん》の弘法大師《こうぼうだいし》廟《びよう》の中で入定《にゆうじよう》にはいったまま（座禅《ざぜん》をしたまま）生き続けているという「弘法大師入定伝説」というものが広まった。そして、大師は廟から抜け出しては諸国を巡歴し、また、お遍路《へんろ》さんとともに四国遍路を巡るといわれるようになったのである。

お遍路さんの笠や金剛杖《こんごうづえ》、帷子《かたびら》などに書かれた「同行二人《どうぎょうににん》」の文字は一人はお遍路さん、一人は弘法大師《こうぼうだいし》だと信じられている。つまり、お遍路さんは常に弘法大師に守られながら四国路を巡るのだという。しかし、ときに大師はお遍路さんに試練を与える。ケガをしたり、病気になったりするのは大師の試練だというのだ。そして、お遍路さんがそれを無事に乗り越えることによって、さらに強い人間にしてくれる。だから、お遍路さんはその試練を受け入れ、乗り越えると大師に感謝の念を新たにするのだという。

コラム／水銀鉱脈と高野山

高野山《こうやさん》の地主神《じしゅしん》は丹生都比売命《にうつひめのみこと》である。丹《たん》は水銀のことで、丹生《にう》は水銀の産出地、あるいは水銀が取引された場所を示す（一四一ページを参照）。空海《くうかい》は一八歳ごろから各地の山に籠《こも》って、いわゆる山岳修行《さんがくしゅぎょう》に励んだ。山に囲まれた日本では古くから山岳信仰が盛んで、おそらく五三八年に仏教が伝来する以前から山中で修行に励むものも少なくなかっただろう。

初期の山岳修行は道教《どうきょう》の手法を用いた。道教は神仙術《しんせんじゅつ》、すなわち、仙人になって空中を飛翔《ひしょう》したり、不老長寿を獲得することを最終的な目的とする。そのためには、深山幽谷に籠《こも》って先輩の仙人の指導を受けて、秘密の丸薬を作る必要がある。そして、完璧《かんぺき》にできた丸薬を飲むと、優秀な仙人になれるが、丸薬作りに失敗すると寿命に限界があり、空を飛べない仙人になってしまう。丸薬は一回しか作ることができず、失敗は許されない。

修行者たちは必死になって山中を駆け巡って丸薬の材料を探し歩いた。その材料の中で極めて重要なものが水銀である。インドや中国でも太古の昔から水銀を飲むと不老長寿になると信じられており、国王や皇帝が服用していたことが伝えられている。

山岳修行に励んでいた空海は当然、この情報を知っていて若いころから水銀の鉱脈を探索し、それに熟知していたと思われる。

そこで、高野山に白羽の矢を立てたのだろう。また水銀は丹《に》塗《ぬ》りや鍍金《ときん》などに欠かすことのできない希少金属で、高価なものだ。高野山に寺院を創建すればその権益を一手に掌握することができる。そんな思惑もあっただろう。

第二章　密教の教義と行法

◆密教法具とは

真言宗《しんごんしゅう》や天台宗《てんだいしゅう》などの密教寺院《みっきょうじいん》には、方形の壇《だん》の上に小さな金属性の器など、さまざまなものが並べられている。これらを密教法具《みっきょうほうぐ》といい、護摩《ごま》を焚《た》くなど加持祈禱《かじきとう》を行なう密教《みっきょう》では重要な仏具で、用途によってさまざまな種類のものがある。

〈金剛杵〉

密教法具《みっきょうほうぐ》の中で最も重要なのが金剛杵《こんごうしょ》というものだ。これはサンスクリット語で「ヴァジュラ」といい、稲妻をかたどったという古代インドの武器である。これが仏教では、一切の煩悩《ぼんのう》（迷い）を取り除き、仏教に敵対するものを打ち破り、菩提心《ぼだいしん》（悟りを求める心）をあらわす神聖な法《ほう》（教え）の武器となった。この武器はあらゆるものを打ち破るから、極めて硬く、ダイヤモンド（金剛石）にたとえて、金剛杵と呼ばれるようになった。

金剛杵は銅や鉄、真鍮《しんちゅう》などでつくられ、これにいくつかの種類がある。先《ま》ず、両端がヤリのように一つのものを独鈷杵《とっこしょ》という。各地の温泉にある独鈷《とっこ》の湯というのは、これは弘法大師《こうぼうだいし》が独鈷を使って掘り当てたという伝説にちなむものだ。また、両端が分かれて鷹《たか》の爪のようなものが三本ついているものを三鈷杵《さんこしょ》、これが五本になっているものを五鈷杵《ごこしょ》という。

さらに金剛鈴《こんごうれい》という鈴《りん》がある。これは、ワイングラスのような形をした金属の鈴の柄に独鈷杵や三鈷杵などをつけたもので、仏菩薩《ぶつぼさつ》の注意を喚起し、人々の精進《しょうじん》を促すために鳴らす鈴である。柄の部分に独鈷杵をつけたものを独鈷鈴《とっこれい》、三鈷杵をつけたものを三鈷鈴《さんこれい》、五鈷杵をつけたものを五鈷鈴《ごこれい》と呼ぶ。

真言宗《しんごんしゅう》や天台宗《てんだいしゅう》の密教寺院《みっきょうじいん》では、金剛鈴、独鈷杵、三鈷杵、五鈷杵をワンセットにして金剛盤《こんごうばん》という金属性の皿の上に載せる。金剛盤は州浜形《すはまがた》（海に突き出した砂浜のような形、この場合は雲形の三角形）の台に三本の脚をつけたものである。弘法大師は金剛盤に金剛鈴と五鈷杵の三つの法具をワンセットにしたスタイルを中国から伝えたといわれ、東寺《とうじ》をはじめ真言宗の寺院ではこのかたちを踏襲している。しかし、天台宗の寺院では金剛盤の上に、金剛鈴を中心に、独鈷杵、三鈷杵、五鈷杵を並べることが多い。

このほか、金剛杵の変り種として羯磨《かつま》というものがある。これは二本の三鈷杵を十字に組み合わせて手裏剣のような形にしたもので、十字金剛《じゅうじこんごう》とも呼ばれている。仏の智慧《ちえ》を象徴したものと言われている。

〈大壇と護摩壇〉

密教《みっきょう》の加持祈禱《かじきとう》の中心になるのが大壇《だいだん》と呼ばれる正方形の低い壇《だん》である。四隅に橛《けつ》という棒状のものを立て、それに五色の糸で組んだ壇線《だんせん》という縄を巻きつけ、その壇線で四方を囲む。中心には多宝塔《たほうとう》のミニチュアを据え、四方に六器を置く。また、中央部と四隅にはハスの花の造花（蕾《つぼみ》）を五本ずつ置く。ハスの花は白、赤、黄、緑、青の五色で、真ん中の白い花が大日如来《だいにちにょらい》を表わし、他の四本は阿閦如来《あしゅくにょらい》、宝生如来《ほうしょうにょらい》、阿弥陀如来《あみだにょらい》、不空成就如来《ふくうじょうじゅにょらい》の四方仏《しほうぶつ》を表わす。そして、大壇の前に導師《どうし》の高座《こうざ》があり、向かって右側の台には磬《けい》という古代中国の宗教儀式に用いられた打楽器から考案されたものを置く。また、向かって左側の台の上には聖水を入れる洒水器《しゃすいき》という金属製の蓋付《ふたつき》の器と四〇センチぐらいの皮を剝《む》いた柳の棒を置く。もう一つ蓋付の金属製の器が置かれ、中には塗香《ずこう》という粉末の香が入っており、これを塗って身体を清める。

次に護摩壇《ごまだん》はいうまでもなく護摩供養《ごまくよう》のときに使われる正方形の壇である。基本的な構造は大壇と変わらないが、中心に護摩木《ごまき》を焚《た》くための炉が設《しつら》えてある。通常、護摩《ごま》の本尊《ほんぞん》は不動明王《ふどうみょうおう》で、自ら火焰《かえん》となった不動明王が炉の中に飛び込んできて、煩悩《ぼんのう》の象徴である護摩木を焼き尽くすと考えられている。

〈六器〉

護摩壇《ごまだん》などの上に小さな湯呑《ゆのみ》のようなものがいくつか並んでいるが、これを六器《ろっき》といい、やはり密教《みっきょう》の重要な法具《ほうぐ》だ。金属性の湯呑形の容器に受皿をつけたもので、火舎《かしゃ》（香炉）の左右に三つずつ対で置かれる。合わせて六つの容器があるから六器と呼ばれる。この六器に閼伽《あか》（水）や米、シキミなどを盛って仏への供物とする。

また、密教では仏舎利《ぶつしゃり》（釈迦《しゃか》の遺骨）を本尊《ほんぞん》として舎利法《しゃりほう》という加持祈禱《かじきとう》が行なわれ、このときに使われる舎利塔《しゃりとう》が重視された。壇《だん》の中央に置かれていることが多い。舎利塔にはさまざまな形のものがあるが、三重塔や五重塔などのミニチュアのようなもので、上に相輪《そうりん》（五重塔などの最上部を飾るもの）をいただいたものがよく見られる。塔の内部には水晶でつくった宝珠形《ほうじゅがた》（桃の実の形）の容器をそなえ、この中に仏舎利を納める。

◆密教の秘法を伝授する伝法灌頂

灌頂《かんじょう》とはサンスクリット語で「アビシェーチャナ」、あるいは「アビシェーカ」といい、登頂に聖水を灌《そそ》いで一定の修行を終了した証《あかし》とする儀礼である。もともと、ギリシャやローマなどでも国王の戴冠式《たいかんしき》や王子が立太子したときの儀式だった。それがインドに伝わって、インドでも国王の戴冠式などの儀式として行なわれていた。これが仏教に取り入れられて独自の発展を遂げたのである。

大乗仏教《だいじょうぶっきょう》では菩薩《ぼさつ》（修行者）が厳しい修行に耐えて高い境地に達したとき、諸仏《しょぶつ》が行者の登頂に聖水を灌ぎ、修行が完結したことを認める儀礼となった。現在も灌頂は重要な儀式で、とくに密教《みっきょう》では特異な発展を遂げた。

密教では灌頂にいくつかの種類があり、作法もさまざまである。中でも最も格式が高く重要なものが伝法灌頂《でんぽうかんじょう》で、厳しい修行に耐えてこれを成就した行者が阿闍梨《あじゃり》の位を得るとき、大日如来《だいにちにょらい》の秘法が授けられるもので、阿闍梨灌頂《あじゃりかんじょう》、受職灌頂《じゅしきかんじょう》などとも呼ばれる。

また、密教を学んで仏弟子になろうとする初学者のためのものを学法灌頂、または、受《じゅ》明灌頂《みょうかんじょう》、弟子《でし》灌頂《かんじょう》などという。さらに、在家《ざいけ》の人々に仏縁《ぶつえん》を結ばせるための結縁灌頂《けちえんかんじょう》などさまざまな種類がある。

高野山《こうやさん》や東寺《とうじ》、醍醐寺《だいごじ》のような密教の修行の施設が整い、弟子たちを指導する僧侶《そうりょ》がいる密教寺院《みっきょうじいん》には、伝法灌頂を行なう伝法院《でんぽういん》という建物がある。扉を閉めると真っ暗になる構造で、その中で秘法が伝授される。伝法院は本山級の密教寺院には不可欠の建物で、日本には空海《くうかい》が伝えて高野山に建立したのがはじまりとされる。

◆密教の行法

〈護摩〉

サンスクリット語で「ホーマ」といい、空海《くうかい》が伝えた密教《みっきょう》独特の行法である。インドで火の神アグニを供養して災厄を除き、福徳を求めて行なわれた火祭が仏教に取り入れられたものといわれている。基本的には不動明王《ふどうみょうおう》を本尊《ほんぞん》とするが、ときに愛染明王《あいぜんみょうおう》などを本尊とすることもある。本尊の前に炉を切った護摩壇《ごまだん》（五二ページを参照）を備え、祈願を書いた護摩木《ごまき》を焚《た》き、火中に護摩《ごま》百味《ひゃくみ》という穀物などを投じて供養し、災厄を除き（息災《そくさい》）、幸福をもたらし（増益《そうやく》）、悪を屈服させること（降伏《こうぶく》）を祈願する。

実際に護摩壇を設《しつら》えて火を焚くのを外（事）護摩《ごま》といい、行者の身体を護摩壇に見立てて内心の煩悩《ぼんのう》や業《ごう》を除く祈願をするのを内（理）護摩《ごま》という。また、護摩供養《ごまくよう》の祈願の趣旨を板や紙に書いたものを護摩札《ごまふだ》といい、護符《ごふ》に用いられる。

護摩《ごま》は各地に真言宗《しんごんしゅう》や天台宗《てんだいしゅう》の密教寺院《みっきょうじいん》で行なわれるほか、密教以外の宗派でも護摩を焚く寺は少なからずある。

ちなみに、護摩はゾロアスター教の習俗がインドに伝えられ、それが密教に取り入れられたと考えられている。先にも述べたように、護摩は修験道《しゅげんどう》にも取り入れられて山伏《やまぶし》が山中で焚くようになった。さらに、修験道《しゅげんどう》では野外で焚く柴燈護摩《さいとうごま》が行なわれるようになった。キャンプファイヤーのように太い角材や丸太を井桁《いげた》状に組み上げ、勢いよく燃え上がる炎の周りで山伏が経をとなえて供養する。

〈阿字観と九字〉

阿字観《あじかん》とは密教《みっきょう》の最も重要な瞑想法《めいそうほう》で、梵字《ぼんじ》の阿字《あじ》（サンスクリット語で「アヌゥトゥーパーダ」）を本尊《ほんぞん》として瞑想《めいそう》を深め全宇宙《ぜんうちゅう》の真理《しんり》を体得する修行である。静かな場所に月《がち》輪《りん》の中の蓮華上に阿字を書いたものを掲げ、これに精神を集中して瞑想を深める。アヌゥトゥーパーダは「本不生《ほんぷしょう》」と訳され、何かから生み出されたものでなく、宇宙開闢《かいびゃく》以前の悠久の過去から未来永劫《みらいえいごう》にわたって厳然として存在し続けるものという意味である。

また、阿字は宇宙の本源である大日如来《だいにちにょらい》の象徴でもあり、これを観想《かんそう》することによって大日如来と一体になることを目指すのである。つまり、外界のあらゆるものと自己が融合することを悟る。これが密教でいう「煩悩即菩提《ぼんのうそくぼだい》」だ。

この阿字観の修行を成就すると強力な想像力が身につく。つまり、阿字や月輪からすべての仏の姿を想像し、それらの諸仏と一体になることができるという。この想像力を引き出すために行なわれるのが九字《くじ》の修法《しゅほう》である。刀を模した「刀印」という印を組み、「臨《りん》兵闘者皆陣烈《ぴょうとうしゃかいちんれつ》」という九字の真言《しんごん》をとなえながら、それぞれの真言《しんごん》に定められた印で縦横に素早く切る。これによって邪気を祓《はら》うのであり、精神が集中するのである。

〈霊縛法〉

文字通り、悪霊を祓《はら》う法である。菅原道真《すがわらのみちざね》に代表されるように、悪霊や怨霊《おんりょう》は世の中に強い恨みを持って死んだ人の霊である。これらの霊が生きている人に病気や災害、盗難などさまざまな災厄を与えるのである。

このような悪霊や怨霊の動きを止めて、鎮めるのが霊縛法で、密教《みっきょう》で最も効果があるといわれているのは「不動金縛《ふどうかなしば》りの法」である。先に紹介した九字《くじ》の真言《しんごん》をとなえながら、それぞれの真言に対応する九字の刀印を組んで虚空を縦横に切る。これによって場が清められ、霊の活動が弱まるという。

そして、次々にさまざまな印を組み替えながら次々に真言をとなえる。そうすることによって次第に仏のパワーが顕現し、仏の強い慈悲《じひ》と光明《こうみょう》の力によって悪霊はがんじがらめに縛り付けられてまったく動きが取れなくなるという。

悪霊が動けなくなったら、今度はその悪霊に対してさまざまな供養法を行なって成仏させなければならない。浄土真宗《じょうどしんしゅう》以外の各宗派で行なわれる施餓鬼供養《せがきくよう》がその代表だ。餓鬼《がき》は常に食べ物が食べられなくて飢餓に苦しんでいるが、一年に一度の施餓鬼《せがき》のときだけ、腹いっぱい食べることができる。餓鬼は直接食べ物を得ることができないので、川や海に流した食べ物を食べる。これによって餓鬼は成仏することができると考えられている。

このように、供養法によって鎮まる霊は比較的、大人しい霊と考えられている。しかし、いくら供養してもその活動が一向に収まらない凶悪な悪霊や怨霊がある。いわゆる狐憑き《きつねつき》といわれるような憑依《ひょうい》型の霊である。これは取り付いた霊が人を神懸《かみが》かりにさせ、その人の口から託宣《たくせん》（神仏のお告げ）を発して周囲の人々にさまざまな害悪を及ぼす霊である。

このような凶悪な霊を鎮めるには愛染明王《あいぜんみょうおう》や不動明王《ふどうみょうおう》を本尊《ほんぞん》として調伏護摩《ちょうぶくごま》を修《しゅ》するのが一番効果があるという。

〈大元帥法〉

大元帥明王《だいげんすいみょうおう》（九三ページを参照）を本尊《ほんぞん》として修《しゅ》する、調伏《ちょうぶく》の修法《しゅほう》で、正しくは大元帥《だいげんすい》御修法《みしほ》と呼ばれている。小栗栖常暁《おぐるすじょうぎょう》（七二ページを参照）が中国から大元帥明王像《だいげんすいみょうおうぞう》とともに伝えたもので、秘中の秘とされる修法である。

とくに朝敵の調伏に霊験灼《あら》たかといわれ、かつて元寇《げんこう》のときなどにも行なわれたという。かつては正月八日から一七日間に及ぶ大法要《だいほうよう》だったが、現在は封印された秘法として行なわれていない。

『阿《あ》吒《た》簿《ば》倶《く》元帥《げんすい》大将《だいしょう》 上佛《じょうぶつ》陀羅《だら》尼経《にきょう》 修行儀軌《しゅうぎょうぎき》』という経典によれば、大元帥法《だいげんすいほう》の道場は外界から完全に遮断された秘密の場所を選び、関係者以外の立ち入りを厳しく禁じて外部のものに絶対に見られることのないように秘密裡《ひみつり》に行なわなければならないと説かれている。

また、この修法に使う香水（功徳水《くどくすい》ともよばれる聖水）は小栗栖常暁がこの法を伝えた奈良の秋篠寺《あきしのでら》の閼伽井《あかい》（霊水を湛《たた》えた井戸）の水しか使うことができないと説かれている。

大壇《だいだん》（五一ページを参照）での加持祈禱《かじきとう》と護摩壇《ごまだん》での護摩供養《ごまくよう》をそれぞれ二一回、聖天《しょうでん》の供養《くよう》を一四回、十二天《じゅうにてん》（一一二ページを参照）の供養と天《てん》（神々）の供養を七回行なう。

昼夜を分かたず行なわれる大法要である。

〈後七日御修法《ごしちにちみしほ》〉

毎年、一月八日から一四日までの七日間、宮中の真言院《しんごんいん》で行なわれた修法《しゅほう》で、天皇の安穏や国家安泰を祈願する。承和《じょうわ》元年（八三四）に空海《くうかい》の奏上で始まり、その後、応仁《おうにん》の乱《らん》などの戦乱で一七〇年ほどの間、中止されたが世の中が平静を取り戻すと復活した。復活後も宮中の真言院で行なわれていたが、明治維新の神仏分離によって宮中から仏教的要素がすべて撤去されることになり、この修法も東寺《とうじ》の真言院で行われるようになった。

如意宝珠《にょいほうじゅ》を本尊《ほんぞん》とし、大壇《だいだん》での加持祈禱《かじきとう》と護摩壇《ごまだん》での護摩供養《ごまくよう》、五大尊供《ごだいそんく》をそれぞれ二一回、十二天供《じゅうにてんく》と聖天供《しょうでんぐ》を一四回、神供《かみく》を三回行なう大法要《だいほうよう》である。

〈孔雀明王法《くじゃくみょうおうほう》〉

孔雀明王《くじゃくみょうおう》（九六ページを参照）の種字《しゅじ》である𑖦《ま》を本尊《ほんぞん》とする修法《しゅほう》で、真言密教《しんごんみっきょう》の四大祈《き》禱《とう》の一つに数えられる重要なもので、除災、祈雨《きう》、無病息災などを祈願する。大壇《だいだん》での加《か》持《じ》祈禱、護摩壇《ごまだん》での護摩供養《ごまくよう》、十二天供などを不眠不休で行なう。

〈調伏法〉

別名、「破壊法」「折伏法」などとも呼ばれ、不動明王《ふどうみょうおう》を本尊《ほんぞん》として怨敵退散《おんてきたいさん》を祈願する。不動明王のほかに軍荼利明王《くんだりみょうおう》、降三世明王《ごうさんぜみょうおう》、金剛夜叉明王《こんごうやしゃみょうおう》、大威徳明王《だいいとくみょうおう》の五大明王を本尊とすることが多い。この修法《しゅほう》も護摩供養《ごまくよう》が中心だが、調伏法《ちょうぶくほう》の護摩壇《ごまだん》の炉は炎を象徴した赤い三角形のものを用いる。

〈鎮宅法〉

密教《みっきょう》の地鎮祭《じちんさい》である。不動明王《ふどうみょうおう》を本尊《ほんぞん》とする不動鎮宅法《ふどうちんたくほう》と八髻文殊《はちけいもんじゅ》（団子状の髻《けい》が八ついた文殊菩薩《もんじゅぼさつ》。一〇三ページを参照）を本尊とする八字文殊鎮宅法とがある。

不動鎮宅法は不動明王の力で家を建てる土地の邪気を祓《はら》うもので、これを修《しゅ》することによって土地が清浄になる。

八字文殊鎮宅法は文殊菩薩の霊力によって家の怪異を鎮め、邪気が近づかないようにする修法だ。この修法では白い木の円盤の真ん中に文殊菩薩の種字《しゅじ》を書き、その周囲に八つの髻を表す八文字の種字を書く。この円盤を青い絹の袋に入れて箱に納め、八字文殊《はちじもんじゅ》の真《しん》言《ごん》である「オン・アビラ・ウン・カシャラ」という真言をとなえて印を切る。この箱を家の屋根裏などに安置すると、悪霊や悪魔などが近づかないようになるという。

〈悪夢消滅法《あくむしょうめっほう》〉

仏教の心理学である唯識思想《ゆいしきしそう》では人間の心の作用のレベルに八つの段階があると説く。その第六識（六番目の意識）が「意識」で、夢はこの意識の作用で起きると考えられている。そして、夢の中でも悪夢は人間の日常生活や人生に悪影響をもたらす。これを鎮めるために第六識の守護者である大威徳明王《だいいとくみょうおう》を本尊《ほんぞん》として加持祈禱《かじきとう》を行なう。それによって、悪夢は消滅するという。

〈求子妊胎法《ぐしにんないほう》〉

仏眼仏母《ぶつげんぶつも》と一字金輪《いちじきんりん》（八八ページを参照）を本尊《ほんぞん》とする子宝を求める手法で、とくに女児を求めるときに行なわれる。行者の前に訶利帝母《かりていも》を安置し、向かって右後ろに観音菩薩《かんのんぼさつ》、薬師如来《やくしにょらい》、仏眼仏母の順に安置し、同左後ろには文殊菩薩《もんじゅぼさつ》、釈迦如来《しゃかにょらい》、一字金輪をまつり、祈願を行なう。

〈懐胎法〉

前述した求子妊胎法《ぐしにんないほう》は女児の産み分けの秘法《ひほう》だが、こちらは懐妊のための護符《ごふ》を作るときの修法《しゅほう》である。紙に円を書き、その中心に薬師如来《やくしにょらい》の種字《しゅじ》を書き、その周囲に薬師如来の真言《しんごん》を書いて祈禱《きとう》したものが護符となる。

〈如法延命法《にょほうえんめいほう》〉

密教《みっきょう》で如法《にょほう》とは秘法《ひほう》、大法《だいほう》を意味し、普賢延命菩薩《ふげんえんめいぼさつ》（二〇四ページを参照）を本尊《ほんぞん》として延命長寿を祈願する修法《しゅほう》である。二〇個以上の小さな壇《だん》を用意し、たくさんの果実を供えて四天王《してんのう》や十二天《じゅうにてん》に祈願する。


〈如法愛染法〉

如意宝珠《にょいほうじゅ》の中に顕現するという愛染明王《あいぜんみょうおう》を本尊《ほんぞん》とする敬愛《けいあい》を祈願する修法《しゅほう》である。大壇《だいだん》、敬愛護摩壇、調伏護摩壇を配置し祈願者に敬愛と調伏《ちょうぶく》を授け、それらを思い通りにコントロールできるという。


〈野狐放大事〉

いわゆる狐憑《きつねつ》きに陥った人から狐の霊を解き放つ除霊法である。九字《くじ》の印を切り、自身が不動明王《ふどうみょうおう》と一体となった姿を観《かん》じながら加持祈禱《かじきとう》を行なう。不動明王の印《いん》を組み、真言《しんごん》をとなえたのちに剣印《けんいん》を結んで、男は左の足に、女性は右の足に「鬼」という字を五回書く。次に額に不動明王の種字《しゅじ》を書き、狐の霊が放たれるまで真言をとなえ続ける。

この野狐放大事《やこはなちのだいじ》は江戸時代に稲荷信仰《いなりしんこう》が佳境を迎え、狐憑きが流行したときに山伏《やまぶし》が行なったもので、空海《くうかい》などが伝えた正規の修法《しゅほう》ではない。


〈北斗法《ほくとほう》（北斗供《ほくとく》）〉

北斗七星を本尊《ほんぞん》として疫病、災厄、天災、暴動などを鎮める供養法《くようほう》である。北斗七星に対応して七つの壇《だん》を配し、大壇《だいだん》に七つの星への供物である七杯の飯を盛って供え、七本の幡《はた》を立てて供養する。北斗七星には暴悪なものを制する力があるといい、暴動や災害などに際してこの修法《しゆほう》が行なわれる。

〈北斗護摩〉

これも北斗七星を本尊《ほんぞん》として不動明王《ふどうみようおう》を本尊とする不動護摩《ふどうごま》と同じ作法で護摩供養《ごまくよう》を行なう。不動護摩では不動明王の蓮華座《れんげざ》として花を一つ火中に投げ入れるが、北斗護摩《ほくとごま》では北斗七星にちなんで七つの花を投げ入れてその上に北斗七星が座るのを観《かん》じる。除災を目的として行なわれる修法《しゆほう》である。

〈大黒天法《だいこくてんほう》〉

大黒天《だいこくてん》（一一五ページを参照）を本尊《ほんぞん》として財福を引き寄せるために行なわれる修法《しゆほう》。子《ね》の日の子の刻《こく》に行ない、内縛印《ないばくいん》（両手の指を曲げて内側に組んだもの）を組み、「オン・マカ・キャラヤ・ソワカ」または「オン・ミシミシ・シャバレイ・タラガテイ・ソワカ」という真言《しんごん》を一〇〇〇回となえる。これを一二日に一度、巡ってくる子の日に七回行なうと、大きな財福を得ることができるという。正式には「大黒天一日千座行《だいこくてんいちじつせんざぎよう》」と呼ぶ。

〈荼吉尼天秘法《だきにてんひほう》〉

荼吉尼天《だきにてん》（一二七ページを参照）は、女性の隠された神秘的なパワーを象徴した神格であると考えられている。この荼吉尼天の強力な力を利用して願望を満たし、さらには自らの身体の中にそのパワーを取り込むことを目的とする修法《しゅほう》である。

〈歓喜天秘法《かんぎてんひほう》〉

歓喜天《かんぎてん》（一二〇ページを参照）を本尊《ほんぞん》として、七代にわたって受ける運を、一代で使い果たすという集中的に幸運を呼ぶ修法《しゅほう》である。歓喜天の像に油を注ぎ（浴油）、歓喜天団《かんぎてんだん》という菓子や酒を供えて供養《くよう》する。歓喜天印《かんぎてんいん》を組み、「ナム・ビナヤカシャ・カシテイモカシャ・タダヤタ・オン・ナヤカナヤカ・ビナヤカビナヤカ・タラヤカ・フリタラヤカ・カムカシッテイ・カムカ・カチッタ・ソワカ」という真言《しんごん》をとなえる。

〈玄旨帰命法壇《げんしきみようほうだん》〉

もともと天台宗《てんだいしゅう》で秘中の秘とされる修法《しゅほう》で、摩多羅神《またらじん》という強大な力を持つ神を本尊《ほんぞん》とする修法だった。摩多羅神はインドのヒンドゥー教の最高神、シヴァ神、あるいはその化身のマハー・カーラ（仏教に取り入れられて大黒天《だいこくてん》となる）ともいわれ、凄《すさ》まじい破壊力を持つ。そのパワーをさまざまなかたちで人間に授け、さらには「シャクティ」という性的な力を象徴する神でもある。

また摩多羅神は煩悩《ぼんのう》を満たし、満足と快楽の内に人を悟りの世界に導くとされる。このような信仰が性的な儀式を行なう真言立川流《しんごんたちかわりゅう》と結びつき、一種の邪法を生み出したのである。

中央に鼓を持った摩多羅神を描き、その下にみょうがと竹を持って踊る二人の人物を描き、上部には北斗七星を描いた画像を本尊とする。摩多羅神と踊る二人の人物は煩悩を象徴し、その煩悩が摩多羅神の叩《たた》く鼓の音に導かれて悟りへと赴く。

◆真言立川流の驚くべき秘儀

真言立川流《しんごんたちかわりゅう》は性的なエクスタシーのパワーをもって悟りの世界に昇華することを目指す異端の宗派である。平安時代の末に真言宗の仁寛《にんかん》（？〜一一一四）という僧が開いたとされるが、はっきりしたことは分からない。

インドでは仏教が起こる以前から、「タントラ」という西洋でいう「性魔術」が行なわれていた。タントラでは万物は男性の原理と女性の原理が一体となったときに生じる生命力によって成り立っていると考える。そして、男性原理を象徴するヒンドゥー教の最高神シヴァとその妻で女性原理を象徴するパールヴァティーの結婚で生じる「シャクティ」とよばれる絶大な生命力が森羅万象を生々流転《せいせいるてん》させると考える。

このタントラ密教《みっきょう》は「左道密教《さどうみっきょう》」と呼ばれ、チベットなどで取り入れられて大いに栄えたが、中国や日本では隠蔽《いんぺい》されて表舞台には現われなかった。空海《くうかい》がもたらした『理趣経《りしゅきょう》』は左道密教の系統に属し、立川流《たちかわりゅう》の典拠の経典の一つになっている。空海は『理趣経』の内容が曲解されることを恐れて極めて慎重に扱い、他者には決して閲覧を許さなかった。そして、軽々に借覧を申し出た最澄《さいちょう》に対して激怒し、決別する原因になったのである。

さて、タントラの秘儀とは次のようなもので、シャクティを覚醒《かくせい》させるために五つのM

と呼ばれるものを用いて実践する。密教で「五魔事《ごまじ》」と呼ばれる五つのMとは、酒（マドゥヤ）、牛肉（マーンサ）、魚（マツヤ）、炒穀《しょうこく》（ムドラ）、性交（マイトゥナ）である。どれも仏教の戒律《かいりつ》では厳しく禁止されているものである。とくに太古から牛を神聖視してきたインドで牛肉を食べることは、極めて恐ろしい破戒行為《はかいこうい》なのだ。また、今もヒンドゥー教徒は酒を飲まず、飲酒に罪悪感を持っている。また、ヒンドゥー教徒は基本的に菜食主義者で、魚を食べることもない。それから炒穀は覚醒剤や麻薬の類《たぐい》で、今でいうハッシッシのようなものだという。

秘儀では髑髏《どくろ》を本尊《ほんぞん》とし、その前で酒や牛肉を次々と飲食し、最後に麻薬をあおってボルテージを最大限に上げた上で、髑髏の前に敷かれた曼荼羅《まんだら》の上に男女が横たわって性交する。ここでボルテージは極限に達し、シャクティが全開になって悟りに達するという。

このような立川流の悍《いさ》ましい秘儀は極秘裏に行なわれていたが、ときに発覚して官憲に弾圧されたのである。

◆密教と星宿

星宿《せいしゅく》とは星や星座のことで、東西を問わず星宿に対する信仰は盛んで、さまざまな星宿占いなどが行なわれてきた。インドでも古代から星宿の信仰が盛んで、これが仏教にも取り入れられ、とくに密教《みっきょう》で独自の発展を遂げた。

インドでは『宿曜経《すくようきょう》』という経典が作られた。この経典は星宿と人の誕生日などとの関係から、その人の一生の運命や日々の吉凶などを知る方法を説いたものである。密教では息災《そくさい》、増益《ぞうやく》、降伏《こうぶく》などを祈願する修法《しゅほう》を行なうときに、この経典によって実施日などを占う。八世紀に真言六祖の不空《ふくう》（二三ページを参照）が訳し、日本には空海《くうかい》が伝えた。

◆「七曜」と「九執」

『宿曜経《すくようきょう》』では太陽、月、水星、金星、火星、木星、土星の七つの星を「七曜《しちよう》」とし、これに彗星《すいせい》と羅睺《らごう》という謎の星を加えて「九執《くしゅう》」とする。これらの星と「二十八宿《にじゅうはっしゅく》」「十二宮《じゅうにきゅう》」の星座と人間との力学的関係や個性との関係、そして、その力が発揮される社会へのさまざまな関係から人の運命を占い、進路を示すのがこの経典の目指すところである。

〈太陽〉

密教《みっきょう》の教主、大日如来《だいにちにょらい》は太陽を神格化した尊格だが、日曜星と呼ばれる太陽は単に星宿としての物理的な存在である。この星のパワーを獲得すると金運上昇や家内安全などあらゆる功徳《くどく》が得られるというが、サイクルが短く短命に終わるともいわれている。五という数字に縁があり、五月五日が日曜日の年は豊年満作になるが、その日が日食や月食に当たったときは飢饉《ききん》に陥るという。

〈月〉

月曜星は「太陰《たいいん》」とも呼ばれ、その名が示す通り陰的な性格を持ち、女性的な原理を表わすという。五月五日が月曜日の年は疫病や飢饉《ききん》などが起こるといわれ、さらにその日が月食や日食に当たると、飢饉や疫病は甚大な被害をもたらし、地震などの天災も起こるという。

〈火星〉

火曜星と呼ばれる火星は、血気盛んで不動明王《ふどうみょうおう》のような激しい気性を持つという。五月五日が火曜日の年は火星の悪い面が全面的に出て、戦乱や暴動が一年中打ち続くといわれている。さらにその日が日食や火星食に当たる年はその被害が甚大になるといい、丁重な供養《くよう》を欠かすことができない。

〈水星〉

「辰星《しんせい》」とも呼ばれる水曜星は女神で、学問に優れ、科学技術やさまざまなプランを立てるのが得意とされている。五月五日が水曜日の年は、水害や船の遭難などの水害が起こるとされる。また、この日が日食や月食になると地震や津波、洪水に見舞われるという。

〈金星〉

「太白《たいはく》」とも呼ばれる金曜星は結婚や恋愛など良縁を司《つかさど》る女神で、西洋占星術ではヴィーナスが金星を象徴する女神である。ただし、五月五日が金曜日に当たる年は、世情が混乱して小さな事件や暴動が頻発するという。

〈木星〉

『宿曜経《すくようきょう》』では別名「歳星」とも呼ばれる木星は、繁栄と寛容を司《つかさど》るとされる。五月五日が木曜日の年は目出度《めでた》いことが多く、人々は繁栄を謳歌《おうか》する。しかし、この日に日食や月食が起こると、国王は必ず死んで内乱が打ち続くという。西洋占星術ではジュピターが木曜星の象徴とされ、やはり繁栄や寛容、快楽を司る。

〈土星〉

農耕や土木を司《つかさど》る星で、別名「鎮星《ちんせい》」とも呼ばれている。結婚や誕生などには凶星とされている。

〈彗星〉

「計都星《けいとせい》」とも呼ばれる彗星《すいせい》は、凄《すさ》まじいパワーを持って大災害を引き起こすとされている。この星を本尊《ほんぞん》として「オンバサラケイトナーナー・コサツタラ・ラジャナ・ウン・ソワカ」という真言《しんごん》をとなえると、禍《わざわい》が転じて福となるという。

〈羅睺星《らごうせい》〉

この星の正体は不明だが、凄《すさ》まじいパワーをもって恐るべき災害を引き起こすとされている。太陽をはじめとするあらゆる星宿《せいしゅく》の光を遮ることから、暗黒星雲とも呼ばれている。別名「黄幡《おうばん》」と呼ばれるこの星の威力を制するには、血の供犠《くぎ》（生贄《いけにえ》など）によるしかないとされている。

◆「十二宮」と「二十八宿」

「十二宮《じゅうにきゅう》」とは天球の黄道《こうどう》（太陽の見かけ上の通り道）上にある一二の星座で、西洋占星術のふたご座やおうし座などに対応する。これら一二の星がパワーを発揮する時期があり、そのパワーを引き出すために種々の祈願を行なう。十二宮は次の通り。

天秤宮《てんびんきゅう》は天秤座《てんびんざ》に相当し、旧暦八月（新暦では九月はじめ）から霜降《そうこう》（霜が降りること）までの期間を司《つかさど》る。天蠍宮《てんかつきゅう》はさそり座のことで、立冬《りっとう》（新暦の一一月はじめ）から小雪《しょうせつ》（新暦一一月二三日ごろ）までを司る。人馬宮《じんばきゅう》は天弓宮ともいい、射手座《いてざ》に相当する。大雪《たいせつ》（新暦一二月七日ごろ）から冬至《とうじ》（新暦一二月二二日ごろ）までを司る。

磨羯宮《まかつきゅう》は山羊座《やぎざ》に相当し、小寒《しょうかん》（新暦一月六日ごろ）から大寒《だいかん》（新暦一月二〇日ごろ）を司る。宝瓶宮《ほうへいきゅう》はみずがめ座のことで、立春《りっしゅん》（新暦二月四日ごろ）から雨水《うすい》（新暦二月一八日ごろ）を司る。双魚宮《そうぎょきゅう》はうお座に相当し、啓蟄《けいちつ》（新暦三月五、六日ごろ）から春分《しゅんぶん》までを司る。

白羊宮《はくようきゅう》は牡羊座《おひつじざ》で、春分から清明《せいめい》（春分から一五日目、新暦四月五日ごろ）までを司る。

金牛宮《きんぎゅうきゅう》はおうし座のことで、穀雨《こくう》（新暦四月二十日ごろ）から小満《しょうまん》（新暦五月二一日ごろ）までを司る。双子宮《そうしきゅう》は双子座《ふたござ》に相当し、芒種《ぼうしゅ》（新暦六月六日ごろ）から夏至《げし》（新暦六月二二日ごろ）までを司る。

巨蟹宮《きょかいきゅう》はかに座のことで、小暑《しょうしょ》（新暦七月七日ごろ、夏至から一五日目）から大暑《たいしょ》（新暦七月二三、二四日ごろ）までを司る。獅子宮《しきゅう》はしし座のことで、立秋（新暦八月八日ごろ）から処暑《しょしょ》（新暦八月二三日ごろ）までを司る。処女宮《しょじょ》はおとめ座のことで、白露《はくろ》（新暦九月七日ごろ、秋分の一五日前）から秋分《しゅうぶん》までを司る。

以上が十二宮とそれぞれの星宿がパワーを強める時期である。

次に「二十八宿《にじゅうはっしゅく》」は密教《みつきょう》独自の星座で、十二宮が黄道上の星座であるのに対して二十八宿は月の軌道上にある二十七星座と、軌道からは外れているが吉祥《きっしょう》の象徴とされる「牛《ぎゅう》星《せい》」を加えて二十八宿とする。以下、星の名とその性質、真言《しんごん》を示す。

牛星を除く二十七宿は月の軌道上にあることから、月に一番近い星宿が強い力を持つ。それぞれの真言をとなえて、それらの星宿の良い力を授かり、あるいは暴風や疫病などの神を避ける祈願をする。

昴《ぼう》は火の神で、真言は「ナモ・カリテイカ・ナコサタラ・ソワカ」。畢《ひつ》は木の神で、「ナム・ロキニ・ナコサタラ・ソワカ」の真言をとなえて祈願する。嘴《し》は月の神で、真言は「ナム・モリガァカラ・ナコサタラ・ソワカ」。参《しん》は暴風雨の神で、真言は「ナム・アダラ・ナコサタラ・ソワカ」。井《せい》は財宝を司る神で、真言は「ナム・プナバソ・ナコサタラ・ソワカ」。鬼《き》は繁栄の神で「ナム・プシャ・ナコサタラ・ソワカ」の真言をとなえて五穀豊穣《ごこくほうじょう》や商売繁盛などを祈願する。

柳《りゅう》は不染、つまり、穢《けが》れを祓《はら》う力を具えた神で、疫病退散などにも霊験があるという。

真言は「ナム・アシレイサ・ナコサタラ・ソワカ」。星《せい》は財力の神で「ナム・マガ・アコサタラ・ソワカ」の真言をとなえると財力を授かるという。張《ちょう》は善徳を司る神で、「ナム・フルバハツログナ・ナコサタラ・ソワカ」という真言をとなえると善行が身に付き、徳が具《そな》わるという。翼《よく》も善徳の神で、真言は「ナム・ウタラハログゥナ・ナコサタラ・ソワカ」。軫《しん》は象鼻の神で、「ナム・ハスター・ナコサタラ・ソワカ」の真言をとなえると、象の鼻のように自在にさまざまなものを得ることができるという。角《かく》は彩色の神で、さまざまな色を司り美しく飾る力を持つ。真言は「ナム・シタラ・ナコサタラ・ソワカ」。亢《こう》は風の神。風を自在に操る力がある。「ナム・サバテイ・ナコサタラ・ソワカ」の真言をとなえて大風などを収め、また、航海の順風などを祈願する。

氐《てい》は善格の神で、「ナム・ビシャハ・ナコサタラ・ソワカ」の真言をとなえると、善性が自から具わるという。房《ぼう》は完成の神。「ナム・アヌダラ・ナコサタラ・ソワカ」の真言をとなえて物事の成就を祈願する。心《しん》は最尊の神で、最も尊いものを司る。真言は「ナム・ジャシッタ・ナコサタラ・ソワカ」。尾《び》は根元の神で、万物の根元を支配する。真言は「ナム・マウラ・ナコサタラ・ソワカ」。箕《き》は不可侵の神。「ナム・フウルバアシャダ・ナコサタラ・ソワカ」という真言をとなえて侵略を防ぐ祈願をする。斗《と》も不可侵の神で、真言は「ナム・ウタラアシャダ・ナコサタラ・ソワカ」。

牛《ぎゅう》は勝利の神で、「ナム・アビリジャ・ナコサタラ・ソワカ」という真言をとなえて勝利を祈願する。女《じょ》は学問の神で、真言は「ナム・シラマナ・ナコサタラ・ソワカ」。虚《きょ》は貧財、すなわち貧乏神である。「ナム・ダニヒッダ・ナコサタラ・ソワカ」の真言をとなえて財がなくならないように祈願する。危《き》は薬と毒の神。真言は「ナム・セタビサ・ナコサタラ・ソワカ」で、薬の獲得と、毒を除く祈願をする。室《しつ》は賢足《けんそく》、つまり、賢さと素早さを司る。真言は「ナム・プルババドラパダ・ナコサタラ・ソワカ」。壁《へき》も賢足の神で、真言は「ナム・ウッタラ・バドラパダ・ナコサタラ・ソワカ」。奎《けい》は美と財の神で、真言は「ナム・リバティ・ナコサタラ・ソワカ」。婁《ろう》は作戦の神。「ナム・バラニ・ナコサタラ・ソワカ」という真言をとなえて最善の作戦を立てるための祈願をする。胃《い》は長命の神で、真言は「ナム・バラニ・ナコサタラ・ソワカ」。

コラム／大元帥明王法を伝えた小栗栖常暁

奈良の秋篠寺《あきしのでら》にはすさまじい忿怒《ふんぬ》の相で筋骨隆々とした大元帥明王像《だいげんすいみょうおうぞう》がある。この像は平安時代に空海《くうかい》の弟子で真言宗《しんごんしゅう》の小栗栖常暁《おぐるすじょうぎょう》という人が入唐《にっとう》したときに持ち帰ったもので、同時にこの明王《みょうおう》を本尊《ほんぞん》とする修法《しゅほう》「大元帥法《だいげんすいほう》」を伝えた。以来、朝廷でもこの修法が行なわれ、明治のはじめまで行なわれていたという。大

元帥法とは国家の命運を決することから秘中の秘とされていた。

延暦《えんりゃく》年間（七八二〜八〇六）に入唐した僧侶《そうりょ》は、この法を授けられたために殺されたという。このことからも大元帥法が国の最高機密にかかわるものだったことをうかがうことができる。

ところで、小栗栖常暁についてはこんな逸話がある。彼は入唐前のある日、ふと井戸をのぞきこんだ。するとそこには世にも恐ろしい姿が映っていて、それを見た常暁は気絶してしまったという。

常暁は意識を取り戻すとその姿を絵師に描かせ、それを持って唐《とう》に渡った。そして、唐ではじめてこの明王を拝したところ、井戸の中で見たものとまったく同じだったという。深い因縁を感じた常暁は、大元帥明王の像をたずさえて帰朝し、奈良の秋篠寺にこれを納めたという。現在でも秋篠寺には常暁招来の四面六臂像《しめんろっぴぞう》が伝えられ、また、大元帥法を行なうときにはこの寺の井戸水を使う習わしになっている。

コラム／真如親王が描かせた弘法大師像

真言宗《しんごんしゅう》の寺院には「真言八祖像《しんごんはっそぞう》」というものが掲げられている。密教《みっきょう》の開祖とされる龍猛《りゅうみょう》から空海《くうかい》に至るまで八人の高僧の肖像画である。空海が入唐《にっとう》したとき、すでに金剛智《こんごうち》、善無畏《ぜんむい》、不空《ふくう》、一行《いちぎょう》、恵果《けいか》の真言五祖像《しんごんごそぞう》があった。空海はこれに龍猛と龍智《りゅうち》の二祖像を描かせて真言七祖像として日本に持ち帰った。

そして、空海の没後、高弟の真如《しんにょ》親王が空海像を描かせ、真言八祖像が完成したのである。真如親王は平城《へいぜい》天皇の皇子で、若くして東大寺《とうだいじ》で出家し、その後、空海の門下となって頭角を現して高弟となった人である。空海を厚く敬い、師の没後、その肖像を一流の絵師に描かせて、空海がもたらした真言七祖像に加えて真言八祖像とした。

真言七祖像はみな床几《しょうぎ》に座るが、真如親王が描かせた弘法大師像《こうぼうだいしぞう》は御倚子《みいし》という背もたれと肘掛のついた椅子に座る。この椅子は天皇が座る専用のもので、御所の紫宸殿《ししんでん》に置かれた。真如親王はこの上なく空海を尊敬し、慕っていたので、その御影《みえい》を御倚子に座らせたのだ。

この御倚子に座った弘法大師像を「真如親王様《しんにょしんのうよう》」と呼ぶが、鎌倉時代になって庶民の間に仏教が広まると、弘法大師の名も一気に普及する。そうなると、もっと庶民的な弘法大師像ということで、床几に座った御影が一般的になる。

第三章　真言宗の本尊と諸尊

密教《みっきょう》は大日如来《だいにちにょらい》が説いた秘密の教えである。だから、その中心になるのは大日如来で、すべての仏、菩薩《ぼさつ》、明王《みょうおう》、天《てん》などはその化身《けしん》ということになる。また、密教で最も特徴的なのは不動明王《ふどうみょうおう》をはじめとする明王の存在だ。慈悲相《じひそう》（優しい顔）が基本の仏教の尊像《そんぞう》の中で明王だけは凄《すさ》まじい忿怒《ふんぬ》（怒り）の表情を浮かべている。以下に密教の尊像について解説する。

◆大日如来（密教の教主）

サンスクリット語で「マハー・ヴァイローチャナ」といい、摩訶毘盧舎那仏《まかびるしゃなぶつ》と音写される。ヴァイローチャナは太陽の意味で、太陽のように宇宙の中心にあって果てしなく光《こう》明《みょう》を照らし続けるのが大日如来《だいにちにょらい》である。

密教《みっきょう》で考え出された仏（如来《にょらい》）で、東大寺《とうだいじ》の大仏で知られる毘《び》盧《る》舎那《しゃな》仏《ぶつ》をさらに強力にしたもの。宇宙そのものを神格化し、森羅万象は大日如来の中に包み込まれていると考えられている。

密教の根本経典《こんぽんきょうてん》である『大日経《だいにちきょう》』などの経典は大日如来が説いたことになっている。この如来をその偉大な智慧《ちえ》の面からとらえた金剛界大日如来《こんごうかいだいにちにょらい》と慈悲《じひ》の面からとらえた胎蔵界《たいぞうかい》大日如来《だいにちにょらい》がある。

〈胎蔵界と金剛界〉

サンスクリット語で胎蔵界《たいぞうかい》の「胎《たい》」は「ガルバ」といい、子宮のことである。万物が母胎に宿って育《はぐく》まれるように一切のものが大日如来《だいにちにょらい》の中に胎蔵《たいぞう》（包み込まれる）されるのが胎蔵界である。そして、母親が深い愛情で子どもを育むように、万物は大日如来の深い慈《じ》悲《ひ》に包まれている。

いっぽう、大日如来をその智慧《ちえ》の面から見たのが金剛界《こんごうかい》である。その智慧は金剛石（ダイヤモンド）のように硬く、一切の煩悩《ぼんのう》を破壊する。そして、あらゆる存在現象は大日如来の智慧が展開したものと考える。

ふつう、如来《にょらい》は如来の通相《つうそう》といって一枚の衣だけを身に着け、宝冠や装身具を身に着けず、持物《じもつ》も持っていない。しかし、大日如来はすべての仏、菩薩《ぼさつ》などを統括する遠大な存在であることから、立派な宝冠を被《かぶ》り、ひと際きらびやかな装身具を身に着けている。

そして、胎蔵界の大日如来は掌《たなごころ》を上に向けて下腹のあたりで重ねた座禅《ざぜん》のときと同じ印《いん》を組む。

これを法界定印《ほっかいじょういん》といい、ひと際深い瞑想《めいそう》に入っていることを表わしている。また、金剛《こんごう》界大日如来《かいだいにちにょらい》は左の人差指を上に向けて立て、その人差指を右手で握っている。ちょうど忍者が術を使うときの手つきで、これを智拳印《ちけんいん》という。

・真言――ナウマク・サンダボダナン・アビラウンケン（胎蔵界大日如来《たいぞうかいだいにちにょらい》）
・真言――オン・バザラダト・ヴァン（金剛界大日如来）

◆五智如来

あらゆる仏徳をそなえた大日如来《だいにちにょらい》には、五つの智慧《ちえ》（五智《ごち》）があるという。そして、大日如来を中心にそれぞれ五つの智慧を代表する如来《にょらい》を配置したものを五智如来《ごちにょらい》といい、多《た》宝塔《ほうとう》の中に安置される。五つの智慧は次の通り。

（1）法界体性智《ほっかいたいしょうち》――法界（すべての存在現象）がありのままの姿で存在することを明確に知る智慧
（2）大円鏡智《だいえんきょうち》――鏡のように法界の森羅万象をあらわす智慧
（3）平等性智《びょうどうしょうち》――すべてのものが平等であることを実現する智慧
（4）妙観察智《みょうかんざっち》――すべてのものを正しく、詳しく観察する智慧
（5）成所作智《じょうしょさち》――自他の為《な》すべきことを成就させる智慧

各智慧を代表する仏、菩薩《ぼさつ》は次のように配置される。

位置		中	東	南	西	北
五智		法界体性智《ほっかいたいしょうち》	大円鏡智《だいえんきょうち》	平等性智《びょうどうしょうち》	妙観察智《みょうかんざっち》	成所作智《じょうしょさち》
自性輪身《じしょうりんじん》	金剛界	大日如来	阿閦《あしゅく》如来	宝生《ほうしょう》如来	阿弥陀如来	不空成就《ふくうじょうじゅ》如来
	胎蔵界	大日如来	宝幢《ほうどう》如来	開敷華王《かいふげおう》如来	無量寿《むりょうじゅ》如来	天鼓雷音《てんくらいおん》如来
正法輪身《しょうぼうりんじん》		般若菩薩	金剛薩埵《こんごうさった》菩薩	金剛蔵王《こんごうざおう》菩薩	文殊《もんじゅ》(観音)菩薩	金剛牙《こんごうが》菩薩
教令輪身《きょうれいりんじん》		不動明王	降三世明王《ごうさんぜみょうおう》	軍荼利明王《ぐんだりみょうおう》	大威徳明王《だいいとくみょうおう》	金剛夜叉明王《こんごうやしゃみょうおう》

◆釈迦如来

釈迦《しゃか》は今から約二五〇〇年前にインドで王国の皇子として生まれた。幼少時代から聡明利発で、思慮深く、長じるにしたがってどうすれば人生の苦しみから永遠に逃れることができるかという問題に悩むようになった。

そして、二九歳のとき、地位や財産、妻子などの係累をすべて捨てて王城を飛び出し、出家のたびに上った。それから、六年間、厳しい修行に耐え、三五歳のとき、ついに菩提《ぼだい》樹《じゅ》の木の下で偉大な悟りを開き仏陀《ぶつだ》となった。歴史上の人物でただ一人仏陀となり、その教えを広めて仏教を創始した。

八〇歳で亡くなるまでの四五年間、インド各地を巡って説法をし、在世当時に仏教は大きな教団になった。八〇歳で遊説先のクシナガラというところで涅槃《ねはん》に入り（亡くなり）、その遺体は荼毘《だび》に付されてストゥーパ（仏塔《ぶっとう》）に納められた。一九世紀の末、仏舎利《ぶっしゃり》（釈迦の遺骨）の一部が発見され、その後の調査研究の結果、それが釈迦の真骨であることが判明し、釈迦が実在の人物であったことが確定した。

〈釈迦《しゃか》如来《にょらい》の姿〉

宝冠や装身具を一切身に着けず、一枚の衣だけを着て、結跏趺坐《けっかふざ》（座禅《ざぜん》の時の座り方）する。一般に右手は肘《ひじ》を屈して掌《たなごころ》を前に向け、胸の前辺りに上げた施無畏印《せむいいん》に、左手は掌を上に向けて膝《ひざ》に置いた与願印《よがんいん》に組む。まれに、両手を胸の辺りに上げ、指を広げて話をするポーズの説法印《せっぽういん》に組むものもある。

・真言《しんごん》――ナウマク・サマンダボダナン・バク

◆阿弥陀如来

サンスクリット語で「アミターバ」「アミターユス」という二つの名前を持つ。アミタは計り知れない、「無量」という意味。アーバは光明《こうみょう》、アーユスは寿命の意味である。つまり、アミターバは計り知れない無限の光明という意味で、無量光（仏）と訳し、アミターユスは無限の寿命を保つという意味で無料寿（仏）と訳される。そして、両者に共通するアミタを音写して阿弥陀《あみだ》（仏《ぶつ》）というのである。

遠い昔、阿弥陀如来《あみだにょらい》はインドのある国の国王だったが、仏教の教えに共感して王位を捨てて一介の修行僧となった。法蔵比丘《ほうぞうびく》と名乗り、日々、厳しい修行を続け、どうしたらすべての衆生《しゅじょう》をすくうことのできる仏国土《ぶっこくど》（浄土《じょうど》）を作ることができるか思案に思案を重ねた。五劫《ごこう》というとてつもなく長いあいだ考え抜いた末に極楽浄土《ごくらくじょうど》の青写真を完成させた。そして、その浄土を建設して人々を救うために四八の大願《たいがん》を立て厳しい修行の結果、その大願のすべてを実現可能にし、悟りを開いて仏陀《ぶっだ》となったという。

四八の大願は、自分が仏陀となったとき、自分（阿弥陀如来）の救済の力を信じ、南無《なむ》阿弥陀仏《あみだぶつ》とその名をとなえた人を極楽浄土に往生《おうじょう》させることができなければ、自分は仏陀となるのを辞めよう。概ねそういった内容の大願である。

インドや中国で盛んに信仰され、日本に伝えられても盛んな信仰を集めるようになった。日本では平安時代後半の一〇五二年に末法という暗黒の世の中が始まると信じられており、これに突入するとみな地獄に落ちると考えられていた。極楽浄土に掬《すく》い取ってもらって地獄行きを免れようということから阿弥陀信仰《あみだしんこう》が盛んになり、鎌倉時代になると法然《ほうねん》や親鸞《しんらん》が出て阿弥陀信仰に基づく一派、浄土宗《じょうどしゅう》や浄土真宗《じょうどしんしゅう》を組織した。

この時代、貴族たちは極楽浄土の光景を描いた「浄土曼荼羅《じょうどまんだら》」や阿弥陀如来が多くの菩《ぼ》薩《さつ》を従えて臨終を迎えた人を迎えに来る光景を描いた「阿弥陀来迎図《あみだらいごうず》」などを作って無事に極楽往生《ごくらくおうじょう》することを願った。また、宇治平等院鳳凰堂《うじびょうどういんほうおうどう》のように画像を立体的に建築物で表した浄土建築《じょうどけんちく》、浄土庭園《じょうどていえん》も各地で作られるようになった。平泉《ひらいずみ》の金色堂《こんじきどう》も代表的な浄土建築。同じ平泉にある毛越寺《もうつうじ》の庭園も典型的な浄土庭園として知られている。

〈阿弥陀如来の姿〉

釈迦如来《しゃかにょらい》や薬師如来《やくしにょらい》と同じように宝冠や装身具を一切、身に着けず、一枚の衣だけをまとった姿に造られる。蓮華座《れんげざ》上に結跏趺坐《けっかふざ》し、通常は施無畏印《せむいいん》、与願印《よがんいん》に組むが、平安時代以降になると小指を除く三本の指と親指をつけて輪を作った来迎印《らいごういん》という印を組むようになる。

阿弥陀如来《あみだにょらい》は能力や信仰心の深浅、日ごろの行ないなどによって人間を九段階にランク付けをする。まず、上品《じょうぼん》、中品《ちゅうぼん》、下品《げぼん》に分け、それぞれを上生《じょうしょう》、中生《ちゅうしょう》、下生《げしょう》に細分する。上品《じょうひん》、下品《げひん》という言葉はここに由来する。そして、上品は定印《じょういん》、中品は説法印《せっぽういん》、下品は施《せ》無畏印《むいいん》、与願印《よがんいん》を基本とし、両手の親指と人差し指で輪を作ったものが上生印《じょうしょういん》、中指で輪を作ったものが中生印《ちゅうしょういん》、薬指で輪を作ったものが下生印《げしょういん》である。

上品上生

上品中生
(中品上生)

上品下生
(下品上生)

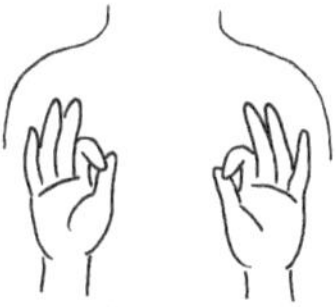

中品上生
(上品中生)

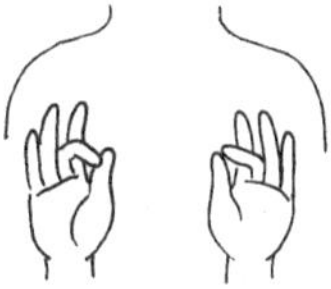

中品中生

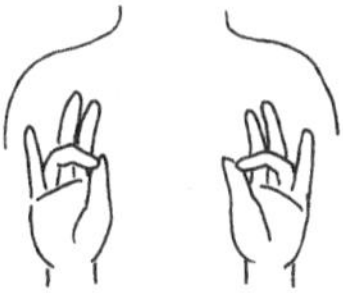

中品下生
(下品中生)

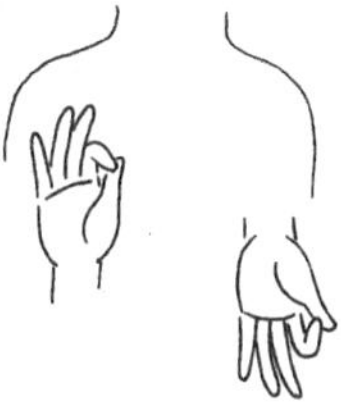

下品上生
(上品下生)

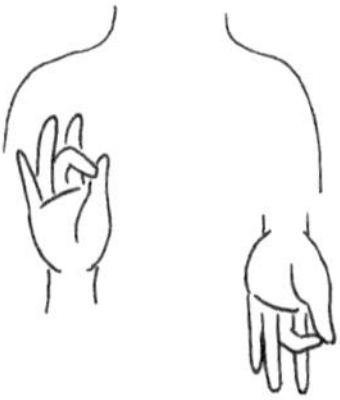

下品中生
(中品下生)

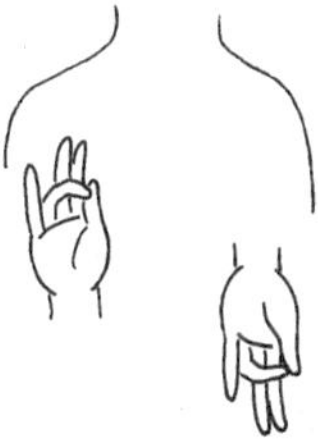

下品下生

ただし、阿弥陀如来像《あみだにょらいぞう》で一番多いのは下品上生印で、施無畏印、与願印に組んで親指と人差し指で輪を作ったものである。おそらく下品上生印が阿弥陀如来像の九〇パーセント以上を占めると思われる。

〈密教と阿弥陀如来〉

阿弥陀如来《あみだにょらい》というと浄土宗《じょうどしゅう》や浄土真宗《じょうどしんしゅう》の専属の如来《にょらい》のようなイメージが強い。しかし、密教《みっきょう》をはじめ、他宗でも阿弥陀如来は盛んな信仰を集めてきた。密教では東寺《とうじ》の講堂にまつられている金剛界五仏《こんごうかいごぶつ》の一尊として崇《あが》められている。

また、密教には「阿弥陀護摩《あみだごま》」という修法もあり、息災延命の加持祈禱《かじきとう》を行なう。さらに、阿弥陀如来の真言《しんごん》と南無阿弥陀仏《なむあみだぶつ》をとなえることで、極楽往生《ごくらくおうじょう》できると信じられている。

・真言——オン・アミリタテイゼン・カラ・ウン

◆薬師如来

サンスクリット語で「バーイシャジュヤグルヴァーイドゥーリャ・タターガタ」といい、東方浄瑠璃世界《とうほうじょうるりせかい》で教えを説いていることから、薬師瑠璃光如来《やくしるりこうにょらい》（仏《ぶつ》）とも呼ばれる。この浄瑠璃世界《じょうるりせかい》はわれわれの住む娑婆世界《しゃばせかい》のはるか東方にあり、女性がおらず、地獄《じごく》、餓鬼《がき》、畜生《ちくしょう》の三悪道《さんなくどう》（三つの最悪の世界）がなく、苦しみの声を聴くことがなく、地面には瑠璃《るり》が敷き詰められ、宮殿などは七宝《しっぽう》で作られている。その壮麗さは阿弥陀如来《あみだにょらい》の極楽浄土《ごくらくじょうど》とまったく異なることがないと『薬師経』に説かれている。

〈薬師如来の姿〉

釈迦《しゃか》如来《にょらい》や阿弥陀《あみだ》如来《にょらい》と同じように一枚の衣だけをまとった姿に造られる。施無畏印《せむいいん》、与願印《よがんいん》に組み、右手のひらに薬壺《やっこ》を置くのが特徴。ただし、奈良時代までは薬壺を持たず、阿弥陀如来も古くは来迎印《らいごういん》を結ばないので、これらの如来は区別がつかない。

また、光背に七仏薬師《しちぶつやくし》と呼ばれる薬師《やくし》如来《にょらい》の分身がまつられているのも特徴の一つだ。

ちなみに、平安時代ごろまでは七体の薬師如来をまつる信仰があった。奈良の新薬師寺《しんやくしじ》の本尊《ほんぞん》もかつては七体を一堂に会した七仏薬師だったことが記録に残っているが、奈良時代の末に火災で焼失し、現在見られるような一体の薬師如来を新造したという。

・真言《しんごん》――オン・コロコロ・センダリ・マトウギ・ソワカ

◆金剛薩埵菩薩

サンスクリット語で「ヴァジュラ・サットゥヴァ」といい、執金剛《しゅうこんごう》、秘密主《ひみつしゅ》とも呼ばれる。伝説によれば密教《みっきょう》は大日如来《だいにちにょらい》が秘密の教えを金剛薩埵《こんごうさった》菩薩《ぼさつ》に伝え、それを金剛薩埵菩薩が『大日経《だいにちきょう》』としてまとめ上げたものを南インドの鉄塔のなかに密《ひそ》かに納めておいた。

真言宗《しんごんしゅう》の開祖、龍猛《りゅうみょう》が夢のお告げでそのことを知り、探索した結果、ついに鉄塔を探し出した。扉を開くと中に『大日経』と『金剛頂経《こんごうちょうぎょう》』が入っており、それを龍猛が広めたという（三九ページを参照）。

このように大日如来が秘密の教えを最初に伝えたことから、金剛薩埵菩薩は大日如来の対告者《たいごくしゃ》と呼ばれ、密教付法《みっきょうふほう》の第二祖とされている。また、大日如来の秘密の教えを理解することに関して右に出るものがないという意味で秘密主とも呼ばれるのだ。

また、もう一つの別名は執金剛というが、これは右手に金剛杵《こんごうしょ》を持って凄《すさ》まじい忿怒《ふんぬ》の相を現わした執金剛神《しゅうこんごうしん》のことだ。時代が下ると執金剛神は二体の金剛力士になって仁王《におう》と呼ばれるようになった。執金剛神は仏教を守護するガードマン役を務め、仏教の尊格《そんかく》の中では低い地位に甘んじていたが、これが密教に取り入れられて金剛薩埵菩薩となり、大日如来に次ぐ地位に昇った。

ちなみに、顕教《けんぎょう》（密教以外の仏教）では執金剛神や仁王《におう》はそのままのガードマン役として残り、日本にも早くから伝えられた。とりわけ、山門を護《まも》る仁王像は各地の寺院にまつられて親しまれている。

〈金剛薩埵菩薩の姿〉

金剛薩埵菩薩《こんごうさったぼさつ》は宝冠を被《かぶ》り、装身具を身に着けた大日如来《だいにちにょらい》と同じ姿に造られるが、右手に金剛杵《こんごうしょ》、左手に五鈷鈴《ごこれい》を持つのが特徴。東寺講堂《とうじこうどう》に安置されている五菩薩《ごぼさつ》の壇《だん》の右後方にまつられている。

・真言《しんごん》――オン・バサラ・サト・バン

◆仏頂尊

サンスクリット語で「ブッドーシューニャ」、あるいは「ウシューニャ」という。仏頂《ぶっちょう》とは如来《にょらい》に見られる頭長の膨らみで、肉髻《にくけい》と呼ばれるものだ。ここに仏の叡智《えいち》が凝縮されていると考え、それを神格化して仏尊《ぶっそん》としたもので、尊勝仏頂《そんしょうぶっちょう》とも呼ばれる。この仏を本《ほん》尊《ぞん》として仏頂尊陀羅尼《ぶっしょうそんだらに》という真言《しんごん》をとなえる尊勝法《そんしょうほう》という密教《みっきょう》の修法《しゅほう》を行なうと一切のとらわれや迷いから解放されるという。

日本では比叡山《ひえいざん》で修行した尊意《そんい》という僧が尊勝法に巧みで、旱魃《かんばつ》のときに朝廷の命でこの法を修《しゅう》し、自在に雨を降らしたという。以来、とくに朝廷で重んじられるようになった。

宝冠を被《かぶ》り装身具を身に着けた大日如来《だいにちにょらい》と同じ菩薩《ぼさつ》の姿に造られる。

また、新義真言宗《しんぎしんごんしゅう》の拠点となった紀州《きしゅう》（和歌山県）の根来寺《ねごろじ》（一九〇ページを参照）の大《だい》伝法堂《でんぽうどう》には中央に大日如来、向かって右に金剛薩埵《こんごうさった》菩薩《ぼさつ》、同左に尊勝仏頂をまつっている。これは新義真言宗の基を作った覚鑁《かくばん》の独自の信仰に基づくといわれている。三体とも三メートルを超える巨像だ。

・真言——オン・マカボダレイ・ソワカ

◆一字金輪

サンスクリット語で「エーカクシャラ・ウシュニーチャクラ」といい、一字仏頂輪とも訳す。大日如来《だいにちにょらい》が最高の三摩地《さんまじ》（深い瞑想《めいそう》）に入ったときに説いた渤嚕唵《ぼろん》（ブルーン）という真言《しんごん》の一字を神格化したものである。金輪《きんりん》とはインドで古くからその出現が待望されていた転輪聖王《てんりんじょうおう》の戦車の車輪のことで、千輻輪《せんぷくりん》という千本の輻《や》（スポーク）を設《しつら》えた完璧《かんぺき》な車輪のことで、最高の真言という意味である。

〈一字金輪の姿〉

釈迦《しゃか》金輪《きんりん》と大日《だいにち》金輪の二つの姿があり、前者は宝冠や装身具を身に着けない如来形《にょらいぎょう》で、定印《じょういん》に組んだ手の上に輪宝《りんぽう》（転輪聖王の七つの宝の一つで、王の先を転がって世界を征服する車輪）を持って、蓮華座《れんげざ》上に結跏趺坐《けっかふざ》（座禅《ざぜん》のときの座法）する。大日金輪は智拳印《ちけんいん》を組んだ金剛界大日如来《こんごうかいだいにちにょらい》と同じ姿で、日輪を光背にして蓮華座上に結跏趺坐する。

一字《いちじ》金輪《きんりん》を本尊《ほんぞん》とする修法《しゅほう》はとてつもなくパワーが強く、地球上で行なわれている他のすべての修法の効力をなくしてしまうといわれている。だから、この修法は未熟なものには行なうことができず、かつては東寺《とうじ》の長者《ちょうじゃ》（住職）にのみその実践が許された。

・真言《しんごん》――ノウマク・サンマンダ・ボダナン・オン・ボロン

◆不動明王（厄除けの本尊）

先にも述べたが密教《みっきょう》で最もユニークな尊像《そんぞう》が不動明王《ふどうみょうおう》をはじめとする明王《みょうおう》である。七世紀の半ばごろ、インドで密教が成立するとヒンドゥー教の神々が仏教に取り入れられ、これが明王となった。密教では真言《しんごん》（陀羅尼《だらに》）という一種の呪文を重んじ、これを明呪《みょうじゅ》ともいう。明王はこの明呪に精通し、これを巧みに伝えることから「明呪の王」といわれ、略して明王と呼ばれる。

〈大日如来の化身〉

密教《みっきょう》では仏、菩薩《ぼさつ》、明王《みょうおう》はすべて大日如来《だいにちにょらい》の化身《けしん》であると説くが、その化身の現われ方に、自性輪身《じしょうりんじん》、正法輪身《しょうぼうりんじん》、教令輪身《きょうれいりんじん》の三種があるという。自性輪身は如来《にょらい》の姿、正法輪身は菩薩の姿、そして、教令輪身が明王の姿である。教令というのは大日如来の「衆生《しゅじょう》を教え導け」という至上命令で、明王はその命令を忠実に完遂するといわれている。

また、大日如来の真言《しんごん》のことを明呪《みょうじゅ》といい、明王はこの明呪に最も通じていると考えられている。このことから「明呪の王」、略して明王と呼ばれる。

〈教令輪身〉

密教《みっきょう》では仏は衆生《しゅじょう》を教化するときに人々の能力や素質などによって、自性輪《じしょうりん》身《じん》・正法輪《しょうぼうりん》身《じん》・教令輪身《きょうれいりんじん》の三通りのあらわれ方をすると考えられている。これを「三輪身《さんりんじん》」といい、自性輪身は如来《にょらい》、正法輪身は菩薩《ぼさつ》、そして、教令輪身は明王《みょうおう》の姿。如来や菩薩の慈悲《じひ》に満ちた穏やかな姿で諭しても効き目のない強い煩悩《ぼんのう》をもったものを導くときに教令輪身の姿をとると言われている。「教令《きようれい》」というのは「あらゆる衆生を教え導けという仏の命令」のことで、明王はこの命令に従って有無をいわさず強引に衆生を教化するという。明王が恐ろしい表情をしているのはそのためだ。

・真言《しんごん》――ナウマク・サマンダバザラバン・カン

◆五大明王

不動明王《ふどうみようおう》を中心とする五尊の明王《みようおう》で、五智如来《ごちによらい》の分身と考えられている。このうち、単独でまつられるのは不動明王だけで他の明王は五大明王《ごだいみようおう》として一堂に会される。松島瑞巌寺《まつしまずいがんじ》の五大堂《ごだいどう》など、各地に点在する五大堂は五大明王をまつっている。

東寺《とうじ》講堂《こうどう》の五大明王壇《ごだいみようおうだん》で見られるように不動明王を中心に、向かって右前方に降三世明王《ごうさんぜみようおう》、その後ろに金剛夜叉明王《こんごうやしやみようおう》、左前方に軍荼利明王《ぐんだりみようおう》、その後ろに大威徳明王《だいいとくみようおう》を安置する。さらに烏枢沙摩《うすさま》、無能勝《むのうしよう》、馬頭《ばとう》の三明王を加えたものを八大明王《はちだいみようおう》という。

◆降三世明王《ごうさんぜみようおう》

サンスクリット語で「トライ・ローキャ・ヴァジュラ」という。トライは「三」、ローキャは「世界」、ヴァジュラは「金剛杵《こんごうしよ》」の意味で、三界《さんがい》、すなわちわれわれ衆生《しゆじよう》が輪廻《りんね》転生《てんしよう》する欲界《よつかい》、色界《しきかい》、無色界《むしきかい》の三つの世界を降伏《こうぶく》する武器（金剛杵）を持つものという意味である。また、経典には「三世《さんぜ》とは貪瞋癡《とんじんち》（三毒《さんどく》）なり。この三毒を降すを降三世《ごうさんぜ》と名づく」とあり、三毒すなわち根本的な煩悩《ぼんのう》を退治する明王《みょうおう》と説かれている。要するにすべての煩悩を調伏《ちょうぶく》する明王である。

実際の作例として多いのは四面《しめん》四臂《しひ》像《ぞう》である。四面はそれぞれ焔髪《えんぽつ》大悪忿怒《たいあくふんぬ》相《そう》というとくに恐ろしい顔に造られ、額にタテに第三の目を刻む。顔の色は正面が青、右は黄色、左は緑、後ろは紅とされている。八本の手のうち、中央の二手はいわゆる降三世《ごうさんぜ》印《いん》という両手の小指を絡めた特殊な印を組み、他の六手には三叉戟《さんさげき》、弓矢、羂索《けんさく》、剣などの武器のほか、金剛鈴《こんごうれい》を持ち、足下には大自在天《だいじざいてん》（摩醯首羅《まけいしゅら》、シヴァ神）とその妃の烏摩《うま》（ウマー）を踏みつけている。

左足で大自在天の顔面を強く踏みつけ、右足では烏摩の胸を軽く踏むと言われている。これは硬軟の二徳《にとく》、すなわち煩悩の強弱によっていかようにも、それを調伏することをあらわしていると言われている。

・真言《しんごん》――オン・ニソンバ・バサラ・ウン・ハッタ

◆軍荼利明王《くんだりみょうおう》

サンスクリット語のクンダリーの音写で、甘露軍荼利《かんろくんだり》、大咲明王《たいしょうみょうおう》、吉里吉里明王《きりきりみょうおう》などとも呼ばれる。軍荼利《くんだり》とは甘露《かんろ》（涅槃《ねはん》）のことで、敬愛《けいあい》、増益《ぞうやく》（御利益《ごりやく》があること）をあらわすとも言われる。さらに大咲《たいしょう》は調伏《ちょうぶく》、吉里吉里《きりきり》は清浄にして息災《そくさい》であることをあらわすという。南方の宝生如来《ほうしょうにょらい》の教令輪身《きょうれいりんじん》で虚空蔵菩薩《こくうぞうぼさつ》の化身《けしん》。

・真言《しんごん》――オン・アミリティ・ウン・ハッタ

◆**金剛夜叉明王**《こんごうやしゃみょうおう》

サンスクリット語で「ヴァジュラ・ヤクシャ」といい、金剛尽《こんごうじん》、金剛噉食《こんごうたんじき》などとも呼ぶ。金剛はダイヤモンドのことで、ダイヤモンドのように最も硬く優れた性質を神格化したものと見られている。つまり、何ものにも劣らない優れた力であらゆる煩悩《ぼんのう》を破壊するのがこの明王《みょうおう》の真骨頂である。北方仏《ほっぽうぶつ》、不空成就如来《ふくうじょうじゅにょらい》の教令輪身《きょうれいりんじん》で、金剛牙《こんごうが》菩薩《ぼさつ》の変化身《へんげしん》と考えられている。

五大明王《ごだいみょうおう》の一尊《いっそん》としてまつられ、単独で信仰されることはない。ただし、天台宗《てんだいしゅう》ではこの明王の代わりに烏枢沙摩明王《うすさまみょうおう》を安置して五大明王とする。

・真言《しんごん》――オン・バサラ・ヤキシュ・ウン

◆**大威徳明王**《だいいとくみょうおう》

サンスクリット語で「ヤマーンタカ」といい、大威徳忿怒明王《だいいとくふんぬみょうおう》、聖焔漫徳迦威怒王《しょうえんまんとくかいぬおう》、降閻魔尊《ごうえんまそん》、六足尊《ろくそくそん》などとも言う。阿弥陀如来《あみだにょらい》の忿怒形《ふんぬぎょう》で文殊菩薩《もんじゅぼさつ》の化身《けしん》とされている。ただし、阿弥陀如来の忿怒形というのは密教《みっきょう》の解釈で阿弥陀如来を本尊《ほんぞん》とする浄土宗《じょうどしゅう》や浄土真宗《じょうどしんしゅう》では阿弥陀如来の忿怒形とは言わない。古くから戦勝祈願の本尊として信仰されてきた。

この明王《みょうおう》は水牛に乗るのが特徴だが、これは水牛が田んぼの泥の中を自由に歩き回るように、穢《けが》れた娑婆世界《しゃばせかい》であらゆる障害を乗り越えて自由に進むことをあらわしている。
・真言《しんごん》――オン・シュチリ・キャラロハ・ウン・ケン・ソワカ

◆大元帥明王（朝敵退散祈願の本尊）

サンスクリット語で「アータヴァカ」といい、阿吒婆《あたば》、阿吒薄倶《あたばく》などと音写され、大元《たいげん》明王《みょうおう》とも訳される。アータヴァカとは曠野《こうや》（広野）とか林野（森林原野）という意味で、曠野神《こうやじん》ともいわれる。

曠野神の名が示すとおり、もとは広野に棲《す》んでいた悪鬼神《あっきじん》で、一日に一人ずつ人間を食らっていたという。これが釈迦《しゃか》に諭されて改心し、深く仏教に帰依《きえ》するようになった。そして、不殺生戒《ふせっしょうかい》（生き物を殺さないという戒律《かいりつ》）を厳格に守って、仏教を護《まも》る善神《ぜんしん》となったのである。鬼子母神《きしもじん》の夫、パーンチカと同じルーツとも考えられている。

広野の住人という大元帥明王《だいげんすいみょうおう》の来歴は、勇猛な軍神としての性格を強めていった。そして、早くから鎮護国家《ちんごこっか》（国を護ること）、外敵撃退の明王として信仰されてきた。この明王を信仰すればすべての将軍を統率して外敵を退散させ、国を防衛することができる。また、国家に背く逆臣を裁き、疫病を根絶して国を鎮めることができるといわれている。さらにこの明王を本尊《ほんぞん》とする「大元帥法《だいげんすいほう》」という修法《しゅほう》(祈禱《きとう》)を修《しゅう》すれば、鎮護国家や戦勝、疫病退散などの願いがかなえられるといわれている。

〈大元帥明王の姿〉

一面四臂像《いちめんしひぞう》、一面六臂像《いちめんろっぴぞう》、四面八臂像《しめんはっぴぞう》、六面八臂像《ろくめんはっぴぞう》などがある。すさまじい忿怒《ふんぬ》の相をして額に第三の目を刻み、七宝冠《しっぽうかん》という冠をかぶり、瓔珞《ようらく》などを身につけている。また、仏像は仁王などの天部の像を別として、筋骨を露《あら》わにしないのが大原則で、明王《みょうおう》も恐ろしい怒りの表情とは対照的に体は筋骨が出ていない。しかし、大元帥明王《だいげんすいみょうおう》だけは筋骨を露わにしている像がある。

全身黒色で、虎皮の褌《ふんどし》をして足下に二匹の悪鬼《あっき》を踏みつけている。向かって右の一手には千幅大輪《せんぷくたいりん》を持って高く掲げ、もう一方は腹のあたりに据えている。右の一手は金剛杵《こんごうしょ》を持って上に突き上げ、もう一方の手は拳《こぶし》をにぎって人差指と小指を立てた大怒印《だいどいん》という特殊な印を結んでいる。

奈良の秋篠寺《あきしのでら》には平安時代のはじめに空海《くうかい》の弟子の小栗栖常暁《おぐるすじょうぎょう》という人が中国から持ち帰った像がある。

・真言《しんごん》――タリツ・タボリツ・パラボリツ・シャキンメイ・シャキンメイ・タララサンタン・オエンビ・ソワカ

◆愛染明王（夫婦和合・縁結びの本尊）

サンスクリット語で「ラーガ・ラージャ」という。ラーガは愛欲、すなわち性的な欲望の意味。ラージャは王の意味である。大日如来《だいにちにょらい》の変化身《へんげしん》、あるいは金剛薩埵《こんごうさった》菩薩《ぼさつ》の化身《けしん》とされている。

人間の煩悩《ぼんのう》の中でももっとも断ち難いものが男女間の性的な欲望（愛欲）だ。この明王《みょうおう》は愛欲の凄《すさ》まじいエネルギーを悟りを求める心（菩提心《ぼだいしん》）に高めて、さまざまな悩みから救ってくれるという。

煩悩というのは、もともと悟りの妨げになるものであるから、この煩悩がそのまま悟りにいたる道になるというのは納得がいかない。しかし、密教《みっきょう》では宇宙のあらゆる存在現象は普遍的真理である大日如来《だいにちにょらい》から生じ、再び大日如来に帰一すると考える。だから愛欲のような強い煩悩も、大日如来から生じ、やがては真理そのものである大日如来に帰一する。つまり密教では煩悩も悟りも同じであると考え、これを「煩悩即菩提《ぼんのうそくぼだい》」という言葉であらわすのである。

〈愛染明王の姿〉

愛染明王《あいぜんみょうおう》は忿怒形《ふんぬぎょう》で、からだの色は真紅、一面三目六臂像が一般的である。頭上に獅子《しし》頭《がしら》のついた獅子冠《ししかん》を戴《いただ》いているのが特徴で、獅子の頭からは天帯《てんたい》という長い紐《ひも》が左右の耳の後を通って膝《ひざ》のあたりまで垂れている。

左の第一手には金剛鈴《こんごうれい》（五一ページを参照）、第二手には弓、第三手は拳《こぶし》をにぎって上に上げている。右の第一手は五鈷杵《ごこしょ》、第二手は矢、第三手は蓮華《れんげ》を持って上に上げている。拳をにぎった左の第三手には、われわれが求めるものは何でもつかんでいるという意味が込められている。宝瓶《ほうびょう》という大きな壺《つぼ》の上の蓮華座《れんげざ》に座る座像のみで、立像は見られない。赤い日輪を光背とする。

密教《みっきょう》では愛染明王法《あいぜんみょうおうほう》という修法《しゅほう》が行なわれ、敬愛《けいあい》、増益《ぞうやく》、息災《そくさい》、降伏《こうぶく》などを祈願する。
・真言《しんごん》――オン・マカラギャ・バゾロウシュニシャ・バザラサトバ・ジャク・ウン・バク

◆孔雀明王（無事息災祈願の本尊）

今でもインドにはコブラなどの毒蛇が多いが、人々は古くからこれを恐れていた。孔雀《くじゃく》は毒蛇の天敵で、これを捕らえて食べることから古くから益鳥として大切にされ、今もインドの国鳥として大切にされている。

そして、毒蛇は煩悩《ぼんのう》や穢《けが》れにたとえられることから、毒蛇を撃退する孔雀には一種の霊力が具《そな》わっていると考えられていた。それで孔雀は煩悩を食い尽くして人々を救ってくれると考えられるようになり、しだいに神格化されていった。さらに孔雀は雨季が近づくと甲高い鳴き声を発することから、雨季の到来をいち早く告げ、作物の生長を促す慈雨をもたらすありがたい鳥とされた。インド人が古くから災いを祓《はら》い、恵みの雨をもたらしてくれる鳥として尊重されてきた孔雀が、仏教に取り入れられて孔雀明王《くじゃくみょうおう》になったのである。

サンスクリット語でマハー・マユーリーという。マハーは「偉大な」、マユーリーは「孔雀」を意味するマユーラの女性形。仏、菩薩《ぼさつ》、明王《みょうおう》のサンスクリット語の原名はすべて男性形で、性別もすべて男性ということになっている。しかし、孔雀明王だけは女性形が使われていることから女性の明王と考えられている。

恵みの雨をもたらすということから雨乞《あまご》いや除災、息災延命などを祈願する「孔雀法《くじゃくほう》」という密教《みっきょう》の祈禱《きとう》の本尊《ほんぞん》である。

〈孔雀明王の姿〉

その姿は明王《みょうおう》の中で唯一、菩薩形《ぼさつぎょう》で、慈愛に満ちた優しい表情を浮かべ、女性像らしく丸みを帯びたからだに造られる。二臂像と四臂像とがあるが、多いのは四臂像である。彫塑像も少なくないが、画像に描かれることが多い。

金色の孔雀《くじゃく》の背に置かれた青蓮華《しょうれんげ》、または白蓮華《びゃくれんげ》の台座に結跏趺坐《けっかふざ》している。白い絹の衣をまとって、宝冠《ほうかん》をかぶり、瓔珞《ようらく》や耳輪、腕輪などさまざまな持物《じもつ》を身につけている。光背は孔雀が尾羽を広げたかたちのものか、挙身光の円形の外側に尾羽の先を並べたかたちになっている。

左の第一手は肘《ひじ》を曲げて掌《てのひら》を上に向けて軽く胸にあて、その上に桃の実のような形をした吉祥果《きっしょうか》を載せている。第二手は肘を曲げて上に上げ、孔雀の尾羽を持つ。

また、右の第一手は肘を軽く曲げて腿のあたりに下ろし、開敷蓮華《かいふれんげ》（花の開いた蓮の花）を持っている。第二手は肘を曲げて掌を上にして肩のあたりに突き上げ、倶縁果《ぐえんか》というミカンのような果実を持つ。蓮華は敬愛《けいあい》、倶縁果は増益《ぞうやく》、吉祥果は調伏《ちょうぶく》、孔雀の尾羽は息災《そくさい》をあらわすという。

・真言《しんごん》――オン・マユラ・キランディ・ソワカ

◆観音菩薩

サンスクリット語で「アヴァローキテーシュヴァラ」という。アヴァローキタは「見る」、イーシュヴァラは「自在《じざい》」を意味し、救いを求める人々の様子をつぶさに観察して、意のままに（自在に）救うという意味。正しくは観世音菩薩《かんぜおんぼさつ》、または、観自在菩薩《かんじざいぼさつ》という。前者は玄奘三蔵《げんじょうさんぞう》（七世紀）以前の訳語（旧訳《くやく》）、後者は玄奘が新たにつくった訳語（新訳《しんやく》）。玄奘訳の方が原語の意味を正確に表わしているということができる。

「観《かん》」は観察するという意味だが、人間の知恵をもって観察するのではなく、仏の深い智《ち》慧《え》であらゆるものをありのままにとらえるということ。「世音《ぜおん》」は世の中の音声という意味で、世の中の人々が救いを求める声を瞬時に聞き取ってその人の前に急行し、あらゆる手段を駆使して助けてくれるという意味だ。玄奘の「観自在《かんじざい》」という訳は自由自在に助けを求める声を聞き取って、自由自在に助けるという意味を強調したものである。

もともと観音菩薩《かんのんぼさつ》は阿弥陀如来《あみだにょらい》の脇侍《わきじ》としてその左側（向かって右側）に従い、右に従う勢至菩薩《せいしぼさつ》とともに阿弥陀如来《あみだにょらい》の手伝いをしていた。しかし、時代とともに観音菩薩は厚く信仰されるようになり、単独でまつられるようになった。

『法華経《ほけきょう》』の「観世音菩薩普門品《かんぜおんぼさつふもんぼん》」（通称「観音経《かんのんぎょう》」）には、この菩薩《ぼさつ》が三三の姿に変化《へんげ》して衆生《しゅじょう》を救うと説かれることから、さまざまな姿の変化観音《へんげかんのん》が作られて信仰を集めてきた。三十三観音霊場《さんじゅうさんかんのんれいじょう》や三十三間堂《さんじゅうさんげんどう》はこの三十三変化身《さんじゅうさんへんげしん》に基づく。

また、この三十三変化身からさまざまな変化観音が生まれた。一面二臂《いちめんにひ》の聖観音《しょうかんのん》を基本形に、十一面観音《じゅういちめんかんのん》、不空羂索観音《ふくうけんさくかんのん》、千手観音《せんじゅかんのん》、如意輪観音《にょいりんかんのん》、馬頭観音《ばとうかんのん》、准胝観音《じゅんていかんのん》などさまざまな姿の像が造られるようになり、各々が独自の信仰を得ている。このことは観音菩薩の信仰が広範な地位に広がり、幅広い階層の人々から熱烈な信仰を獲得してきたことを表わすものである。

さらに、平安時代になると、以上の変化観音が地獄《じごく》・餓鬼《がき》・畜生《ちくしょう》・修羅《しゅら》・人間《にんげん》・天《てん》というわれわれが輪廻転生を繰り返す六つの世界（六道《りくどう》）の人々をしっかりと救ってくれるという信仰が生じた。その結果、聖観音を除く六体を一堂に会してまつるようになった。これを六観音《ろくかんのん》といい、中には聖観音も加えて七観音《しちかんのん》とする寺もあった。

これら六観音、ないし七観音の像は時代とともに散逸してバラバラにまつられているが、京都の大報恩寺《だいほうおんじ》（通称、千本釈迦堂《せんぼんしゃかどう》）に鎌倉時代の慶派《けいは》の仏師、定慶《じょうけい》の名作が完璧《かんぺき》な形で残っている。こちらは聖観音を除く六体で、もとは隣接する北野天満宮《きたのてんまんぐう》の観音堂《かんのんどう》にまつられていたが、明治の神仏分離で撤去され大報恩寺の預かりとなった。

また、中国で作られて大いに流行した観音に三十三体観音《さんじゅうさんたいかんのん》というものがある。これは『観音経』の三十三変化身に基づいて中国で造られたもので、正規の経典には述べられていない。宋代《そうだい》に中国で水墨画などで盛んに描かれた。ゆったりとした白衣《びゃくえ》をまとった白衣《びゃくえ》観音《かんのん》を基本形とし、柳の枝を持った楊柳観音《ようりゅうかんのん》、魚の入った籠《かご》を持った魚籃観音《ぎょらんかんのん》、水面に映った月を眺める水月観音《すいげつかんのん》などがある。中には名前だけあってその姿が描かれないものもある。日本でも雪舟《せっしゅう》などが名作を残している。

〈観音菩薩の姿〉

観音菩薩《かんのんぼさつ》の像容について『観無量寿経《かんむりょうじゅきょう》』には次項に述べる勢至菩薩《せいしぼさつ》とほとんど異ならないが、頭上に化仏《けぶつ》をつけるのが特徴であると記されている。また、阿弥陀如来《あみだにょらい》、勢至菩薩、聖衆《しょうじゅ》とともに臨終者を迎えに行くときには蓮華《れんげ》の台座を持ち、その上に臨終者を乗せて極《ごく》楽浄土《らくじょうど》に連れていくとされ、平安時代の後期以降、この来迎の阿弥陀三尊《あみださんぞん》が多く造られるようになった。

密教《みっきょう》の観音菩薩は両界曼荼羅《りょうがいまんだら》に描かれている。先《ま》ず、胎蔵界曼荼羅《たいぞうかいまんだら》では頭上に化仏をつけ、右手を屈して開敷蓮華《かいふれんげ》（花弁の開いた蓮《はす》の花）を握り、左手も屈して掌《てのひら》を前に向けて小指を少し外側に開いて蓮華座《れんげざ》上に結跏趺坐《けっかふざ》する。次に金剛界曼荼羅《こんごうかいまんだら》では蓮華座上に結跏《けっか》趺坐《ふざ》し、頭上に化仏をつけ、右手は屈して胸前に据え、左手も屈して蓮華《れんげ》を握っている。金剛界《こんごうかい》では金剛法菩薩《こんごうほうぼさつ》といい、東寺《とうじ》講堂《こうどう》の五菩薩《ごぼさつ》の一尊としてまつられている。

〈密教での信仰〉

密教《みっきょう》でも観音菩薩《かんのんぼさつ》は早くから盛んな信仰を集めた。天台宗《てんだいしゅう》では六観音《ろくかんのん》のうち、千手観音《かんのん》を地獄《じごく》に、聖観音《しょうかんのん》を餓鬼《がき》に、馬頭観音《ばとうかんのん》を畜生界《ちくしょうかい》に、十一面観音《じゅういちめんかんのん》を阿修羅界《あしゅらかい》に、不空羂索観《ふくうけんさくかん》音《のん》を人間界《にんげんかい》に、如意輪観音《にょいりんかんのん》を天界《てんかい》に配して、それぞれの観音がそれぞれの世界を守るとした。いっぽう、真言宗《しんごんしゅう》では不空羂索観音を除いて准胝観音《じゅんていかんのん》をいれて六観音とする。

変化観音《へんげかんのん》のうち、十一面観音、如意輪観音、馬頭観音、准胝観音の四尊は密教の尊格で、とくに十一面観音は『十一面神呪心経』という十一面観音の来歴と功徳《くどく》について詳しく説いた経典が密教とともにもたらされて以来、盛んな信仰を集めるようになった。また、先に述べたように、観音菩薩はふだんは極楽浄土《ごくらくじょうど》で阿弥陀如来《あみだにょらい》の脇侍《わきじ》として仕え、阿弥陀如来を信仰する人が臨終を迎えると、大勢の菩薩《ぼさつ》とともにその人のもとに向かい、極楽浄土に連れていくという活動をしていた。

・真言《しんごん》――オン・アロリキヤ・ソワカ

◆勢至菩薩

サンスクリット語で「マハー・スターマ・プラープタ」といい、偉大な威力を獲得したものという意味である。得大勢《とくだいせい》、大勢至《だいせいし》などと訳される。観音菩薩《かんのんぼさつ》と阿弥陀如来《あみだにょらい》の右（向かって左）脇侍《わきじ》として従う。観音菩薩が阿弥陀如来を慈悲《じひ》の面で補佐するのに対して、勢《せい》至菩薩《しぼさつ》は智慧《ちえ》の面で補佐する。この菩薩《ぼさつ》の威力は遠大で、足をひと踏みしただけで、三千《さんぜん》世界《せかい》（全宇宙《ぜんうちゅう》）はもとより、大魔王のいる魔界まで激しく揺るがすことから得大勢至《とくだいせいし》と名付けられたという。

密教《みっきょう》ではこの菩薩を本尊《ほんぞん》としてその真言《しんごん》をとなえると、仏の智慧《ちえ》を得て悟りを開くことができるといわれている。

〈勢至菩薩の姿〉

その姿は観音菩薩《かんのんぼさつ》とほとんど変わらないが、観音菩薩が頭上に阿弥陀如来《あみだにょらい》の化仏《けぶつ》をつけるのに対して、勢至菩薩《せいしぼさつ》は頭上に水瓶《すいびょう》をつける。また、阿弥陀来迎《あみだらいごう》に際しては観音菩薩は蓮《れん》華《げ》の台座を持って迎えに来るのに対して、勢至菩薩は合掌《がっしょう》して臨終者のもとに駆け付ける。

勢至菩薩は単独の像はほとんどないが、胎蔵界曼荼羅《たいぞうかいまんだら》には全身肌色で左手は屈して蓮華を持ち、右手も屈して胸の前に掲げ、人差し指と中指、薬指の三指は屈し、親指と小指を立てた姿に描かれている。

・真言《しんごん》――オン・ザン・ザンサク・ソワカ

◆文殊菩薩

サンスクリット語で「マンジュシュリー」といい、文殊師利《もんじゅしり》、曼殊室利《まんじゅしり》などと音写される。インドのバラモンの家に生まれたが、長じて釈迦《しゃか》の弟子となったといわれている。仏弟子中、最も優れた智慧《ちえ》の持ち主で、「三人寄れば文殊《もんじゅ》の智慧」という諺《ことわざ》とともに、日本でも古くから親しまれている。虚空蔵菩薩《こくうぞうぼさつ》も智慧の菩薩《ぼさつ》として知られているが、虚空蔵菩薩の知恵は学問の知恵。いっぽう、文殊菩薩の智慧は実際に事が起こったときに、それを解決するより実践的な智慧であるという。

密教《みっきょう》では文殊菩薩を本尊《ほんぞん》として「五字文殊法《ごじもんじゅほう》」という修法《しゅほう》が行なわれる。文殊菩薩の曼《まん》荼羅《だら》を掲げて金剛印《こんごういん》を結び、「アラバシャナ」という真言《しんごん》をとなえると、偉大な智慧を授かり、弁舌が巧みになってすべての罪障《ざいしょう》が消え、諸願成就して、空中を飛翔《ひしょう》することさえできるという。

・真言――オン・アラハシャ・ノウ

◆普賢菩薩

サンスクリット語で「サマンタバドラ」といい、三曼多跋陀羅《さまんたばだら》と音写される。サマンタは「普《ふ》」、バドラは「賢《けん》（吉祥《きっしょう》）」で、吉祥が普《あまね》く行き渡るという意味で、「遍吉《へんきち》」とも訳される。

普賢菩薩《ふげんぼさつ》の功徳《くどく》についてはさまざまな経典に説かれるが、中でも『法華経《ほけきょう》』には、この経典（『法華経』）を信仰するものの前には、大勢の菩薩《ぼさつ》とともに普賢菩薩が六牙《ろくげ》の白象《びゃくぞう》に乗って現われ、その信者を守護してさまざまな功徳を与えると説かれている。後世、騎象《きぞう》の普賢菩薩像《ふげんぼさつぞう》が造られたのは、この『法華経』の信仰による。

また、普賢菩薩は「女人往生《にょにんおうじょう》」を実践すると説かれることから、早くから女性の信仰を集めた。この普賢菩薩の女性的なイメージは藤原時代ごろの貴族趣味と相俟《あいま》って、美しい女性の像に造られたものもある。

〈騎象の普賢菩薩〉

一般には白象《びゃくぞう》に乗り、合掌《がっしょう》する姿に造られる。これは平安時代後期以降に見られるようになったもので、古くは方座《ほうざ》上に結跏趺坐《けっかふざ》する。ただし、わが国最古の違例である法隆寺《ほうりゅうじ》金堂《こんどう》の壁画（奈良時代前期）のものはすでに騎象の姿で描かれている。一方、同じく法隆《ほうりゅう》寺上堂《じじょうどう》のものは、一〇世紀（平安時代中期）のものであるが、方座上に結跏趺坐し、如意《にょい》を執っている。

〈普賢延命菩薩〉

前述したように普賢菩薩《ふげんぼさつ》にはさまざまな徳《とく》があるが、とくに延命の徳に秀でているという。密教《みっきょう》では普賢延命《ふげんえんめい》が造られ、この菩薩《ぼさつ》を本尊《ほんぞん》として延命祈願が行なわれる。サンスクリット語で「ヴァジュラーモーガ・サマヤサットゥヴァ」といい、一面二〇臂像《いちめんにじゅっぴぞう》で一身三頭、あるいは四頭の象の上に置かれた蓮華座《れんげざ》に座す。手には金剛杵《こんごうしょ》や弓矢、剣などの武器をはじめ、如意《にょい》宝珠《ほうじゅ》や日輪などさまざまな持物《じもつ》を持っている。九州の大山寺《たいさんじ》や奈良の常覚《じょうかく》寺《じ》などに二〇臂《にじゅっぴ》の彫塑像の作例がある。また、画像にも国宝級の優れた作品がある。

・真言《しんごん》——オン・バザラユセイ・ソワカ（普賢延命菩薩の真言）

◆弥勒菩薩

サンスクリット語で「マイトレーヤ」といい、「慈しみ」「友情」などを意味するマイトリという言葉から派生した語で、「慈《いつくしみ》から生まれたもの」という意味である。このことから慈氏《じし》弥勒《みろく》、慈尊《じそん》とも言われる。

釈迦《しゃか》在世当時、弥勒《みろく》はインド中部のバナラシ国（現在のベナレス）でバラモンの家に生まれ、長じて釈迦の弟子となってみるみる頭角を現わした。釈迦が祇園精舎《ぎおんしょうじゃ》で多くの仏弟《ぶつで》子《し》や在家《ざいけ》の信者に説法をしていたときに、即座に説法の内容を会得した弥勒は釈迦の前に進《し》み出て合掌《がっしょう》した。その姿を見た釈迦は、今から一二年後に彼が入滅して兜率天《とそつてん》に往生《おうじょう》することを約束したという。

そして、仏滅後、五十六億七千万年《ごじゅうろくおくななせんまんねん》後にこの娑婆《しゃば》世界《せかい》に下生《げしょう》し、龍華樹《りゅうげじゅ》という木の下で悟りを開き、三会《さんえ》（三回）の説法によって釈迦の救済に漏れた人々を救うことになっている。

〈弥勒菩薩（半跏思惟形）〉

広隆寺《こうりゅうじ》の弥勒菩薩《みろくぼさつ》半跏思惟像《はんかしゆいぞう》は椅子に座って右足を左足の腿《もも》の上に乗せ、右手は頬の辺りに翳《かざ》し、左手は掌《てのひら》を上に向けて膝《ひざ》の辺りに静かに置いている。この様式を半跏思惟形《はんかしゆいぎょう》といい、広隆寺のほか奈良の中宮寺《ちゅうぐうじ》（飛鳥《あすか》時代、国宝）などがある。

・真言《しんごん》――オン・マイタレイヤ・ソワカ

◆虚空蔵菩薩（智慧授けの本尊）

サンスクリット語で「アーカーシャ・ガルバ」という。アーカーシャは「虚空《こくう》」、すなわち果てしなく広がる空間のこと。ガルバは「蔵《ぞう》」と訳し母胎《ぼたい》の意味である。際限なく広がる虚空を広大無辺《こうだいむへん》な仏の智慧《ちえ》と福徳《ふくとく》（慈悲《じひ》）になぞらえ、その智慧と福徳を母胎のように優しく包み込んでいるのだという。密教《みっきょう》で発達した菩薩《ぼさつ》で、真言宗《しんごんしゅう》などでは虚空蔵菩薩《こくうぞうぼさつ》を本尊《ほんぞん》としてさまざまな修法《しゅほう》（祈禱《きとう》）が行なわれる。

〈求聞持法《ぐもんじほう》の虚空蔵菩薩〉

求聞持法という密教《みっきょう》の修法《しゅほう》（祈禱《きとう》）を行なうときの本尊《ほんぞん》。『虚空蔵菩薩能満請願最勝心《こくうぞうぼさつのうまんせいがんさいしょうしん》陀羅尼求聞持法《だらにぐもんじほう》』という経典には「まず満月を描き、その中に虚空蔵菩薩《こくうぞうぼさつ》の像を描く。……菩薩満月、増減相称《あいかな》う。身は金色になし、宝蓮華上《ほうれんげじょう》に半跏《はんか》して座し……容顔殊妙にして熙怡喜悦《きいきえつ》の相をなし。宝冠《ほうかん》上に五仏《ごぶつ》の結跏像《けっかぞう》をあらわす。左手に白蓮華《びゃくれんげ》を執り、華台上に如意宝珠《にょいほうじゅ》あり。……右手は垂れて五指をのべ掌《てのひら》を前に開く与願印《よがんいん》の相をとる」とある。この経典に基づいた画像や彫塑像が多く見られる。

この虚空蔵菩薩を日本にはじめて伝えた大安寺《だいあんじ》の道慈《どうじ》という僧侶《そうりょ》が将来したという像が、奈良の額安寺《がくあんじ》に残されている。こちらは、右手を施無畏印《せむいいん》、左手を与願印にして蓮華座《れんげざ》上に半跏趺坐《はんかふざ》した姿に造られている。

「虚空蔵菩薩求聞持法《こくうぞうぼさつぐもんじほう》」は虚空蔵菩薩の真言《しんごん》を何百万遍ととなえると記憶力が飛躍的に伸びるというものだ。空海《くうかい》がこの修法を修め、どんな大部の経典も砂が水を吸うようにすらすらと覚えることができるようになったという。また、鎌倉時代には日蓮《にちれん》がこの修法を修めたことで知られている。

・真言——オン・バサラ・アラタンノウ・オン

◆地蔵菩薩

サンスクリット語で「クシティ・ガルバ」といい、クシティは「大地」、ガルバは「母胎《ぼたい》（子宮）」の意味で、あらゆるモノを母なる大地のように包み込んでいる地母神《じぼしん》である。『地蔵菩薩本願経《じぞうぼさつほんがんきょう》』という経典によれば、釈迦《しゃか》がこの世を去ってから五十六億七千万年後《ごじゅうろくおくななせんまんねん》に弥勒菩薩《みろくぼさつ》が娑婆世界《しゃばせかい》に下りてきて悟りを開いて仏陀《ぶつだ》となるまでの長い間、娑婆世界は仏がいない無仏《むぶつ》の時代になる。そのことを憂いた釈迦は地蔵菩薩《じぞうぼさつ》に無仏の時代をシッカリと護《まも》るようにと厳命した。

目下、その命に忠実に従って地獄《じごく》・餓鬼《がき》・畜生《ちくしょう》・修羅《しゅら》・人間《にんげん》・天《てん》の六道《りくどう》（六つの世界）を東奔西走し人々を救っているという。また、『地蔵菩薩本願経』には地獄の罪人の成仏が説かれている。このことから、極悪非道の者が閻魔大王《えんまだいおう》の裁きを受けるとき、地蔵菩薩がやって来て、その功徳《くどく》によって救われるという俗信を生んだ。とくに、平安時代の末に末法思想《まつぽうしそう》が広がると、地蔵菩薩の信仰が盛んになった。

〈地蔵菩薩の姿（僧侶の姿）〉

もっとも多く見られるのは剃髪《ていはつ》して僧侶《そうりよ》の姿をし、左手には如意宝珠《によいほうじゆ》を持ち、右手には錫杖《しやくじよう》という先端に金属製の輪のついた杖《つえ》を持つもので、これを僧形地蔵《そうぎようじぞう》と呼ぶ。如意宝《によいほう》珠《じゆ》は願い事を何でも叶《かな》えてくれるという有り難い珠《たま》。錫杖は六道《りくどう》という広大無辺《こうだいむへん》な世界を常に経巡《へめぐ》っていることを表わす。多くは立像だが、座像も見られる。

〈密教の地蔵菩薩〉

胎蔵界曼荼羅《たいぞうかいまんだら》の地蔵菩薩《じぞうぼさつ》は蓮華座《れんげざ》上に結跏趺坐《けつかふざ》し、宝冠《ほうかん》を被《かぶ》り、左手は拳《こぶし》を作って腰にあてて上に盤を載せた開敷蓮華《かいふれんげ》を持つ。また、金剛界曼荼羅《こんごうかいまんだら》では南方宝生如来の化身《けしん》で金《こん》剛幢菩薩《ごうどうぼさつ》と同体とされ、両手に幢幡《どうばん》をもつ。

密教《みつきよう》では地蔵菩薩《じぞうぼさつ》の真言《しんごん》をとなえると、五穀豊穣《ごこくほうじよう》、敬愛和合、出世、悪人調伏、地中に埋蔵されたものの発見に霊験灼《あら》たかとされている。
・真言――オン・カカカ・ビサンマエイ・ソワカ

◆五大力菩薩

密教《みっきょう》で生み出された五尊《ごそん》の忿怒形《ふんぬぎょう》の菩薩《ぼさつ》で、仏法を護持する国王を護《まも》るとされている。中心になる金剛吼菩薩《こんごうくぼさつ》を中央に、東方には無畏十力吼菩薩《むいじゅうりきくぼさつ》、南方に龍王吼菩薩、西方に無《む》量力吼菩薩《りょうりきくぼさつ》、北方に雷電吼菩薩をまつる。また、金剛吼菩薩は不動明王《ふどうみょうおう》、無畏十力吼菩薩は郷三世明王、龍王吼菩薩は軍荼利明王《くんだりみょうおう》、無量力吼菩薩は大威徳明王《だいいとくみょうおう》、雷電吼菩薩は金剛《こんごう》夜叉明王《やしゃみょうおう》をそれぞれ教令輪身《きょうれいりんじん》としている。

五大力菩薩《ごだいりきぼさつ》を本尊《ほんぞん》として『仁王般若経《にんのうはんにゃきょう》』を読誦《どくじゅ》して国家安泰、鎮護国家を祈る「仁王《にんのう》会《え》」という法要《ほうよう》が中国以来行なわれるようになり、日本では斉明《せいめい》天皇の六年（六六〇）にはじめて営まれた。『仁王経《にんのうきょう》』には内乱や天災地変があったときにこの経典を読誦すると、五穀豊穣《ごこくほうじょう》となり、国王および人民が大いに栄えると説かれている。

空海《くうかい》が密教《みっきょう》を伝えると、高野山《こうやさん》や教王護国寺《きょうおうごこくじ》、醍醐寺《だいごじ》などの密教寺院《みっきょうじいん》で五大力菩薩の画像などが作られ、天皇主催の仁王会が盛んに行なわれるようになり、鎌倉時代から江戸時代にかけては幕府主催の仁王会が営まれるようになった。

◆烏枢沙摩明王（不浄を除く）

サンスクリット語で「ウッチュシュマン」といい、火頭金剛《かとうこんごう》、不浄金剛《ふじょうこんごう》などと訳される。燃え盛る火炎の力で不浄なものを清浄にする力を備えているという。このことから防火の神としてまつられ、また、不浄金剛の名から不浄所（便所）にまつられるようになった。

とくに、曹洞宗《そうとうしゅう》ではトイレによくまつられる。静岡県の可睡斎《かすいさい》では火伏《ひぶせ》の神として三尺坊大権現《だいごんげん》をまつったが、これが火頭金剛との連想から不浄金剛、すなわち、烏枢沙摩明王《うすさまみょうおう》がトイレにまつられた。可睡斎には「日本一のトイレ」と呼ばれている清潔な広いトイレがあり、その真ん中に大きな烏枢沙摩明王《うすさまみょうおう》がまつられている。

像容について経典には二臂像《にひぞう》から六臂像《ろっぴぞう》までさまざまなものが述べられているが、一般的には一面六臂像《いちめんろっぴぞう》が多く、手には金剛杵《こんごうしょ》や棍棒《こんぼう》、法輪《ほうりん》などさまざまな持仏《じぶつ》を持つ。座像と立像がある。

・真言《しんごん》——オン・シュリ・マリ・ママリ・マリ・シュリ・ソワカ

◆梵天と帝釈天

ともにインドの神話で初めから登場する中心的な神。梵天《ぼんてん》はブラフマンといい、世界の創造主として古くはシヴァ神やヴィシュヌ神よりも上位の最高神としての地位を得ていた。

また、帝釈天《たいしゃくてん》はインドラといい、雷を神格化した神で、文字通り戦闘神として活躍した。

この二神が仏教に取り入れられてその守護神となった。
梵天と帝釈天は釈迦《しゃか》に忠実に仕えてしっかりと護《まも》るとされ、ガンダーラのレリーフの中にも釈迦の両脇に従う姿がしばしば描かれる。また、梵天の方が年上で、どちらかというとリーダー格とされている。両者とも釈迦とその教えを信じるものをしっかりと護るガードマンであるが、年かさの梵天が釈迦のご意見番的な役割も果たすのに対して、帝釈天は釈迦の全行動の目撃者としての役割を担う。つまり、釈迦の出生、出家、成道《じょうどう》、諸転法輪（最初の説法）、涅槃《ねはん》などの場面には必ず帝釈天が登場し、釈迦の行動の一部始終を目撃している。

〈梵天、帝釈天の姿〉

一般的には梵天《ぼんてん》も帝釈天《たいしゃくてん》もゆったりとした衣を着た中国の王侯貴族の姿をしている。両尊とも同じような姿に造られるが、戦闘神である帝釈天は衣の下に薄手の鎧《よろい》を着るのが特徴。二尊は脇侍《わきじ》として如来《にょらい》や菩薩《ぼさつ》に従う場合が多いが、梵天は中尊の左側（向かって右側）に、帝釈天は右側（向かって左）にまつられる。

また、密教《みっきょう》の梵天、帝釈天像《たいしゃくてんぞう》は顕教《けんぎょう》（密教以外の仏教）とは像容が異なる。梵天は四面《しめん》四臂像《しひぞう》で四羽のガチョウの上の蓮華座《れんげざ》に座す。帝釈天像は象の上に左足を垂れて乗り、薄手の鎧を着て独鈷杵《とっこしょ》を持つ。東寺《とうじ》の講堂《こうどう》の東西にまつられている、梵天、帝釈天像（国宝）が有名だ。

・真言《しんごん》――ナウマク・サマンダボダナン・インダラヤ・ソワカ（帝釈天）
・真言――オン・ハラジャ・ハタエイ・ソワカ（梵天）

◆十二天

東西南北の四方に、各々の中間の南東、西南などの四維《しゆい》を加えた八方位を四方《しほうし》四維《ゆい》という。これに天地（上下）を加えた十方世界の守護にあてられた神々を十天《じってん》という。これに昼夜の日天《にってん》と月天《がってん》を加えたものが十二天《じゅうにてん》である。

これらの神々は仏教以前からヴェーダの神話などに登場して信仰されていたが、しだいに仏教に取り入れられ、時代とともに整備されて十二天にまとめられて定着した。とくに、密教《みっきょう》では伝法灌頂《でんぽうかんじょう》など重要な加持祈禱《かじきとう》を行なうときに、堂内の四面に掛け軸や屛風《びょうぶ》に仕立てた画像を掲げ、外から邪悪なものが侵入してこないようにする。東寺《とうじ》や醍醐寺《だいごじ》など本山級の密教寺院《みっきょうじいん》では欠かすことのできない画像である。十二天と、それぞれが護《まも》る方位は次のとおり。

帝釈天《たいしゃくてん》……東　火天《かてん》……東南　閻魔天《えんまてん》……南　羅刹天《らせってん》……西南
水天《すいてん》……西　風天《ふうてん》……西北　毘沙門天《びしゃもんてん》…北　伊舎那天《いしゃなてん》…東北
梵天《ぼんてん》……天　地天《ちてん》……地　日天《にってん》……日　月天《がってん》……月

火天はサンスクリット語で「アグニ」といい、「火」の意味。インドでは古くから火を神聖視し、これを神格化したもの。真言《しんごん》はオン・アギャノウエイ・ソワカ。

水天はサンスクリット語で「ヴァルナ」という。ヴェーダの神話では天空の神、月の神として登場し、古くは天上の法則を司《つかさど》り、過去や未来、人間のあらゆる行為を把握する全知の神として重要視されていた。真言はオン・バロダヤ・ソワカ。

風天はサンスクリット語で「ヴァーユ」といい、「風」の意味である。文字通り風を神格化したもので、インドでは、子孫繁栄、福徳、長命を授ける神として古くから信仰を集めていたものが仏教の守護神となった。真言はオン・バヤベイ・ソワカ。

羅刹天はサンスクリット語の「ラークシャサ」の音写で、もとは神通力で人を引き寄せては食らう悪鬼だった。男は醜く、女はたいへん美しく、地獄の獄卒を務めるともいわれる。後に仏教に帰依《きえ》してその守護神となり、十二天の一神に数えられる。真言はオン・ヂリチエイ・ソワカ。

伊舎那天はサンスクリット語で「イシャーナ」といい、もともと風力を神格化したものだった。時代が下るとシヴァ神（大自在天《だいじざいてん》）の化身《けしん》とされ、またシヴァ神と同一視されるようになった。そのため、姿は大自在天によく似ている。欲界《よっかい》の第六天《だいろくてん》に棲《す》むといわれ、忿怒形《ふんぬぎょう》で三眼《さんがん》を持ち、牙《きば》を上出する。右手に三叉戟《さんさげき》、左手に杯を持ち牛に乗るものもある。

また日本ではイザナギノミコトと説かれる。真言はオン・イシャナヤ・ソワカ。

地天はサンスクリット語で「プリティヴィー」といい、大地を神格化したものである。仏教の伝説によれば、釈迦《しゃか》が悟りをひらいたときにこの神が地中からあらわれて、釈迦の悟りを証明したとされる。さまざまな姿のものがあるが、花束を持つものなどがある。また、四臂像《しひぞう》で毛織物の座に座るものもある。真言はオン・ビリチビエイ・ソワカ。

日天はサンスクリット語でアーディトヤ、音写して阿泥底耶《あでてや》と書く。創造力を神格化した神だったが、のちにインドの太陽神であるスーリヤと同一視され、信仰を集めるようになった。仏教に取り入れられて日天となり、観音菩薩《かんのんぼさつ》の化身とされた。太陽はこの神の宮殿であるともいわれている。右手に蓮華《れんげ》を持ち、その上に三本足の烏《からす》がとまる日輪を描く。また、曼荼羅《まんだら》の中では五頭の赤馬の車に乗り、両手に蓮華をもった天女形《てんにょぎょう》に描かれる。真言はオン・アニチャヤ・ソワカ。

月天《がってん》はサンスクリット語で「チャンドラ」、「月」の意味である。文字通り月を神格化したもの。仏教では月天となり、勢至菩薩《せいしぼさつ》の化身といわれるようになった。月輪、または半《はん》月杖《げつじょう》という杖《つえ》の先に半月のついたものを持ち、半月の上にウサギを描いた画像も見られる。真言はオン・センダラヤ・ソワカ。

※十二天のうち梵天、帝釈天、毘沙門天、閻魔天については他所で述べたので、ここでは残りの八天について解説した。

◆大黒天

サンスクリット語で「マハー・カーラ」といい、からだの色が黒いことから大黒天《だいこくてん》と呼ばれる。もともとヒンドゥー教のシヴァ神の別名で戦いの神だったものが、仏教に取り入れられてその守護神となった。中国では寺院の守護神、豊穣《ほうじょう》を司《つかさど》る神となり、さらには財宝を授ける福神となった。この性格は日本にも伝えられ、時代が下ると庶民の信仰を盛んに集めるようになった。

〈大黒天の姿〉

もともと戦闘の神だったことから、インドでは激しい忿怒《ふんぬ》の相に造られた。密教《みっきょう》では三《さん》面六臂《めんろっぴ》像《ぞう》に造られ、正面の大きな顔には第三の目があり、髑髏《どくろ》の瓔珞《ようらく》を身につけ、蛇を腕輪にしている。左右の小面は目が二つになっている。右の第一手は剣を持ち、その剣先を左手で握っている。右の第二手はひざまずく人物の髪の毛をつかみ、左の第一手は四肢を垂れた白羊《はくよう》の角をつかんでいる。さらに第三手は両手で象の皮をつかみ、肩からかぶるようにしている。台座はシンプルな円座である。

また、経典には二臂《にひ》の大黒天《だいこくてん》についても記されている。これは頭に烏帽子《えぼし》をかぶり、袴《はかま》をはいて、裾が短く袖《そで》を細くしぼった上着を着ている。右手は腰にあて、左手には大きな袋を持っている。これはわれわれが七福神《しちふくじん》の一神として見なれている姿に近いものであるが、忿怒《ふんぬ》相《そう》の名残を残して眉根《まゆね》をひそめた険しい表情をしている。筑紫《ちくし》の観世音寺《かんぜおんじ》には、この姿の像がある。

・真言――オン・マキャラヤ・ソワカ

◆弁才天

サンスクリット語で「サラスヴァティー」といい、その昔インドにあった同名の河（現在は存在しない）を神格化したものである。インドでは古くから重要な女神として崇拝され、古代インドの神話にも登場する。

もともと河川の神であるが、川の流れる音は音楽にたとえられて音楽の神ともなり、さらに音楽は流暢《りゅうちょう》な言葉と通じることから、雄弁に語る弁舌の神ともなった。そして、その弁舌は智慧《ちえ》の証《あかし》でもあることから学問の神となり、さらには幸福や財宝、子宝などを授けてくれる神としても信仰され、さらには水が植物の生長を促して豊作を約束することから五穀豊穣《ごこくほうじょう》の神、ひいては商売繁盛の神として信仰されるようになった。現在でもインドではいま述べた性格を兼ね備えるサラスヴァティーが信仰を集め、とりわけ作家や音楽家などのあいだで人気がある。

このサラスヴァティーが仏教に取り入れられて弁才天《べんざいてん》となった。すぐれた智慧をもって雄弁に語るということから「弁才天」と名付けられ、雄弁、智慧、音楽、豊穣《ほうじょう》など、古代インド以来の性格はそのまま受け継がれた。

〈弁才天の姿〉

インドのサラスヴァティーは「ヴィーナ」という弦楽器を持っている。ヴィーナを音写して琵琶といい、ヴィーナは琵琶《びわ》の原型といわれている。日本でも音楽の神のシンボルとして琵琶を持ち、足をくずして座った姿はわれわれにも馴染みが深い。

ただし、『金光明最勝王経《こんこうみょうさいしょうおうきょう》』には八臂像《はっぴぞう》が説かれ、浄瑠璃寺の吉祥天厨子の扉絵や東大寺《とうだいじ》法華堂《ほっけどう》の像（ただし、損傷がひどく八臂を完備していない）は、この経典の記述にしたがった八臂像である。豪華な衣装を身につけて宝冠《ほうかん》をかぶった貴婦人の姿で、八本の手にはそれぞれ弓、箭《せん》（矢）、刀、矛、斧、金剛杵《こんごうしょ》、法輪《ほうりん》、羂索《けんさく》などを持つ座像である。

・真言《しんごん》――オン・ソラソバティエイ・ソワカ

◆吉祥天

サンスクリット語で「ラクシュミー」、または「シュリー」などといい、インドでは古くから吉祥《きっしょう》（幸福）を司《つかさど》る神として信仰されている。古代インドの神話にも登場し、インドではヒンドゥー教の最高神であるヴィシュヌの妻といわれている。

神話によれば神々が乳海《にゅうかい》をかき回したときにあらわれたという。このことから「大海から生まれた女」という意味で、ジャラディ・ジャーといい、大海生《たいかいしょう》とも呼ばれる。ラクシュミー、シュリーはともに「幸福」とか「繁盛」を意味し、現在でもインドでは幸福の女神として盛んな信仰を集めている。
仏教には早くから取り入れられ、シュリー・マハー・デーヴィーといい、大吉祥天《だいきっしょうてん》女《にょ》と訳され、略して吉祥天《きっしょうてん》という。シュリーは「吉祥」、マハーは「大（偉大な）」、デーヴィーは「女神」意味。また、古くは功徳天《くどくてん》とも訳された。

〈吉祥天の姿〉

ふつうは唐代《とうだい》（七世紀～一〇世紀の中国）の貴婦人の姿に造られる。一面二臂像《いちめんにひぞう》で、中国風の優雅な衣装を身にまとい、宝冠《ほうかん》をかぶって華やかな装身具を身につけている。下膨れの顔に切れ長の目は、当時の美人の典型と思われ、日本の高松塚古墳《たかまつづかこふん》の壁画などにも見られるものである。左手に宝珠《ほうじゅ》を持つのが特徴で、右手は施無畏印《せむいいん》や与願印《よがんいん》に結ぶが、中には蓮華《れんげ》を持っているものもある。

・真言《しんごん》――オン・マカシリエイ・ソワカ

◆毘沙門天

四天王《してんのう》のうち多聞天《たもんてん》が単独でまつられるときに毘沙門天《びしゃもんてん》と呼ばれる。須弥山《しゅみせん》の山頂付近に住み、北方を護《まも》る。他の三天王が城を一つずつしか持たないのに対し、多聞天は三つの城を持ち、四天王の中でも、中心的な地位を占めている。それで単独でまつられて信仰され、毘沙門天と呼ばれるようになったと考えられている。また、吉祥天《きっしょうてん》は毘沙門天の妻とされている。

多聞天だけが単独でまつられるのは、この神が北を護るからだ。古くから、どこの国でも北が鬼門《きもん》中の鬼門とされてきた。というのは、北方からの異民族の侵入などの脅威があったからだ。たとえば、中国では北方の異民族の侵入を防ぐために万里《ばんり》の長城《ちょうじょう》が築かれ、日本でも東北以北の蝦夷《えぞ》が恐れられた。

このことから、北を護る毘沙門天が四天王のリーダーと見なされ、毘沙門天として単独で信仰されるようになった。つまり、毘沙門天が他の三天王を代表すると考えられたのである。

・真言《しんごん》——ナウマク・サマンダボダナン・ベイシラマンダヤ・ソワカ

◆摩利支天

サンスクリット語の「マリーチー」の音写で、末利支天とも書く。陽炎《かげろう》の神格化といわれ、インドでは除災増益《じょさいぞうやく》の神として古くから民間で信仰されている。帝釈天《たいしゃくてん》と阿修羅《あしゅら》が戦ったときに、日月の光を遮って帝釈天に荷担したという伝説がある。また、一説に梵天《ぼんてん》の子どもともいわれている。

このように、帝釈天の身を守って勝利に導いたというエピソードから護身や勝利の守護神として信仰され、さらに密教《みっきょう》では摩利支天《まりしてん》の真言《しんごん》をとなえると、どんな邪霊も悪人も猛獣もその人を傷つけることができないといわれ、日本ではとくに武将の間で盛んな信仰を集めた。楠木正成《くすのきまさしげ》は甲冑《かっちゅう》の中に摩利支天の小像を忍ばせ、戦に挑んだという。

〈摩利支天の姿〉

摩利支天を本尊《ほんぞん》として、財得、護身、勝利を祈る摩利支天法《まりしてんほう》という祈禱《きとう》が行なわれる。日本では鎌倉時代ぐらいから武士の護《まも》り本尊《ほんぞん》として信仰を集めた。像容については二種類あり、天女形《てんにょぎょう》で二臂《にひ》、うちわ（天扇）を持つものと、三面六臂《さんめんろっぴ》で猪の上の三日月上に立つものなどがある。

・真言《しんごん》――オン・マリシエイ・ソワカ

◆歓喜天

歓喜天《かんぎてん》はインドの神話では「ガナパティ」と呼ばれていた。ガナは家、パティは主の意味で、もともと一家の主の意味だったが、転じてガナをシヴァ神の率いる軍勢になぞらえてシヴァ神のもとで軍の統率者としての役目を与えられた。

また、ガナパティは人に害を与える象面人身のビナヤカという鬼人とも同一視された。ビナヤカについてインドの神話には次のような話が伝えられている。むかし、インドのある王が大根と牛肉が大好物で、毎日、欠かさず食べていた。王が国中の牛を食べつくすと、今度は死人の肉を食べるようになり、それも食べつくすと生きた人間を殺して食べるようになった。家臣や国民が反旗を翻し、王を殺害しようとした。すると、王はビナヤカに変身して眷属《けんぞく》とともに空中に飛び上がり、逃げ去ってしまった。

以降、ビナヤカの祟《たた》りで国中に悪い病気が蔓延《まんえん》し、人々は十一面観音《じゅういちめんかんのん》に救済を求めた。すると、十一面観音《じゅういちめんかんのん》は大悲をもって絶世の美女に変身して王のところに赴いた。その姿に王は一目惚《ひとめぼ》れし、女性の体を所望した。しかし、女性は仏教に帰依《きえ》することを約束しない限り、体は許さないと拒んだ。王は女性の体を求める一心で仏教に帰依することを誓い、本懐を果たすことができた。このとき、王（ビナヤカ）は大きな歓喜に包まれたことから、歓喜天というようになったのだという。

〈歓喜天の姿〉

ガネーシャと同じく象面人身で、二臂《にひ》、四臂《しひ》、三面六臂《さんめんろっぴ》などさまざまな像容のものがある。インドでは単身の座像が多く造られるが、日本では和合の象徴ということから二体抱擁のものが多い。これも他の尊像には類例のない、歓喜天《かんぎてん》の大きな特徴である。また、持物も特殊なものである。

二体抱擁の場合、一体は男神、一体は女神である。一説に女神は歓喜菩薩《かんぎぼさつ》の化身《けしん》で、その深い慈悲《じひ》の心によって、もと魔王だった聖天《しょうでん》の欲望を満たしてやった。それによって聖天は仏教の守護神となったという。

先《ま》ず、単身二臂像《たんしんにひぞう》は曼荼羅《まんだら》などに描かれる象面人身の座像である。胎蔵界曼荼羅《たいぞうかいまんだら》では外《げ》金剛部院《こんごうぶいん》に描かれ、右手に鉞《まさかり》、左手に蘿蔔根《らふくこん》という大根のような根菜を持つ。金剛界曼荼羅《こんごうかいまんだら》では成身会《じょうしんえ》の外院に四方六部歓喜天が描かれ、東西南と北にそれぞれ三天ずつが描かれる。

また、多臂像《たひぞう》の場合、金剛杵《こんごうしょ》や羂索《けんさく》、三叉戟《さんさげき》などの持物のほか、歓喜団盤《かんぎだんばん》という特有の持物《じぶつ》を持つ。これは「歓喜天供《かんぎてんく》」とか「聖天供《しょうでんく》」といわれる歓喜天法《かんぎてんほう》という修法《しゅほう》のときに、歓喜団《かんぎだん》という団子を供える盤である。

次に二体抱擁の場合、両者は夫婦であるといい、右側（向かって左）が夫（男神）、左が妻（女天）。二体とも象面人身で女天は鼻と牙が短く、目が細い。また男神が象面で女神が猪面《ちょめん》のものもある。抱き合って上半身を少しはなして顔を見合わすものと、完全に密着して互いの肩に顔を置くものとがある。

経典には七寸《しちすん》、五寸《ごすん》などと記され、作例も小さな金銅像《こんどうぞう》が多い。歓喜天法のときに、「浴油供《よくゆく》」「酒供《しゅく》」「華水供《けすいく》」などと称して、油や酒、香水をかけて供養《くよう》するのに使われるためである。

・真言《しんごん》――オン・キリク・ギャク・ウン・ソワカ

◆閻魔天

サンスクリット語で「ヤマ」といい、音写して夜摩《やま》という。古代インドの聖典ヴェーダの神話によればヤマはもと天上の王であり、最初の死者で、死者の王となったという。太古のむかし、神や人間は罪業《ざいごう》が少なく、永遠の寿命を保つことができた。しかし、時代とともに罪業を積み重ねたために寿命にも限りがでてきた。そして、最初に死んだのがヤマだというのである。

ヴェーダの神話ではヤマは死後も天上に棲《す》むとされていたが、時代が下ると最初の死者という性格から冥界《めいかい》（死後の世界）を支配する王と考えられるようになり、その住処《すみか》は天上から地下に移され、さらに地獄の帝王として君臨するようになった。

このような経歴を持つヤマが仏教に取り入れられて閻魔王《えんまおう》となり、地獄の帝王としてもっぱら死後の世界に君臨するようになった。そして、中国に伝わると道教《どうきょう》などの民間信仰と密接に結びつき、十王思想《じゅうおうしそう》などを発展させた。

また、閻魔《えんま》は地蔵菩薩《じぞうぼさつ》と深い関わりを持っている。地蔵菩薩は地獄で閻魔の裁きを受ける人を、地獄と現世《げんぜ》の境に立って助けてくれるというのである。人が死んだ後に、地獄に落ちるか天国に行くことができるかは地蔵と閻魔の話し合いにかかっているというわけである。

〈閻魔の姿〉

いかめしい顔をして右手に笏《こつ》を持ち、ゆったりとした衣服を着て座っているのが一般に見られる姿である。これは中国の民間信仰として知られる道教《どうきょう》などの思想を取り入れてつくられた偽経《ぎきょう》（仏典に似せて中国でつくられた経典）『十王経《じゅうおうきょう》』などの記述に基づくものである。

閻魔《えんま》が地獄に落ちた亡者《もうじゃ》の生前の罪状を取り調べている様子をとらえたものといわれ、笏は細長くて薄い木片で、ときに罪状をメモするための備忘録として使われる。また、衣装は道士《どうし》（道教の修行者）が身につける道服といわれるもの。日本では一般に、この姿の閻魔《えんま》像《ぞう》が多く、なじみが深い。

〈密教の閻魔〉

しかし、曼荼羅《まんだら》にはこれとはまったく異なる姿の閻魔《えんま》が描かれる。これは仏教独自のもので、十二天《じゅうにてん》の一つに数えられ、閻魔天《えんまてん》と呼ばれる。左右どちらかの手に閻魔幢《えんまどう》という先に人面のついた杖《つえ》を持ち、水牛の上に乗ったものである。教王護国寺《きょうおうごこくじ》（東寺《とうじ》・京都）の十《じゅう》二天図《にてんず》などにはこの姿の閻魔天が描かれている。

・真言《しんごん》――オン・ヤマラジャ・ウグラビリヤ・アガッシャ・ソワカ

◆大自在天

サンスクリット語で「マヘーシュヴァラ」、摩醯首羅《まけいしゅら》と音写する。ヒンドゥー教のシヴァ神の異名で、もとはルドラという暴風雨を神格化した破壊神だった。古くはヒンドゥー教のもう一柱の最高神、ヴィシュヌとともに梵天《ぼんてん》の下位に置かれたが、時代とともに慈悲《じひ》吉祥《きっしょう》の面が強調されて、やがて梵天の上位を占めるようになった。仏教に入るとヒンドゥー教の最高神としての地位を捨て、他の神々とともに仏教の守護神に列せられた。仏教の中ではもっぱら密教像《みっきょうぞう》として描かれ、顕教《けんぎょう》での画像などはない。前述した十二天《じゅうにてん》のうち、伊舎那天《いしゃなてん》は大自在天《だいじざいてん》の忿怒形《ふんぬぎょう》とされている。

密教《みっきょう》では大自在天を本尊《ほんぞん》とするさまざまな修法《しゅほう》が伝えられているが、とくに縁結びの霊験灼《あら》たかであるという。七日間、断食して印《いん》を結び、中指にハチミツを塗って真言《しんごん》をとなえ、お目当ての相手の名をとなえて「すみやかに来るべし」と繰り返しとなえると、七日目には必ず意中の相手が現われるという。ただし、人に見られると効力を失うので、隠密裏《おんみつり》に行なわなければならないという。

三目八臂《さんもくはっぴ》の忿怒形が一般的である。刀、三叉戟《さんさげき》、法輪《ほうりん》などの持物《じぶつ》を持ち、白牛《はくぎゅう》の上に座る。このほかに二臂像《にひぞう》や三面四臂像《さんめんしひぞう》などもある。

・真言——オン・マケイシュバラヤ・ソワカ

◆鬼子母神

サンスクリット語で「ハーリティー」という。音写して訶利帝母《かりていぼ》、意訳して歓喜母《かんぎも》、愛児母《あいじぼ》とも呼ばれる。豊穣《ほうじょう》の神で、安産、子育ての神として親しまれている。

かつて鬼子母神《きしもじん》はガンダーラ国の老鬼神《ろうきじん》、パーンチカ（般闍迦夜叉《はんじゃかやしゃ》）の妻だった。夫婦には一万人の子どもがあり（五〇〇人、一千人とする経典もある）、いちばん末の子どもをピャンカラといった。

この鬼子母神は前生で立てた悪い誓いのために、他人の子どもを食べつづけるという凶行を繰り返していた。人々が釈迦《しゃか》に鬼子母神の凶行から子どもたちを護《まも》って欲しいと懇願すると、釈迦は方便として、最愛の末っ子ピャンカラを隠してしまった。彼女は半狂乱になり、深い悲しみに沈んだ。

そこで釈迦は「一万人の子どものうち一人がいなくなってもそれだけ悲しみが大きいのだから、数少ないこどもをお前に食べられた母親の悲しみがどれほどのものか考えてみるがよい」と諭して子どもを返してやった。

釈迦は鬼子母神が改心して子どもを食べるのをやめると誓ったときに、一つの石榴《ざくろ》を手渡したという。石榴は人間の肉に味が似ているから、代わりにこれを食べるようにということだった。また、石榴は一つの実からたくさんの種がとれるので、豊穣のシンボルでもある。そのことから鬼子母神は、子宝を授け、子どもを護る神へと発展していった。さらに石榴には魔除《まよ》けの力があるともいわれ、魔を除いて幸運をもたらすことから「吉祥果《きっしょうか》」と呼ばれる。以来、鬼子母神は子どもを食べるのをやめ、仏教に帰依《きえ》してその守護神となったという。とくに幼児を護ることを使命とし、安産、子育ての善神になったといわれている。

安産、子育ての神として、地蔵菩薩《じぞうぼさつ》とともに女性の信仰を集めてきた。日蓮宗《にちれんしゅう》の寺院にまつられることが多く、入谷《いりや》（東京）の鬼子母神は有名である。「恐れ入谷の鬼子母神」という言葉がはやるほど庶民のあいだに浸透した。

また、密教《みっきょう》では鬼子母神を本尊《ほんぞん》として修法《しゅほう》を行ない、印《いん》を結んで真言《しんごん》をとなえると、夫婦和合、恋愛成就、持病治癒、災禍除去などの霊験が現われるとされる。

〈鬼子母神の姿〉

宝冠《ほうかん》をかぶり、中国風の衣服を身につけた美しい貴婦人の姿で、右手に吉祥果《きっしょうか》（石榴《ざくろ》）を持ち、左手で子どもを抱いている。まれに子どもを食う恐ろしい姿（鬼神形《きじんぎょう》）に造られたものもある。

・真言《しんごん》——オン・ドドマリギャキテイ・ソワカ

◆茶吉尼天《だきにてん》

サンスクリット語の「ダーキニー」の音写で、荼枳尼《だきに》、陀祇尼《だきに》とも書かれる。神通力《じんずうりき》で人の死を六ヶ月前に察知し、死者の心臓を食うという。また、陀吉尼法《だきにほう》という修法《しほう》を行なうものに神通力を与えるといわれている。インドでは、神通力の獲得を目指す瑜珈行者《ゆがぎょうじゃ》（ヨガの修行者）のあいだで信仰を集めた。

胎蔵界曼荼羅《たいぞうかいまんだら》では人の手足を食らう恐ろしい女鬼の姿に描かれている。しかし、いっぽうでは如来《にょらい》の化身《けしん》とされ、人の心の垢《あか》（煩悩《ぼんのう》）を食い尽くすともいわれる。また、閻魔王《えんまおう》の眷属《けんぞく》でもある。

・真言《しんごん》——ナウマク・サマンダボダナン・キリカ・ソワカ

コラム／即身仏とは

成仏《じょうぶつ》とは悟りの境地に至って仏陀《ぶつだ》となることで、釈迦《しゃか》は永い間、輪廻転生《りんねてんしょう》して生まれ変わるたびに厳しい修行に耐えて、善行《ぜんぎょう》を重ねた。その結果、最後にこの娑婆世界《しゃばせかい》に生まれ変わったときに偉大な悟りを開くことができた。初期の仏教では今生《こんじょう》に生まれてから死ぬまでの間に悟りを開くことはできないと考えられていた。

これに対して七世紀に興った密教《みっきょう》は「即身成仏《そくしんじょうぶつ》」を主張し、今生で現身のまま成仏できると考えた。そして、空海《くうかい》は『即身成仏儀《そくしんじょうぶつぎ》』を著して人が大日如来《だいにちにょらい》の真理《しんり》と一致したときにこの身のまま成仏すると説いた。そして、空海自身、即身成仏を果たし、高野山奥之院《こうやさんおくのいん》で深い瞑想《めいそう》に入ったまま生き続けているという「弘法大師入定伝説《こうぼうだいしにゅうじょうでんせつ》」を生んだ。

後世、このような即身成仏の思想が曲解されて一定の修行を経た後に即身仏《そくしんぶつ》になろうとするものが現われた。それが東北の出羽《でわ》三山《さんざん》などにまつられている即身仏（ミイラ）である。即身仏の志願者は寺に入って五穀断《ごこくだ》ちをして次第に食を細くしていく。このような修行は五年から七年の長きにわたって続けられ、最後には完全に断食して水も飲まなくなる。

そして、いよいよ死期が近づくと穴を掘ってその中に籠《こも》り、入り口を塞《ふさ》いで竹筒などで空気穴を作る。行者は穴の中で静かに読経《どきょう》して最期のときを待つのであるが、読経の声が聞こえなくなり、死臭が漂ってくると、穴を完全に密閉する。一年後に掘り起こし、化粧を施して衣を着せ、厨子《ずし》に納めるのである。

日本には二四体の即身仏が現存しており、そのうち、二二体までが出羽三山周辺にまつられている。ちなみに、中尊寺《ちゅうそんじ》の金色堂《こんじきどう》で発見された藤原《ふじわら》三代のミイラは有名であるが、こちらは自然に出来上がったもので即身仏とはいわない。

コラム／不動明王に変身して難を逃れた覚鑁

不動堂《ふどうどう》は江戸時代前期の天和《てんな》三年（一六八三）ごろに再建されたと考えられている。八角円堂《はっかくえんどう》で堂内に安置されている不動明王像《ふどうみょうおうぞう》は「錐鑽不動《きりもみふどう》」と呼ばれている。

かつて、覚鑁《かくばん》が高野山《こうやさん》で陰謀を企《たくら》んでいると誤解した反対派の僧侶《そうりょ》たちが覚鑁の坊を急襲した。彼らが押し入ると、坊の中には二体の不動明王像があった。彼らは、一体が覚鑁が法力で不動明王《ふどうみょうおう》に化身《けしん》したものに違いないと考え、化身と思《おぼ》しき不動明王像の膝《ひざ》に矢を突き刺した。すると、その傷口から真っ赤な血が流れ出したが、その不動明王が本物の仏像で、急襲した者たちが混乱している隙に不動明王に化身していた覚鑁は首尾よく脱出することができたというのである。

このようなエピソードを持つ不動明王は「身代《みが》わり不動《ふどう》」として信仰を集め、江戸時代の後半には出開帳《でがいちょう》が行なわれて、多くの人々が参集したと伝えられている。現在、ふだんは秘仏だが、毎年、八月二八日の「夏会式《なつえしき》」のときに、江戸時代に造立された四大明王《よんだいみょうおう》（降三世明王《ごうさんぜみょうおう》、軍荼利明王《くんだりみょうおう》、金剛夜叉明王《こんごうやしゃみょうおう》、大威徳明王《だいいとくみょうおう》）とともに開帳される。

第四章　空海の生涯と空海以降の真言宗

◆幼少時代

宝亀《ほうき》五年（七七四）、弘法大師《こうぼうだいし》空海《くうかい》は讃岐《さぬき》（現在の香川県）に生まれた。幼名は真魚《まお》。父は佐伯直田公《さえきのあたいたぎみ》といい、冠位は従六位下。平均的な地方官吏だった。母方の伯父《おじ》に阿刀大足《あとのおおたり》という人物がいた。彼は桓武《かんむ》天皇の皇子、伊予《いよ》親王の儒学の師を務めた一流の学者だった。

空海《くうかい》は幼いころから大足について漢学などを学んだという。

そして、早くから頭角を現し、一五歳になると伯父の大足に連れられて上京し、大学に入るために勉学に励んだ。そのころの様子を空海は、彼の自伝的戯曲として知られる『三《さん》教指帰《ごうしいき》』の中で次のように述べている。

余《われ》、年志学《とししいがく》にして、外氏阿二《がいしあじ》千石《せんせき》・文学《ぶんがく》の舅《きゆう》に就《つ》いて、伏膺《ふくよう》し鑚仰《さんぎょう》す。二九《じきゆう》にして槐市《かいし》に遊聴《ゆうてい》し、雪蛍を猶《な》お怠るに拉《とりひし》ぎ、縄錐《じょうすい》の勤めざるに怒る。

（『ビギナーズ 日本の思想　空海「三教指帰」』角川ソフィア文庫）

夏には蛍の光を集めて勉学に励み、冬には雪明りで勉強した（雪蛍）。そして睡魔が襲ってくると梁《はり》から吊《つ》るした縄を首にかけ、腿《もも》に錐《きり》を刺して眠気を防いだ（縄錐）という意味である。

律令制度のもとの大学は、学問を出世栄達の具、為政者養成の手段として扱っていた。空海の学問に対する態度との間には大きな溝が横たわっていたに違いない。空海が学問に情熱を傾ければ傾けるほど、当時の大学の実態は彼の哲学とは乖離《かいり》していったのである。空海はしだいに大学での勉学に疑問を抱くようになったのである。

◆大学を去る

空海《くうかい》の向学心は当時の大学のシステムには納まりきらなかった。新たな道を求めた空海は間もなく大学を辞めてしまったのである。大学を飛び出した空海は一人の僧侶《そうりょ》と出会った。その僧侶は空海に「虚空蔵菩薩求聞持法《こくうぞうぼさつぐもんじほう》（以下「求聞持法《ぐもんじほう》」という）」という密教《みっきょう》の秘法を授けたという。

「求聞持法」というのは、広大無辺《こうだいむへん》の智慧《ちえ》を持つ虚空蔵菩薩《こくうぞうぼさつ》の真言《しんごん》（一種の呪文）を繰り返し唱えると、記憶力が飛躍的に伸びるというものだった。これはより多くの学問を修めたいという思いに駆られていた空海にとってはこの上ない朗報であった。空海はさっそく「求聞持法」の修行に取り組んだ。以来、記憶力は飛躍的に伸び、そして、修行を貫徹すると、どんなに長い経典も砂が水を吸い込むようにスラスラと覚えることができるようになったという。

◆密教との出会い

第一章でも述べたように、日本に密教《みっきょう》を最初に伝えたのは天台宗《てんだいしゅう》の最澄《さいちょう》である。しかし、本格的な密教を伝えたのは空海《くうかい》だ。彼は入唐《にっとう》して密教の奥義を授けられ、これを持ち帰った。しかし、入唐前にも密教にそうとう精通していたことはほぼ分かっている。

一説に空海に「求聞持《ぐもんじ》法《ほう》」を授けた僧侶《そうりょ》というのは、奈良の大安寺《だいあんじ》の勤操《ごんぞう》（七五四～八二七）だという。勤操は南都六宗の一つ三論宗《さんろんしゅう》きっての論客で、法相宗《ほっそうしゅう》の論客と対論してこれを論破し、その名を広く知られていた。

勤操から「求聞持法」を授かったとすれば、勤操自身かなり密教に興味を持ち、造詣《ぞうけい》が深かったのではないだろうか。密教の重要性も十分に認識していた。しかし、勤操は奈良仏教の重鎮でもあり、立場上、密教に転身することも難しかった。勤操は空海のような優秀な若者に目をつけて、折に触れて密教を勧めていたと考えられる。

空海は在唐《ざいとう》二年、師匠の青龍寺恵果《せいりゅうじけいか》とは九ヶ月ほどの交流の中で真言密教《しんごんみっきょう》の奥義を余すところなく授けられ、膨大な密教経典《みっきょうきょうてん》と密教法具《みっきょうほうぐ》などを携えて帰朝している。空海の才能もさることながら、密教に対するかなりの知識がなければ、それだけの成果を上げることはできなかっただろう。

◆入　唐

延暦《えんりゃく》二三年（八〇四）五月、空海《くうかい》は唐《とう》に留学することになった。このとき、最澄《さいちょう》も同じく唐に渡った。彼らは遣唐使船《けんとうしせん》に乗り組んだが、通常、遣唐使船は二、三隻の船団を組んで航海した。このときの遣唐使船は四隻で、空海は第一船に乗り組み、最澄は第二船に乗り組んだ。

遣唐使船団は都合、十数回送られているが、空海が渡ったときの船団は遣唐使史上最大のもので、四隻の遣唐使船に約六〇〇人が乗船したという。この遣唐使船団が送られたのは桓武《かんむ》天皇の時代で、桓武天皇は奈良時代には衰えた律令制の復活に力を注いだ。そして、遣唐使《けんとうし》は律令制の目玉だったことから、大掛かりな遣唐使船団《けんとうしせんだん》を構成したのである。他の遣唐使船団は二隻から多くて三隻で、人員も一五〇人から二〇〇人程度だった。

空海が乗り組んだ第一船は航路を外れて一月余りのあいだ漂流を余儀なくされた。しかも、目的地のはるか南方の福州《ふくしゅう》に漂着した。しかし、福州ではなかなか上陸許可が下りなかった。空海が乗った船が漂着船で身元の確認が取れなかったからである。乗組員一行は苛立《いらだ》ちと不安を覚えたが、そのとき空海は福州《ふくしゅう》の長官に宛てて上陸許可を願う嘆願書を認《したた》めた。この嘆願書に長官はいたく感銘し、すぐさまこれを長安《ちょうあん》に送った。長安でもこの嘆願書が高く評価され、空海一行は間もなく上陸を許されたという。このようにして空海は唐の地に第一歩を踏み入れることができたのである。

福州に上陸した空海は各地を巡歴しながら、唐の都、長安を目指し、その年の末には長安に到着した。長安では各所の仏寺を訪れ、多くの僧侶《そうりよ》や文人達とも交流した。インド僧の般若三蔵《はんにやさんぞう》や無尼室利《むにしり》三蔵《さんぞう》などにも出会い、本場のサンスクリット語も学び、仏教以外のインド思想にも広く接したものと思われる。そのような広い学識を得たことが、その後の空海のスケールの大きな思想形成に多大な影響を与えたことは言を俟《ま》たない。

翌年の五月、青龍寺恵果《せいりゆうじけいか》（七四六〜八〇五）に巡り合った。この恵果との出会いは空海のその後の人生を左右する最も重要なものだった。青龍寺恵果は真言宗《しんごんしゆう》第七祖として知られる高僧で、二代の皇帝に仕えてその信任も厚かった。当寺、三〇〇〇人以上の弟子がいたが、はじめて空海に会ったときに、長年探し求めてきた弟子にやっと会えたと言って、相好を崩して喜んだという。

恵果から金胎両部《こんたいりようぶ》の法を授けられた空海は、膨大な密教経典《みつきようきようてん》とともに曼荼羅《まんだら》や数々の密《みつ》教法具《きようほうぐ》を手に入れることができた。恵果は空海に自分が持てる限りの密教の知識を与え、秘法を伝授した。そして、空海もそれをことごとく吸収し、インド以来の真言密教《しんごんみつきよう》は恵果から空海に滞りなく継承されたのである。

膨大な密教の知識を短期間に吸収することができたのは、前述したように彼が入唐《につとう》前に密教についての知識を持っていたことが大きいだろう。恵果の矢継ぎ早の伝授に空海もよく答え、吸収することができたのであろう。そんな師に出会えたことは空海にとってこの上なく幸いな出来事だった。

空海が出会った年の一二月、恵果は五九歳で遷化《せんげ》した。このとき、並み居る弟子達の推挙によって、空海が追悼の碑文を書いたことは良く知られている。二人の直接の交流は数ヶ月だったが、その充実ぶりは言語を絶するものだったことは言うまでもない。

恵果から密教の秘法のすべてを伝授された空海はもう唐《とう》にいる必要がなくなった。そこで、大同《だいどう》元年（八〇六）の二月には長安を去り、各地を訪ねてさらに密教経典や密教法具を収集した。そして、その年の九月、収集した膨大な経典や仏具などを携えて帰朝したのである。

◆帰　朝

帰朝後、空海は持ち帰った膨大な経典類などの詳細を記録した『御請来目録《ごしょうらいもくろく》』を朝廷に提出した。その中で彼は密教《みっきょう》と顕教《けんぎょう》の違いを述べ、顕教は「三劫成仏《さんごうじょうぶつ》」、つまり三劫《さんごう》というとてつもなく長いあいだ輪廻転生《りんねてんしょう》した後でなければ成仏《じょうぶつ》できないと説くが、密教はいまこの一生のうちに成仏できるという「即身成仏《そくしんじょうぶつ》」の教えであると明言している。

ところが、空海の帰朝は朝廷に波紋を投げかけた。当時、唐に渡る僧侶《そうりょ》の資格には還学《げんがく》生《しょう》と留学生《るがくしょう》という二つの資格があった。前者は必要な経典の収集などが済めばすぐにでも帰国できたが、後者は原則として一〇年間は修学することが義務付けられていた。当時、すでに大僧正《だいそうじょう》の位にあった最澄は還学生の資格で入唐《にっとう》したため、在唐一年で帰朝しても何ら問題はなかった。しかし、まだ無名だった空海は留学生として入唐したため、修学期間を大幅に短縮しての帰朝は国法に反するもので、本来ならば極刑に処せられても致し方なかった。

先に述べた『御請来目録《ごしょうらいもくろく》』は最澄が浄書したうえで朝廷に提出された。この段階で空海は国法を犯したいわば容疑者で、そういう人物が書いたものを直接、天皇に見せる訳にはいかなかったのである。

『御請来目録』に示された経典や密教法具の類《たぐい》はみな貴重なものばかりで、当時の仏教界にも、先に述べた勤操《ごんぞう》のように密教をかなり深く理解している僧侶もいた。とくに最澄はこの目録を見て大きなショックを受けたことだろう。

しかしながら、いくらその重要性がわかっても、扱い方が分からない。そこで、朝廷も空海の処遇に困り、しばらくのあいだ、彼を九州に留めることにした。つまり、謹慎処分にしたのである。

◆入洛を許される

空海《くうかい》が帰朝してすぐに桓武《かんむ》天皇が崩御し、次に平城《へいぜい》天皇（八〇六〜八〇九在位）が即した。平城天皇は何事につけても余り積極的に物事に向かうタイプではなかった。だから、空海の処遇についても厄介な問題には首を突っ込まないという態度をとったようだ。このような態度に業を煮やしたのが弟の嵯峨《さが》天皇（八〇九～八二三在位）である。嵯峨天皇は兄を追い出す形で自ら皇位についた。そして、嵯峨天皇が即位した年に空海は入洛《にゅうらく》を許されたのである。嵯峨天皇が即位したのは大同《だいどう》四年（八〇九）の四月一三日、空海に入洛の勅許が下ったのは、その三ヶ月後の七月一六日のことだった。

　空海が帰朝した大同元年（八〇六）の末、彼が持ち帰った密教経典《みっきょうきょうてん》や曼荼羅《まんだら》、密教法具《みっきょうほうぐ》などが『御請来目録《ごしょうらいもくろく》』とともに、都に送られた。これを見た嵯峨天皇はおそらく鉄槌《てっつい》を食らったような衝撃を受けたに違いない。

　嵯峨天皇は空海とともにこの時代の三筆に数えられる能書家で、文芸や芸術に対して深い理解を示すとともに類稀《たぐいまれ》な才能を持っていた。密教経典はともかく、嵯峨天皇は曼荼羅や密教法具の勝《すぐ》れた芸術性に目を見張り、これをもたらした空海なる人物に是非とも会ってみたいと考えたのではないだろうか。

　嵯峨天皇にとって空海が留学期間を大幅に短縮したことなど、取るに足りないことだったに違いない。未曾有《みぞう》の財宝をもたらした僧侶《そうりょ》に一日も早く会いたい。嵯峨天皇はそんな思いで一杯だったのではないだろうか。だからこそ、即位してすぐに空海に入洛の勅許を出したのではないか。

　京都に迎えられた空海は高雄《たかお》山寺《さんじ》を拠点に密教の布教に励んだ。最澄は真っ先に空海を訪ね、伝法灌頂《でんぽうかんじょう》を授けてもらった。そして、入唐《にっとう》したときには、最澄は大僧正《だいそうじょう》に列せられていたのに対して、空海は七歳年下で無名の一介の修行僧だった。その空海に自ら密教の教えを請うことになったのである（三五ページを参照）。

◆高野山の開創

高雄山寺《たかおさんじ》を拠点に活動していた空海《くうかい》は、弘仁《こうにん》七年（八一六）六月一九日、嵯峨《さが》天皇に高《こう》野山《やさん》の下賜を願って上奏文を提出する。空海の学徳を大いに買っていた嵯峨天皇はこの願いをすぐに受け入れて勅許を出したのである。

空海が高野山を選んだのは、『大日経《だいにちきょう》』や『金剛頂経《こんごうちょうぎょう》』などの密教経典《みつきょうきょうてん》に「深山《しんざん》の平地尤《もっと》も修禅《しゅぜん》に宜《よ》し」と記されていることによるという。高野山の山上はなだらかな傾斜が八方に広がっている。これを見た空海は、ここを胎蔵界曼荼羅《たいぞうかいまんだら》の中心にある「蓮華八葉院《れんげはちよういん》」に喩《たと》えた。

高野山に根本道場《こんぽんどうじょう》を開くということは、すでに在唐《ざいとう》中に決められていた。帰国するころにはかなり具体的な構想も練っていたのかもしれない。そして、嵯峨天皇から願いどおりに高野山を下賜された空海は、満を持して根本道場の建設に取りかかったのである。空海が計画した伽藍配置《がらんはいち》は胎蔵界《たいぞうかい》を象徴する大塔《だいとう》と金剛界《こんごうかい》を象徴する西塔《さいとう》を相対させたもので、『大日経』と『金剛頂経』の世界を地上に再現したものだった。

また、高野山の鎮守は丹生都比売命《にうつひめのみこと》という女神で、和歌山県側の山麓《さんろく》にある丹生都比売《にうつひめ》神社《じんじゃ》が高野山の地主神である。丹《に》とは水銀のことで、丹生《にう》は水銀の産出する場所、あるいは水銀の取引が行なわれていた土地である。水銀は今でいうレアアース（希少金属）で、金と混ぜ合わせて仏像の鍍金《ときん》（メッキ）に使ったり、朱の顔料と混ぜて丹塗《にぬ》り（朱塗り）の塗装の原料にした。奈良の都に係る枕詞《まくらことば》の「あおによし」の「に」は丹、水銀を混ぜて作った塗料の色である。

飛鳥《あすか》時代（五三八〜六四五）から寺院の伽藍《がらん》や仏像が盛んに作られていたことから、水銀の需要が多かった。水銀の産出地や取引されている場所は神社を建てて神聖な場所として厳重に管理したのだった。近畿地方を中心に丹生の名の付く神社が一〇〇社以上ある。空海が高野山を選んだのはそこが水銀の産出地だったことも大きな理由の一つで、ここに自ら寺院を創建すれば、水銀の権益を独占することができると考えたのではないだろうか。

◆東寺を下賜される

空海《くうかい》が高野山《こうやさん》の建設に着手したのは弘仁《こうにん》一〇年（八一九）のことである。それから四年後の同一四年（八二三）には朝廷から東寺《とうじ》を下賜された。東寺は平安遷都《へいあんせんと》の折の延暦一三年（七九四）、桓武《かんむ》天皇が都の守護として西寺《さいじ》とともに建立した寺院で、西寺を西国の、東寺を東国の守護とした。はじめは超宗派の寺院だったが、空海によって密教《みっきょう》の重要性が認知されるようになると、朝廷は都での密教の根本道場《こんぽんどうじょう》の設立を目論《もくろ》み、空海のこの寺を賜って寺号も教王護国寺《きょうおうごこくじ》と改めた。

東寺が下賜されたことは、空海の仏教が公に認められたことを示すもので、公文書に「真言宗《しんごんしゅう》」の名があらわれるのは弘仁一四年以降のことであり、この年をもって真言宗開《しんごんしゅうかい》宗《しゅう》の年と見ることができる。そして、空海は東寺を密教の根本道場にすべく尽力するのであるが、いっぽうでそのことがかなりの重圧になったことも否めない。

空海は高野山を「悟りの里」と称して胎蔵界《たいぞうかい》と見なした。これに対して東寺を金剛界《こんごうかい》と見なし、講堂《こうどう》には金剛界曼荼羅《こんごうかいまんだら》の諸仏《しょぶつ》の彫塑像をまつった。東寺の立体曼荼羅《りったいまんだら》と呼ばれているのがそれだ。胎蔵界は絶対寂静の悟りの世界、金剛界は森羅万象が生々《せいせい》流転《る てん》する現実の世界と見ることができる。

胎蔵界と金剛界は実は一体で、悟りの静の面から世界を見たのが胎蔵界、智慧《ちえ》を働かして万物が流転するという動の面から見たのが金剛界である。高野山で得た霊力を東寺で発現し、人々を悟りの世界(高野山)に連れて行くことが空海の理想だった。だから、両者を行き来して密教の伝道に励もうとしたのである。しかし、東寺は官寺だったことから、公務に追われ、高野山に行くことができなくなった。しかも、空海は晩年、病に冒されて次第に重くなった。

◆永く山に帰らん

天長《てんちょう》八年（八三一）の六月一四日、空海《くうかい》は朝廷に上奏文を提出して「悪瘡《あくそう》起体、吉相不現」と記し、大僧都《だいそうず》を辞する許しを請うている。身体に悪瘡（悪い腫物）ができて、吉相（回復の兆し）が見えない、というのである。

悪瘡とは、今で言う悪性の腫瘍《しゅよう》（ガン）だったのではないか。医学の知識も具《そな》えていたであろう空海は、自らの病状をよく認識していたであろう。そして、それが不治の病で、死期が近いことも悟っていた。空海の高野山《こうやさん》に寄せる思いはますます強くなっていった。

しかし、大僧都辞任の許しは簡単には下りず、病を押して公務に励む日々が続いた。

そんな中、同九年の八月には高野山に登って「万灯万華之会《まんどうまんげのえ》」を営む。この法会《ほうえ》は懺悔《さんげ》や滅罪の祈願のために、万灯万華《まんどうまんげ》を供養《くよう》するもので、白雉《はくち》二年（六五一）に宮中で行なわれたのをはじめとして、東大寺《とうだいじ》の年中行事として行なわれていたものだ。

高野山の山中に輝く万灯と万華は、「法身の里」の法灯《ほうとう》が不滅であることを内外に強くアピールするものだった。そして、彼はこの法会で清められた法身の里に永遠に留まる志しを持った。この法会から三年後の承和《じょうわ》元年（八三四）五月、空海は弟子たちに遺言して次のように言ったと伝えられている。

「生期、今いくばくならず。汝ら、よく住して仏法を慎み守れ。吾は永く山に帰らん」
（『空海僧都伝』）

その年の八月には、かねて計画していた大塔《だいとう》と西塔《さいとう》を建立するために勧進を請う願文を認《したた》め、翌年、正月には後に「後七日御修法《ごしちにちみしほ》」と呼ばれる法会を宮中真言院《しんごんいん》で営み、同月二二日には真言宗に年分度者《ねんぶんどしゃ》三名を賜るよう朝廷に奏上している。このほかにも晩年の空海は重篤であるとは思えないほど精力的に活動している。

おそらく空海は万灯万華之会を高野山の総仕上げの出発点としたのであろう。すべての段取りを整えた空海は、前述した年分度者《ねんぶんどしゃ》を請う上表文を提出した後、念願の高野山に登った。堂に籠《こも》った空海は座禅《ざぜん》を組んで断食し、即身成仏《そくしんじょうぶつ》を目指したという。心配した弟子達が食事を進めると「止みね、止みね、人間の味を用いざれ」と言って拒絶した。このとき、空海はすでに悟りの境地に達していると認識していたのではないか。だから、凡夫《ぼんぷ》（普通の人間）の食べ物は口にしないといったのかもしれない。

そして、三月二一日の夜、釈迦入滅《しゃかにゅうめつ》のときと同じく右脇腹を下にして横たわり、「滅」ととなえて息を引き取ったと伝えられている。ここに彼の肉体は文字通り滅した。それと同時に完璧《かんぺき》に純化された精神が生まれた。最期に「滅」と言ったかどうかは分からない。しかし、もし「滅」と言ったとすれば、それはボロボロになった肉体が滅し、純粋な悟りを得た精神が生まれたときの産声だったのかもしれない。

◆空海の跡を付託された高弟たち

空海《くうかい》の弟子には実恵《じちえ》、杲隣《ごうりん》、智泉《ちせん》、真済《しんぜい》などの十大弟子と呼ばれる高弟がいた。中でも実恵（七八六〜八四七）は空海の一番弟子で、空海が亡くなるに当たって東寺《とうじ》を継ぐように遺言された。真済（八〇〇〜八六〇）は高雄山神護寺《たかおさんじんごじ》を付託されて神護寺第二世となり、後に東寺の長者《ちょうじゃ》となった。

さらに、空海の実弟に当たる真雅《しんが》（八〇一〜八七九）は弘福寺《ぐふくじ》と東寺経蔵《とうじきょうぞう》を付託された。彼は藤原良房《ふじわらのよしふさ》と親交があったことから皇室にも近づき、清和《せいわ》天皇の護持僧《ごじそう》となって僧正《そうじょう》に上り、皇族や貴族の間でも重きを置かれた。

実恵の弟子に真紹《しんじょう》（七九七〜八七三）と宗叡《しゅうえい》（八〇九〜八八四）などがおり、東寺を中心として活躍してその繁栄に寄与した。宗叡ははじめ比叡山《ひえいざん》で出家し、得度受戒《とくどじゅかい》し、円珍《えんちん》より金胎両部《こんたいりょうぶ》の灌頂《かんじょう》を受けたが、後に東密《とうみつ》に転じて実恵や真紹から伝法灌頂《でんぽうかんじょう》を受けて阿闍梨《あじゃり》の位に達した。八六二年に平城《へいぜい》天皇の皇子で空海の高弟だった真如《しんにょ》法親王とともに入唐《にっとう》し、密教《みっきょう》の秘法を受けて八六六年に帰朝して東寺の長者となった。

いっぽう、空海の実弟である真雅の弟子に、空海の甥《おい》の真然《しんねん》（？〜八九一）がおり、空海が建立に着手した金剛峯寺《こんごうぶじ》を完成するように命じられ、高野山に住すること五六年にしてこれを完成した。

◆高野山と東寺の争い

しかし、金剛峯寺《こんごうぶじ》を完成した真然《しんねん》と東寺《とうじ》の宗叡《しゅうえい》とは不仲だった。それは先にも述べたように、宗叡が比叡山《ひえいざん》で修行していたことから、彼の密教《みっきょう》には台密《たいみつ》が入り込んでおり、そのことが高野山《こうやさん》の密教と対立を生んだのだった。年分度者《ねんぶんどしゃ》（朝廷から配属される官費で要請された正式の僧侶《そうりょ》）の得度式《とくどしき》もはじめは東寺で行なわれていたが、真然が朝廷に奏上して東寺の反対を押し切る形で高野山で行なうようになった。

しかし、その後、源仁《げんにん》（八一八〜八八七）が出て両系統を統一した。源仁は奈良で法相宗《ほっそうしゅう》を学び、その後、東寺の実恵《じちえ》に密教の奥義を受けて東寺二ノ長者《にのちょうじゃ》となった。源仁の弟子に聖宝《しょうぼう》（八三二〜九〇九）と益信《やくしん》（八二七〜九〇六）がおり、彼らが長らく低迷していた真言宗《しんごんしゅう》を復興することになった。

益信は東寺の長者《ちょうじゃ》となり、このころ高野山に押されて寂れていた東寺の興隆に努め、宇多《うだ》天皇の帰依《きえ》を受けた。宇多天皇は益信から伝法《でんぽう》を授かり、その後、益信の法流は寛朝《かんちょう》（九一六〜九九八）に伝わった。寛朝は広沢《ひろさわ》に遍照寺《へんじょうじ》を開きここで益信の法流を広め、宮中や貴族を中心に多くの信者が参集して大いに栄えた。益信から寛朝に伝えられた密教を広沢流《ひろさわりゅう》といい、東密《とうみつ》の一大流派となった。

聖宝は高野山で出家し、後に奈良で三論《さんろん》、法相《ほっそう》、華厳《けごん》などを学んだ。その後、貞観《じょうがん》年間（八五九～八七六）の末に京都に醍醐寺《だいごじ》を開き顕密《けんみつ》の道場とした。彼は修験道《しゅげんどう》にも秀で、金峯山寺《きんぷせんじ》を復興して修験道中興の祖とされ、後に醍醐寺は真言系修験《しんごんけいしゅげん》の本山となった。

聖宝には多くの弟子があったが、その一人の仁海《にんがい》は山科《やましな》に曼荼羅寺《まんだらじ》を開いて聖宝以来の法流を広めた。彼は雨乞《あまご》いに巧みだったことから「雨僧正」と呼ばれ、小栗栖常暁《おぐるすじょうぎょう》（七二ページを参照）が伝えた大元帥法《だいげんすいほう》を伝えた。曼荼羅寺は醍醐寺の近くの小野《おの》にあったことから、仁海の法流を「小野流《おのりゅう》」という。その後、小野流は一二の流派に分かれ、広沢流も一二流に分かれたため、これらを合して「野沢十二流《やたくじゅうにりゅう》」という。

聖宝、益信の二人の尽力によって真言密教《しんごんみっきょう》は復興し、彼らとその弟子筋が東寺を中心に活躍したことから東寺の系統が栄えた。

◆宇多天皇と真言宗

宇多《うだ》天皇は、このころ権勢を恣《ほしいまま》にしていた藤原《ふじわら》氏に反発し、弱冠一三歳の醍醐《だいご》天皇に皇位を譲った。宇多天皇は益信《やくしん》の導きにより東寺《とうじ》で出家受戒《しゅっけじゅかい》し、譲位の後、延喜《えんぎ》元年（九〇一）に東寺で益信から伝法灌頂《でんぽうかんじょう》を受けた。その後、仁和寺《にんなじ》に入寺《にゅうじ》し、ここを「御室御所《おむろごしょ》」と称した。宇多天皇は最初の法皇となり、その後、仁和寺には退位した天皇が入寺して門跡寺院《もんぜきじいん》の起源になった。

宇多天皇は密教《みっきょう》に精通しており、益信から授かった密教の奥義は天皇から寛朝《かんちょう》（九一六〜九九八）に伝えられ、その後の真言密教《しんごんみっきょう》の繁栄に大きく貢献した。歴代天皇の中で宇多天皇ほど仏教、とりわけ密教に通達し、その実践にも長《た》けた天皇はいない。

また、宇多天皇は在位中、藤原氏への対抗勢力として菅原道真《すがわらのみちざね》を重用したことでも知られる。藤原氏の勢力を抑えて親政（天皇自らが主導権をとって政治を推し進めること）に努め、綱紀粛正や民政の活性化などを精力的に進めた。その一連の政治改革は「寛平《かんぴょう》の治《ち》」として高く評価されている。

◆新義と古義に分かれる

第一章でも述べたとおり、真言宗《しんごんしゅう》が古義《こぎ》と新義《しんぎ》に分かれるきっかけを作ったのは平安時代の末に現れた覚鑁《かくばん》（一〇九五〜一一四三）である。彼は若くして出家して南都の興福寺《こうふくじ》や東大寺《とうだいじ》で法相《ほっそう》、三論《さんろん》、華厳《けごん》などを学んだ後、二〇歳で高野山《こうやさん》に登って密教《みっきょう》を学んだ。当時、高野山では本流の密教は衰微していたが、高野聖《こうやひじり》という念仏者《ねんぶつしゃ》の一団が多くいて、念仏信仰が盛んだった。

高野山の復興を祈念した覚鑁は念仏をも取り入れた新たな教義を打ち立てた。そして保《ほう》安《あん》二年（一一二一）には、自らの教義をすすめるために秘《ひ》密真言堂《みっしんごんどう》を創建して、空海《くうかい》が創始し、その没後、長らく途絶えていた伝法会《でんぽうえ》を復活した。それから一〇年後の天承《てんしょう》二年

（一一三二）には高野山中に大伝法院《だいでんぽういん》と密厳院《みつごんいん》を建立し、鳥羽《とば》上皇の来臨を仰いで大伝法《だいでんぽう》会《え》を開いた。

さらに覚鑁は京都に出て醍醐寺《だいごじ》で伝法灌頂《でんぽうかんじょう》を受け、鳥羽上皇の信認を得て金剛峯寺座主《こんごうぶじざす》に任ぜられた。覚鑁はさまざまな改革を推進して学問を奨励し、高野山の復興に尽力した。しかし、彼の急進的な行為は空海以来の高野山の教義やしきたりを守ろうとする保守的な僧侶《そうりょ》たちの反感を買うこととなった。

このため覚鑁は高野山を離れて紀州《きしゅう》の根来神宮寺に身を寄せ、ここに一乗山円明寺《いちじょうざんえんみょうじ》を建立した。覚鑁は根来寺《ねごろじ》を拠点に高野山の大伝法院の経営を行なっていたが、覚鑁の没後も対立は深まる一方だった。そこで、鎌倉時代になって覚鑁の法灯《ほうとう》を継いでいた頼瑜《らいゆ》という僧侶が大伝法院を根来寺に移し、七〇〇人余りの僧侶が高野山から移り住み完全に独立した。以降、根来寺を拠点とする覚鑁の系統を新義真言宗《しんぎしんごんしゅう》、高野山の真言宗を古義と呼ぶようになった。

その後、根来寺は新義真言宗の中心として栄え、最盛期には二七〇〇余りの僧坊《そうぼう》を擁し、寺領十万石を誇ったという。また、真言教学《しんごんきょうがく》の中心として多くの学僧を輩出する一方で、根来衆《ねごろしゅう》と称する僧兵《そうへい》の武装集団を組織し、政治的にも大きな発言力を持った。室町時代の末には伝来した鉄砲をいち早く装備に取り入れ、戦国時代を通じて強固な軍事組織としてその名を知られていた。

しかし、そのことがかえって織田信長《おだのぶなが》や豊臣秀吉《とよとみひでよし》の武力介入を招くことになり、天正《てんしょう》一三年（一五八五）、秀吉の一〇万の軍勢に焼き討ちされ、多宝塔《たほうとう》と大師堂《だいしどう》のみを残して灰燼《かいじん》に帰した。

このとき、難を逃れて京都に逃れた玄宥《げんゆう》は智積院《ちしゃくいん》を拠点として智山派《ちさんは》の祖となり、奈良に難を逃れた専誉《せんよ》は長谷寺《はせでら》を拠点として豊山派《ぶざんは》の祖となった。

秀吉の焼き討ち以降、根来寺はしばらく再興されなかったが、寛政《かんせい》九年（一七九七）に紀州藩《きしゅうはん》の援助で本坊が再建され、豊山派の法主が再興第一世として入寺することになった。以降、明治まで智山派と豊山派から交替で座主《ざす》を出すことになったが、第二次大戦後は両派から分離して新義真言宗総本山《しんぎしんごんしゅうそうほんざん》となった。

◆高野聖の念仏信仰

日本では早くから永承《えいしょう》七年（一〇五二）が末法《まっぽう》の世の始まりとされていた。末法とはすべての人間の資質が低下し、仏教の教えに従って修行するものも、悟りを開くものもいなくなって、悪がはびこる暗黒の世の中である。

このような時代になるとうかうかしているうちにすぐに地獄《じごく》に落ちる。そこで、念仏《ねんぶつ》さえとなえれば救われるという念仏信仰《ねんぶつしんこう》が盛んになった。その先鞭《せんべん》をつけたのは恵心僧都源信《えしんそうずげんしん》（九四二〜一〇一七）で、彼は『往生要集《おうじようようしゅう》』を著して極楽《ごくらく》と地獄の光景を克明に表してみせた。この書によって地獄の光景を目の当たりにした当時の人々は、一刻も早く極楽往生《ごくらくおうじょう》することを願ったのだった。

念仏は宗派を超えて瞬く間に広まり、念仏をとなえざるもの僧にあらずという状況が繰り広げられた。高野山《こうやさん》や比叡山《ひえいざん》にも念仏の波が押し寄せ多くの人があるいは草庵《そうあん》を結び、あるいは坊《ぼう》に寄宿して念仏に専念するようになった。高野山では平安時代の末から名利を嫌った僧侶《そうりょ》などが参集し、念仏聖《ねんぶつひじり》という集団を形成して不断念仏《ふだんねんぶつ》に専念するようになった。覚鑁《かくばん》も浄土教《じょうどきょう》に深い関心を示した。彼は密教《みっきょう》の立場から浄土教と密教の調和を計り、阿《あ》弥陀如来《みだにょらい》と大日如来《だいにちにょらい》を同一視して阿弥陀如来の本願を信じ、念仏をとなえれば即座に往生《おうじょう》すると説いた。ちなみに元来、聖とは出家の僧侶ではなく、仏の教えに従って生き、安心《あんじん》立命《りゅうみょう》を得ようとする極めて高い信仰心を持った人々のことである。鎌倉時代から室町時代にかけて高野聖は全国を行脚《あんぎゃ》して布教活動をするようになった。

◆大師信仰

「大師信仰《だいししんこう》」を起こしたのは聖宝《しょうぼう》（一五九ページを参照）の弟子の観賢《かんげん》である。彼は延喜《えんぎ》一〇年（九一〇）三月二一日、空海《くうかい》の年忌法要《ねんきほうよう》を営んだときに、東寺《とうじ》の灌頂院《かんじょういん》に空海の肖像画を安置し御影供《みえく》を行なった。御影供は後に高野山《こうやさん》でも行なわれるようになり、さらには全国の真言宗寺院《しんごんしゅうじいん》に普及した。さらに延喜二一年（九二一）に観賢は朝廷に奏上して空海の大師《だいし》号《ごう》を賜った。

このとき、観賢は大師号の勅書を持って高野山に登り、空海の遺骸《いがい》を納めた石の棺《ひつぎ》を開いた。すると、入定《にゅうじょう》（深い瞑想《めいそう》に入った状態）のままの姿だったという。このことから、弘法大師《こうぼうだいし》の「入定伝説《にゅうじょうでんせつ》」が生まれ、さらには高野山奥之院《おくのいん》を兜率天《とそつてん》の内院《ないいん》とする信仰が起こった。兜率天は釈迦《しゃか》をはじめ多くの仏陀《ぶつだ》が悟りを開く前に永らく留《とど》まる浄土《じょうど》と考えられている。

また、鎌倉時代になって仏教が民衆の間に一気に広まると、弘法大師の名も広く知られるようになる。同じく聖徳太子《しょうとくたいし》も民衆の知るところとなり、両者は「大師《だいし》」と「太子《たいし》」で音が通ずることから、読み書きのできない人が多かった民衆の間では両者が混同して信仰されるようになった。

お互いの伝記や功績が一人の「ダイシ」ないしは「タイシ」に帰せられ、いわゆる弘法《こうぼう》大師伝説《だいしでんせつ》も天井知らずにエスカレートしていった。そして、室町時代ごろになると、弘法《こうぼう》大師像《だいしぞう》を本尊《ほんぞん》とする真言宗《しんごんしゅう》の寺院には必ず聖徳太子像《しょうとくたいしぞう》がまつられるようになる。

聖徳太子は大陸からさまざまな文化や技術を取り入れた。建築や土木などについても大陸の高い技術を取り入れた結果、大規模な寺院の建立が可能になった。そして、室町時代の末になると大工や左官、石工など建築や土木に関わる人々が聖徳太子を守護神と崇《あが》めて「太子講《たいしこう》」を結成するようになった。太子講の講中も太子と大師を同一視したことから、真言宗の寺院に聖徳太子像がまつられるようになったのだ。

◆真言宗と国家護持

仏教が伝えられて以来、奈良時代まで仏教は鎮護《ちんご》国家《こっか》の宗教としての役割を果たしてきた。聖武《しょうむ》天皇が東大寺《とうだいじ》を総国分寺《そうこくぶんじ》として諸国に国分寺《こくぶんじ》を建立したのも、仏教による国家護持《こっかごじ》が目的だった。そのことは古い寺院の寺号にも表れている。例えば総国分寺の東大寺をはじめ、全国の国分寺は「金光明四天王護国寺《こんこうみょうしてんのうごこくのてら》」というのが正式名称である。さらに教王《きょうおう》護国寺《ごこくじ》（東寺《とうじ》）や東京の護国寺《ごこくじ》、和歌山県の護国院《ごこくいん》（紀三井寺《きみいでら》）など護国の文字を冠する寺院は多い。これらの寺院はみな国家安泰や玉体《ぎょくたい》（天皇の身体）安穏《あんのん》を祈願することを使命としたのである。

そして、平安時代のはじめに空海《くうかい》が密教《みっきょう》を伝えると、密教も国家護持の仏教として受け入れられ、機能するようになった。空海は嵯峨《さが》天皇の信認を得て高野山《こうやさん》を創建し、東寺を下賜されて密教寺院《みっきょうじいん》に改め、当初から密教は国家安泰などの加持祈禱《かじきとう》や法要《ほうよう》を営む国家護持の寺としての役割を課せられたのである。

また、桓武《かんむ》天皇の時代には天皇の加護のために「護持僧《ごじそう》」という役職が設置された。護持僧は真言宗《しんごんしゅう》と天台宗《てんだいしゅう》の高僧が選ばれ、御所《ごしょ》の清涼殿《せいりょうでん》内の二間という部屋で天皇の病気平癒や厄除《やくよ》けなどの加持祈禱を行なった。国の根幹を支える天皇を護持することで国家安泰になると考えられたのである。

◆豊臣秀吉と木食応其

木食《もくじき》とは五穀を断って木の実などを食べて修行することで、この修行をした僧は木食上人《もくじきしょうにん》と呼ばれて敬われている。応其《おうご》（一五三六〜一六〇八）は近江《おうみ》生まれの武士で、主君の佐々木氏《ささきし》、越智氏《おちし》に仕えていたが、両氏の没落後、高野山《こうやさん》に登って木食行《もくじきぎょう》をしていた。

織田信長《おだのぶなが》が高野山焼き討ちを計画していたが本能寺《ほんのうじ》の変《へん》で倒れ、その後を受けて豊臣秀吉《とよとみひでよし》が焼き討ちを敢行しようとした。その寸前、応其は単身、秀吉の陣地に乗り込んで焼き討ちを中止するよう直談判した。秀吉はその勇猛心に共鳴し、逆に応其に帰依《きえ》して高野山を保護した。

秀吉は高野山を生母の菩提寺《ぼだいじ》と定め、応其に命じて現在の金剛峯寺《こんごうぶじ》の伽藍《がらん》を整備させた。その後、応其は秀吉の保護を受けて京都の方広寺《ほうこうじ》の大仏殿《だいぶつでん》をはじめ、多くの寺院の伽藍の建立、再建に当たった。関ヶ原《せきがはら》の合戦《かっせん》では東軍側の開城交渉に当たるなどしたことから、西軍に通じていると疑われ、近江の飯道寺《はんどうじ》に隠棲《いんせい》し、同寺で没した。

◆徳川幕府の統制と保護

徳川家康《とくがわいえやす》は織田信長《おだのぶなが》や豊臣秀吉《とよとみひでよし》が各地の大寺を焼き討ちし、僧兵を一掃して寺領荘園を没収して寺院勢力を抑え込んだ後に登場した。そこで、家康はかつてのように大寺が大きな権力を持たないように、仏教界の統制を徹底したのである。

家康は各寺院に法度《はっと》（寺院が守るべき掟《おきて》）を出して寺院や宗派内などの争いなどの仲裁を図った。慶長《けいちょう》六年（一六〇一）に高野山《こうやさん》に出されたものが最初の法度で、当時、高野三方《こうやさんかた》（一六九ページを参照）のうち、学侶《がくりょ》と行人《ぎょうにん》が激しく対立しており、法度は両者の分離を命じるものだった。

しかし、その後も学侶と行人の紛争は収まらず、幕府もさまざまな策を講じて収拾を図ったが収まらなかった。そこで、元禄《げんろく》四年（一六九一）、幕府はさらに厳しい法度を出してようやく半世紀にわたった学侶と行人の紛争は終息したのである。

◆真言宗の高僧

〈宗叡〉――インドを目指した入唐僧

宗叡《しゅうえい》（八〇九～八八四）は京都の出身で、比叡山《ひえいざん》で出家して天台密教《てんだいみっきょう》を学んだ。後に東寺《とうじ》に移って真言密教《しんごんみっきょう》を学んで金胎両部《こんたいりょうぶ》の灌頂《かんじょう》を受ける。貞観《じょうがん》四年（八六二）に空海《くうかい》の高弟の真如《しんにょ》法親王（七三ページを参照）にしたがって入唐《にっとう》した。長安《ちょうあん》で青龍寺《せいりゅうじ》、慈恩寺《じおんじ》など数々の寺院を巡って密教《みっきょう》を学び、三年後に膨大な数の経典や密教法具《みっきょうほうぐ》、曼荼羅《まんだら》などを携えて帰国した。

帰国後、宗叡は東寺を拠点に密教の布教に努め、後に東寺長者《とうじちょうじゃ》、僧正《そうじょう》の位に上った。空海の弟子の多くが入唐しているが、その中で卓抜した業績をおさめたことから「入唐僧《にっとうそう》正《じょう》」と呼ばれて敬われている。

〈霊仙〉――日本人唯一の三蔵法師

霊仙《りょうせん》（七五九？～八二七？）は近江《おうみ》（滋賀県）の生まれといわれる法相宗《ほっそうしゅう》の僧で、延暦《えんりゃく》二三年（八〇四）、空海《くうかい》や最澄《さいちょう》と同じ遣唐使《けんとうし》船団《せんだん》で入唐《にっとう》した。長安《ちょうあん》で学び、大同《だいどう》五年（八一〇）に醴泉寺《れいせんじ》でカシミールから来た般若三蔵《はんにゃさんぞう》が請来した『大乗本生心地観経《だいじょうほんじょうしんちかんぎょう》』の翻訳の際、筆受、訳語を務めた。翌年、その功績により時の憲宗《けんそう》皇帝から「三蔵法師《さんぞうほうし》」の号を賜った。憲宗皇帝は仏教を大いに保護し、霊仙も寵愛《ちょうあい》を受け、密教《みっきょう》で秘中の秘とされる大元帥法《だいげんすいほう》を伝授されたが、秘法の国外への流出を恐れた皇帝は霊仙の帰国を禁じた。その後、皇帝が反仏教に暗殺されると、霊仙は迫害を恐れて五台山《ごだいさん》に移った。天長《てんちょう》二年（八二五）、淳和《じゅんな》天皇から渤海《ぼっかい》の僧、貞素《じょうそ》に託された黄金を受け取り、その返礼として仏舎利《ぶっしゃり》や経典を貞素に託して日本に届けさせた。

霊仙の生没年について詳しいことは分からないが、天長五年（八二八）までに死去したと見られている。一説に寺の浴室内で毒殺されたともいわれている。

承和《じょうわ》七年（八四〇）に円珍《えんちん》が霊仙の最期の様子を聞いたことが記録に残っている。また、小栗栖常暁《おぐるすじょうぎょう》が入唐した際にかつての霊仙の門人から厚遇され、霊仙の遺品を受け取り、大元帥法を伝授されたという。小栗栖常暁は帰国して大元帥法を奈良の秋篠寺《あきしのでら》に伝えた（七二ページを参照）。

〈真如〉――平城天皇の皇子

真如《しんにょ》親王（七九九～八六五）は平城《へいぜい》天皇の第三皇子で、甥《おい》に在原業平《ありわらのなりひら》がいる。病弱の平城天皇は病を理由に退位し、出家して法皇となり、弟の嵯峨《さが》天皇が即する。その後、朝廷の職掌の件で嵯峨天皇が即位すると皇太子になり、平城法皇の愛妾《あいしょう》、藤原薬子《ふじわらのくすこ》や藤原仲成《ふじわらのなかなり》らがこの対立を助長し、兵を上げて嵯峨天皇討伐を計画した。これを察知した嵯峨天皇は兵を上げて守りを固め、結局、薬子らの軍は敗北した。これを薬子《くすこ》の変《へん》という。

この変に加担したとの疑いから真如親王は皇太子を廃されることになった。その後、四品《しほん》の品位《ほんい》（親皇の位階）を授かって親王の名誉は回復したが、親王の位にはとどまることなく、出家して空海《くうかい》の弟子となった。高野山《こうやさん》で修行に専念し、頭角を現した真如親王は空海の十大弟子の一人に数えられた。

斉衡《さいこう》二年（八五五）の大地震で東大寺《とうだいじ》の大仏の仏頭が落ちた際、東大寺大仏司検校《とうだいじだいぶつしけんぎょう》に任ぜられ、陣頭指揮を執って修理を終えた。老年になって入唐求法《にっとうぐほう》を志し、貞観《じょうがん》四年（八六二）に明州《めいしゅう》に到着し、翌々年に長安《ちょうあん》に着いた。当時、唐《とう》では会昌《かいしょう》の破仏《はぶつ》という仏教の大弾圧が行なわれており、その影響で高徳の僧侶《そうりょ》はみな長安を逃れていた。

良師に巡り合うことができなかった真如親王は天竺《てんじく》（インド）行きを決意し、貞観七年（八六五）、皇帝の勅許をえて広州《こうしゅう》から海路、天竺を目指したが、その後、消息を絶った。天慶《てんぎょう》五年（八八一）に在唐していた留学僧の報告によると、羅越国《らえつこく》（マレー半島の南端）あたりで薨去《こうきょ》したという。一説にトラに食われたともいわれている。近年、高野山の僧侶たちが日本から運んだ御影石《みかげいし》で、マレーシアのジョホールの日本人墓地に供養塔《くようとう》を建立した。

また、弘法大師《こうぼうだいし》を慕った真如親王は大師《だいし》の死後、その肖像画を描かせている（七三ページを参照）。

〈益信〉——広沢流の祖

益信《やくしん》（八二七〜九〇六）は紀氏《きのし》の出で武内宿禰《たけしうちのすくね》の後胤《こういん》を自認する。石清水八幡宮《いわしみずはちまんぐう》を勧請した大安寺《だいあんじ》の行教《ぎょうきょう》は実兄。大安寺で出家し、元興寺や薬師寺《やくしじ》で法相《ほっそう》の教学を学んだが満足せず、空海《くうかい》の実弟の真雅《しんが》の門下に入って密教《みっきょう》を学んだ。仁和《にんな》三年（八八七）に伝法灌頂《でんぽうかんじょう》を受け、阿闍梨《あじゃり》の位を授けられた。

その翌年、東寺《とうじ》権律師《ごんのりつし》、寛平《かんぴょう》四年（八九二）には少僧都《しょうそうづ》、昌泰《しょうたい》三年（九〇〇）には僧正《そうじょう》に上った。そのほか、東大寺《とうだいじ》別当《べっとう》、東寺長者《とうじちょうじゃ》などを歴任し「国師中の国師」と称された。

また、昌泰二年（八九九）、出家した宇多《うだ》上皇の戒師《かいし》となった。その後、延喜《えんぎ》元年（九〇一）には宇多上皇に伝法灌頂を授け、自らの継承者と定めた。

本覚大師《ほんがくだいし》の諡号《しごう》ははじめ空海に贈られることになっていたが、ときの醍醐《だいご》天皇が空海の著作の中に「弘法《こうぼう》利生」という言葉を見つけ、弘法《こうぼう》の大師号《だいしごう》を贈った。以来、本覚大師の諡号は宙に浮いていたが、益信《やくしん》の没後、四〇〇年を経た延慶《えんけい》元年（一三〇八）、花園《はなぞの》天皇によって贈られた。

〈聖宝〉――小野流の祖

聖宝《しょうぼう》は大和《やまと》（奈良県）の出身で、高野山《こうやさん》で出家して空海《くうかい》の実弟の真雅《しんが》に密教《みっきょう》を学んだ。その後、東寺《とうじ》で伝法灌頂《でんぽうかんじょう》を受け、さらには役小角《えんのおづぬ》を慕って金峯山《きんぷせん》で山岳修行《さんがくしゅぎょう》に励んだ。そして、貞観《じょうがん》一六年（八七四）に京都の醍醐山《だいごさん》中に草庵《そうあん》を結び、准胝観音《じゅんていかんのん》と如意輪観音《にょいりんかんのん》をまつって山岳修行の道場とした。

聖宝は密教と山岳修行を融合し、後に仁海《にんがい》がその教義を継承して小野流《おのりゅう》（一四六ページを参照）を開いた。このことから、聖宝は小野流の祖としても慕われている。その後、貞《じょう》観寺座主《がんじざす》、東寺長者《とうじちょうじゃ》を歴任し、理源大師《りげんだいし》の諡号《しごう》を授けられている。

〈覚鑁〉――新義真言宗の祖

覚鑁《かくばん》は肥前《ひぜん》（佐賀県）の生まれで、一三歳で京都の仁和寺《にんなじ》で出家し、その後、興福寺《こうふくじ》や東大寺《とうだいじ》で学び、さらに高野山《こうやさん》に登った。四〇歳のときに高野山金剛峯寺《こうやさんこんごうぶじ》の座主《ざす》になったが、空海《くうかい》以来の密教《みっきょう》の教義や作法などに異論を唱え、保守派の僧侶《そうりょ》たちとの間に確執が生じた。

将来的に溝が深まることを危惧《きぐ》した覚鑁は紀州《きしゅう》の根来寺《ねごろじ》に移り、ここを大伝法流《だいでんぼうりゅう》の拠点とした。その後、覚鑁の法流は根来寺に移り、ここが新義真言宗《しんぎしんごんしゅう》の拠点となった（一四八ページを参照）。

〈宥快〉——高野山教学の大成者

宥快《ゆうかい》（一三四五～一四一六）は京都に生まれ、高野山《こうやさん》で密教《みっきょう》を学んだ。後に高野山の宝性院《ほうしょういん》で多くの修行僧の指導に当たり、後円融《ごえんゆう》上皇はその学徳を慕って深く帰依《きえ》した。室町時代前期の応永《おうえい》年間に高野山の密教教学《みっきょうきょうがく》を大成したことで高く評価されている。当時、高野山には無量寿院《むりょうじゅいん》の長覚《ちょうかく》と宝性院の宥快とが二大教学を展開し、前者を寿門《じゅもん》、後者を宝門《ほうもん》と呼んでいた。

また、宥快は真言立川流《しんごんたちかわりゅう》を邪教として徹底的に排除し、同時に高野聖《こうやひじり》の一派、時衆聖《じしゅうひじり》をも弾圧し、高野山での念仏《ねんぶつ》や念仏踊《ねんぶつおど》りを禁止した。

〈寛朝〉——広沢の僧正

寛朝《かんちょう》（九一六～九九八）は宇多《うだ》天皇の皇子、敦実《あつざね》親王の子で、宇多法皇のもとで出家して仁和寺《にんなじ》で密教《みっきょう》を学んだ。その後、みるみる頭角を現し、仁和寺《にんなじ》別当《べっとう》、東寺《とうじ》別当《べっとう》、東寺長《とうじちょう》者《じゃ》などを歴任し、寛和《かんな》二年（九八六）には真言宗《しんごんしゅう》初、日本で三人目の大僧正《だいそうじょう》に任じられた。円融《えんゆう》天皇が受戒《じゅかい》した際には戒和尚《かいわじょう》を務めた。その授戒会《じゅかいえ》の光景は藤原実資《ふじわらのさねすけ》の『小右記《しょうゆうき》』に記されており、円融天皇以下、多くの公卿《くぎょう》が参列したことが分かる。永祚《えいそ》元年（九八九）には円融天皇の命により、広沢池畔《ひろさわのいけほとり》に遍照寺《へんじょうじ》を建立した。

真言声明《しんごんしょうみょう》に長《た》け、東密声明《とうみつしょうみょう》中興の祖と称されている。また、広沢池畔の遍照寺の住職をしたことから「広沢《ひろさわ》の僧正《そうじょう》」とも呼ばれて慕われた。

〈観賢〉——大師信仰を起こす

観賢《かんげん》（八五四～九二五）は空海の実弟の真雅《しんが》について出家し、醍醐寺《だいごじ》を開いた聖宝《しょうぼう》から三論《さんろん》、真言密教《しんごんみっきょう》を学び、寛平《かんぴょう》七年（八九五）に伝法灌頂《でんぽうかんじょう》を受けた。昌泰《しょうたい》三年（九〇〇）には仁和寺《にんなじ》別当《べっとう》となり、その後、弘福寺《ぐふくじ》別当《べっとう》、東寺長者《とうじちょうじゃ》、醍醐寺座主《だいごじざす》、金剛峯寺検校《こんごうぶじけんぎょう》などを歴任、延長《えんちょう》元年（九二三）には権大僧正《ごんのだいそうじょう》に任じられた。

この間、奈良に般若寺《はんにゃじ》を創建したほか、朝廷に奏上して空海《くうかい》に弘法大師《こうぼうだいし》の諡号《しごう》を賜っている。東寺《とうじ》を中心に活躍し、真言宗《しんごんしゅう》の再編に大きな功績を残した。

〈頼瑜〉——根来寺に拠点を移す

頼瑜《らいゆ》（一二二六～一三〇四）は覚鑁《かくばん》が開いた高野山《こうやさん》の大伝法院《だいでんぽういん》で学び、その後、南都《なんと》（奈良）で三論《さんろん》、華厳《けごん》、瑜伽《ゆが》、唯識《ゆいしき》などを学んだ後、広沢流《ひろさわりゅう》を学んだ。大伝法院、醍醐寺《だいごじ》を拠点に修学し、文永《ぶんえい》九年（一二七二）に高野山中性院《こうやさんちゅうしょういん》の住職となった。弘安《こうあん》三年（一二八〇）中性院流を創始したが、高野山《こうやさん》の衆徒《しゅうと》との間に軋轢《あつれき》を生じたため、正応《しょうおう》元年（一二八八）、覚鑁《かくばん》が創建した大伝法院と密厳院《みつごんいん》を根来寺《ねごろじ》に移し、ここを拠点に新義真言宗《しんぎしんごんしゅう》の教義を整えた。

〈慈雲〉——悉曇学《しったんがく》の大成者

慈雲《じうん》（一七一八〜一八〇四）は大坂の生まれで、一三歳のときに父が亡くなったのを機に出家し、河内《かわち》の法楽寺《ほうらくじ》で密教《みっきょう》と悉曇《しったん》（梵字《ぼんじ》）を学び、同時に戒律《かいりつ》や禅《ぜん》なども修めた。その後、慈雲は釈迦《しゃか》在世当時の正法《しょうぼう》の実践を願って「正法律《しょうぼうりつ》」という戒律を唱導した。四〇代で生駒山《いこまやま》に籠《こも》り、座禅《ざぜん》に専念するいっぽう、梵語《ぼんご》（サンスクリット語）の研究にも打ち込み、悉曇研究《しったんけんきゅう》の千巻からなる大著、『梵学津梁《ぼんがくしんりょう》』を著した。この書は梵語研究史《ぼんごけんきゅうし》上、最高水準の書として内外で高く評価されている。

さらに、慈雲は神道《しんとう》の研究も行ない、神道は仏教を包括するものであるという「雲伝神道《うんでんしんとう》」という独自の教義を打ち立てた。

コラム／三鈷の松伝説

高野山《こうやさん》には「三鈷《さんこ》の松《まつ》」というのがあるが、これは弘法大師《こうぼうだいし》が唐《とう》に留学中に、日本に帰ってから修行に適した地を探そうとして、唐から三鈷《さんこ》を投げて占ったところ、現在の三鈷《さんこ》の松《まつ》の上に飛んできたという伝説にちなむものだ。また、三鈷《さんこ》杵《しょ》は弘法大師《こうぼうだいし》像《ぞう》が右手に持っているものである。

唐から帰った空海《くうかい》が高野山に登ったとき、根本大塔《こんぽんだいとう》の近くの松の木の大木を見上げると、三鈷《さんこ》が枝に引っ掛かっていたという。これを見た空海は高野山が修行の最適地であると確信したという。現在の三鈷の松は何代目かのもので、それほど樹齢を重ねていない数本の松が朱《あけ》の玉垣で囲まれて大切にされている。

また、高野山の霊宝館《れいほうかん》にははるばる中国から飛んできたという三鈷が納められている。長い距離を飛行してきただけあって、三鈷の爪の一本が欠けている。伝説に説得力を持たせるために、後世、誰かが密《ひそ》かにそのような細工をしたのだろう。偽作とはいえ、弘法大師への人々の敬愛の念を感じさせる三鈷である。

さらに、ふつうの松は針のような葉が二本だが、三鈷の松の葉には三本のものがあるという。この三本の松葉を探しあてると、福が得られるともいわれている。

コラム／空海の文章力

嵯峨《さが》天皇、橘 逸勢《たちばなのはやなり》とともに平安時代初期の三筆《さんぴつ》に数えられる空海《くうかい》は能書家としてだけでなく、文芸などの芸術的才能を発揮した。書については三筆として言を俟《ま》たないが、歴史上、偉大な宗教者は多いが空海ほど文芸に優れた人はいなかっただろう。例えば、『三教指帰《さんごうしいき》』は戯曲仕立てという日本の宗教史上、類稀《たぐいまれ》な作品である。ここに彼の宗教思想を遺憾なく発揮できたのは、やはり空海が卓越した文章能力を持っていたからに他ならない。

そのほか真済《しんぜい》が編纂した『性霊集《しょうりょうしゅう》』にも表わされている通り、詩文にも優れた才能を発揮した。さらに空海が入唐《にっとう》したとき、目的地よりもはるかに外れたところに上陸し、なかなか上陸を許されなかったが、空海が現地の行政官に上陸を許可する文書を認《したた》めたところ、軍の長官がその文章と書の素晴らしさに感銘を受け、すぐに長安《ちょうあん》の中央政府に送ったところ、上陸の許可がでたという話は有名である。

平安時代のはじめは詩歌には優れた作品があるが、散文の方は未《ま》だ稚拙なものが多かった。その中で空海は対句を多用する四六駢儷体《しろくべんれんたい》という華麗な文章でつづるなど突出した文才を発揮したのである。

第五章　主な寺院と空海ゆかりの寺院

❶〜…古義真言宗の寺
1〜…新義真言宗の寺
8 護国寺
東京都
5 成田山新勝寺
神奈川県
千葉県
6 平間寺(通称・川崎大師)
N

京都府
❹神護寺
大覚寺❽
❼仁和寺
教王護国寺❸
（東寺）
❺醍醐寺
智積院 4
京都府
滋賀県
大阪府
❿石山寺
葛井寺 2
❾円成寺
7 石手寺
根来寺 1
❻室生寺
愛媛県
3 長谷寺
慈尊院❷
奈良県
❶高野山
和歌山県

〈古義真言宗の寺〉

①高野山

高野《こうや》山《さん》は古くから山岳修行《さんがくしゅぎょう》の聖地とされ、この山中で多くの修行者が苦修練行《くしゅうれんぎょう》に励んだ。弘法大師《こうぼうだいし》もすでに唐《とう》に留学する以前にこの地で修行したと伝えられている。しかし、高野山が正式に開かれたのは弘仁《こうにん》七年（八一六）のことである。唐から帰った空海《くうかい》は密教《みっきょう》の修行にふさわしい土地を探していた。そして、入唐《にっとう》前にも訪れたことがある、高野山を修行の最適地と考え、朝廷にこの山を開く勅許を願い出たのである。

山上の伽《が》藍《らん》は空海と高野山二世目の真然《しんねん》によって整備されたが、平安時代の中期には東《とう》寺《じ》との争いに敗れ、一時は衰退した。しかし、平安末期までには再建され、白河《しらかわ》天皇や鳥《と》羽《ば》天皇などが行幸して再び隆盛に向かった。

その中で、長承《ちょうしょう》三年（一一三四）、座主《ざす》になった覚鑁《かくばん》はそれまでの高野山真言宗《こうやさんしんごんしゅう》の教理に異を唱え、自ら大伝法院《だいでんぼういん》を建立して鳥羽天皇の御願寺《ごがんじ》とし、金剛峯寺《こんごうぶじ》と同格に置いた。しかし、覚鑁の独善的な行動は一山《いっさん》の猛反対に遭った。このため、覚鑁は紀州《きしゅう》（和歌山県）の根来寺《ねごろじ》に難を逃れ、ここに大伝法院を移した。ここに真言宗《しんごんしゅう》は分裂することになり、覚鑁の門流は新義真言宗《しんぎしんごんしゅう》を名乗り、高野山は古義真言宗《こぎしんごんしゅう》と呼ばれるようになった。

鎌倉時代になると優秀な僧侶《そうりょ》が輩出して、密教の根本道場《こんぽんどうじょう》としてますます栄えた。また、弘法大師廟《こうぼうだいしびょう》のある奥之院《おくのいん》の辺りに、分骨した遺骨を納める風習が広まり、公家や武士から庶民にいたるまで、多くの人々が納骨塔《のうこつとう》を建てるようになった。現在までに、納骨塔の数は二十万基以上といわれている。

また、高野山では教理を学んで修行をする学侶《がくりょ》、俗務を行なう行人《ぎょうにん》、全国を巡歴して勧《かん》進《じん》を行なう高野聖《こうやひじり》のいわゆる高野三方《こうやさんかた》が一山を運営していた。室町時代ごろから、この高野三方の間の確執が強まり、しばしば衝突を起こすようになった。

戦国時代の天正《てんしょう》九年（一五八一）には織田信長《おだのぶなが》によって焼討ちの危機にさらされたが、信長の死によって難を逃れた。さらに、豊臣秀吉《とよとみひでよし》も高野山を攻めようとしたが、このときは木食応其《もくじきおうご》が単身、秀吉の陣中に乗り込んで談判し、和議を結んだ。

応其の人となりに打たれた秀吉は、以降、高野山を保護するようになった。秀吉は生母の菩提《ぼだい》を弔うために青巌寺《せいがんじ》を建立したが、これが現在の金剛峯寺に発展した。

〈伽藍配置〉

高野山《こうやさん》の山頂付近は八枚の蓮華《れんげ》の花弁が開いたような形をしており、これを空海《くうかい》は胎蔵《たいぞう》界曼荼羅《かいまんだら》の八葉蓮華院《はちようれんげいん》にたとえて修行の最適地とした。

そして、その中に配した種々の伽藍《がらん》は、まさに胎蔵界曼荼羅を地上に再現したものといえる。これは、東寺講堂《とうじこうどう》の諸仏が金剛界曼荼羅《こんごうかいまんだら》を立体的にあらわしたのとよく対応するものなのである。つまり、胎蔵界《たいぞうかい》は悟りの「静」の世界、金剛界《こんごうかい》は森羅万象が生々流転《せいせいるてん》する「動」の世界で、高野山という静の世界で培《つちか》った修行の成果を、東寺《とうじ》という動の世界で遺憾なく発揮するという空海《くうかい》の思惑に適《かな》ったものだった。

高野山の山内《さんない》は金剛峯寺《こんごうぶじ》、壇上伽藍《だんじょうがらん》、奥之院《おくのいん》の三つに分けることができる。

〈金剛峯寺〉

金剛峯寺《こんごうぶじ》はもと青厳寺《せいがんじ》といい、天正《てんしょう》二〇年（一五九二）に秀吉《ひでよし》が木食応其《もくじきおうご》に命じて建立したものである。明治元年（一八六八）に金剛峯寺と寺号《じごう》を改めた。

山門《さんもん》は宝永《ほうえい》二年（一七〇五）に再建されたもので、昭和六一年（一九八六）には大掛かりな解体修理が行なわれた。高さ約二五メートルの堂々たる朱塗りの二重門で、両脇には像高約四・八メートルの仁王像《におうぞう》を安置している。

現在の主殿《しゅでん》は幕末の文久《ぶんきゅう》三年（一八六三）に再建されたもので、大広間《おおひろま》、梅《うめ》の間《ま》、柳《やなぎ》の間などからなる書院造《しょいんづくり》で、狩野探幽《かのうたんゆう》の襖絵《ふすまえ》が描かれていることで知られている。中でも柳の間は秀吉の怒りを買った秀次《ひでつぐ》が切腹したことで知られている。

金剛峯寺の入口近くにある鐘楼《しょうろう》は福島正則《ふくしままさのり》が母の菩提《ぼだい》を弔うために建立したもので、「六時《ろくじ》の鐘《かね》」と呼ばれている。現在の建物は天保《てんぽう》六年（一八三五）に再建されたもので、朝六時から夜十時まで、毎偶数時に鐘が撞《つ》かれる。

〈壇上伽藍〉

壇上《だんじょう》とは仏菩薩《ぶつぼさつ》があつまる曼荼羅《まんだら》にたとえた言葉で、高野山《こうやさん》の中心にあたる。根本大塔《こんぽんだいとう》、金堂《こんどう》、御影堂《みえどう》、不動堂《ふどうどう》、西塔《さいとう》、鐘楼《しょうろう》、六角経蔵《ろっかくきょうぞう》、山王院《さんのういん》、愛染堂《あいぜんどう》、大会堂《だいえどう》、三昧堂《さんまいどう》、准胝《じゅんてい》堂《どう》などの建物が並ぶ。

根本大塔は弘法大師《こうぼうだいし》が建立に着手し、第二世座主の真然《しんねん》のときに完成したもの。天保《てんぽう》一四年（一八四三）に火災に遭って焼失し、その後は再建されずにいたが、昭和一二年（一九三七）に鉄筋コンクリート造で再建された。高さ約五〇メートル、五間四方の巨大な塔で、内部には胎蔵界《たいぞうかい》の大日如来《だいにちにょらい》を中心に胎蔵界四仏《たいぞうかいしぶつ》、十六菩薩《じゅうろくぼさつ》などを安置する。東寺《とうじ》の講《こう》堂《どう》の金剛界諸仏《こんごうかいしょぶつ》と相対する立体曼荼羅《りったいまんだら》になっている。

不動堂は鎌倉時代に再建されたもので、壇上では最古の建物である。本尊《ほんぞん》の不動明王《ふどうみょうおう》と運慶《うんけい》作の名作、八大童子《はちだいどうじ》像は霊宝館《れいほうかん》に納められている。

金堂は弘法大師が根本大塔とともに建立に着手して完成したもので、高野山一山《こうやさんいっさん》の本堂《ほんどう》にあたる。たびたび火災に遭って焼失したが、現在の建物は昭和七年（一九三二）に再建された。本尊の薬師如来《やくしにょらい》は高村光雲《たかむらこううん》の作で秘仏になっている。

また、壇上には霊宝館があり、数多くの寺宝を納めているが、このうち「阿弥陀聖衆来《あみだしょうじゅらい》迎図《ごうず》」をはじめ一八〇点余りが国宝・重文に指定されている。

〈奥之院〉

奥之院《おくのいん》は弘法大師《こうぼうだいし》の廟《びょう》があることで知られている。歴史的には弘法大師は承和《じょうわ》二年（八三五）に没したことになっている。しかし、高野山《こうやさん》では大師《だいし》は入滅《にゅうめつ》したのではなく、入《にゅう》定《じょう》したのだと主張する。つまり、亡くなったのではなく、禅定《ぜんじょう》に入ったまま生き続けており、弥勒菩薩《みろくぼさつ》が下生《げしょう》するのを待っているのだというのである。

　また、鎌倉時代ごろから分骨の習慣が普及し、奥之院に連なる参道には二十万基以上の供養塔《くようとう》が林立して、「日本総菩提所《にほんそうぼだいしょ》」の異名をとっている。法然上人《ほうねんしょうにん》、親鸞上人《しんらんしょうにん》、武田信玄《たけだしんげん》、上杉謙信《うえすぎけんしん》、織田信長《おだのぶなが》、豊臣秀吉《とよとみひでよし》、明智光秀《あけちみつひで》、徳川吉宗《とくがわよしむね》、初代市川團十郎《しょだいいちかわだんじゅうろう》など歴史上の人物がこぞってまつられている。また、参道には「姿見の井戸」や「汗かき地蔵」など伝説を秘めた見所も多い。このほか、奥之院を流れる小川に小さな塔婆《とうば》を立て、いわゆる流《なが》れ灌頂《かんじょう》が行なわれる。

・所　在　地――和歌山県伊都郡高野町高野山《いとぐんこうやちょうこうやさん》
・アクセス――南海電鉄高野線《なんかいでんてつこうやせん》「極楽橋駅《ごくらくばしえき》」下車、南海高野山ケーブルで「高野山頂駅」下車

②慈尊院

弘法大師《こうぼうだいし》が弘仁《こうにん》七年（八一六）に高野山《こうやさん》を開いたとき、山麓《さんろく》に開山のための寺務所として創建された。高野山の表参道の入口に位置し、空海《くうかい》はここを拠点に高野山の伽藍《がらん》を整備した。

かつて、高野山は女人禁制だったことから、女性は慈尊院《じそんいん》から上には登ることができなかった。弘法大師を訪ねた大師《だいし》の母親も、ここで逗留《とうりゅう》したという話は有名である。また、このとき大師は母親のために一ヶ月の間に九度下山して慈尊院を訪ねたと伝えられ、この故事にちなんで「九度山《くどさん》」と呼ばれるようになったと伝えられている。境内の弥勒堂《みろくどう》は、大師の母親が信仰したという弥勒菩薩《みろくぼさつ》をまつって、母の廟所《びょうしょ》としたものと伝えられている。

また、慈尊院と隣接して丹生官省符神社《にうかんしょうふじんじゃ》がある。この神社は弘法大師を高野山に導いた狩場《かりば》明神の報恩のために、慈尊院とともに建てられた古社である。嵯峨《さが》天皇から免税などの特権を認める官省符を下賜《かし》されたことから、この社号がついた。

・所 在 地――和歌山県伊都郡《いとぐん》九度山町《くどやまちょう》慈尊院《じそんいん》八三二
・アクセス――南海電鉄高野線《なんかいでんてつこうやせん》「九度山駅」下車、徒歩二〇分

③教王護国寺（東寺）

延暦《えんりやく》一三年（七九四）に桓武《かんむ》天皇は平安遷都を敢行した。その二年後の延暦一五年、都の守護として創建されたのが起源。同時に西寺《さいじ》が創建されたが、早くに焼失して廃寺となり、現在はその址《あと》だけが残っている。

創建当初は超宗派の官寺《かんじ》（国立の寺院）だったが、弘仁《こうにん》一四年（八二三）に東寺《とうじ》は空海《くうかい》に、西寺は守敏僧都《しゅびんそうず》に下賜《かし》された。その後、東寺は教王護国寺《きょうおうごこくじ》と寺号を改め、五重塔や灌《かん》

頂院《じょういん》、講堂《こうどう》などを整備して密教《みっきょう》の根本道場《こんぽんどうじょう》として栄えた。現在、講堂に安置されている大《だい》日如来《にちにょらい》をはじめとする、菩薩《ぼさつ》や明王《みょうおう》などもこのときに造立されてまつられたものである。承和《じょうわ》二年（八三五）に空海が没すると、弟子の実恵《じちえ》、真済《しんぜい》、真雅《しんが》などの名僧が後を継いで法灯《ほうとう》を保った。しかし、平安時代の後半になると寺院経営はしだいに厳しくなって行った。空海が創設した一般子弟の学校である綜藝種智院《しゅげいしゅちいん》の売却や常駐の僧侶《そうりょ》の削減などによって苦境を凌《しの》いだが、逼迫《ひっぱく》した財政状況は容易に改善されなかった。そこで、高野山《こうやさん》の座主《ざず》が教王護国寺に兼務し、復興のための勧進《かんじん》などを行なった。その結果、平安時代の末にはようやく危機を脱し、復興に向かった。

鎌倉時代から室町時代にかけて、何度か火災や戦禍に遭遇し、荒廃した時期もあった。とりわけ、室町時代中期の応仁《おうにん》の乱《らん》（一四六七〜七七）のときには伽藍《がらん》の大半を焼失した。しかし、その都度、復興し、戦国時代以降は豊臣《とよとみ》、徳川《とくがわ》両氏の保護を受けて伽藍も整い、現在に至っている。

正式名称は金光明四天王教王護国寺秘伝法院《こんこうみょうしてんのうきょうおうごこくじひでんぽういん》で、東寺は通称。真言宗東寺派総本山《しんごんしゅうとうじはそうほんざん》。

講堂は天長《てんちょう》二年（八二五）に空海《くうかい》が改修したが、その後一揆《いっき》や災害により破壊された。現在の講堂は延徳《えんとく》三年（一四九一）に、創建当初の基壇《きだん》の上に再建されたもので、基壇上の礎石などに往時の面影が残る。法隆寺金堂《ほうりゅうじこんどう》などと同じく純和様《じゅんわよう》の建築様式を忠実に再現しており、重文に指定されている。

講堂に安置された大日如来を中心とする五智如来《ごちにょらい》、五菩薩《ごぼさつ》、五大明王《ごだいみょうおう》は金剛界曼荼羅《こんごうかいまんだら》を彫像で立体的にあらわしたもの。立体曼荼羅と呼ばれる仏像群はわが国密教芸術《みっきょうげいじゅつ》の精華として高く評価されている。堂内に安置されている二一体のうち、一五体が国宝で平安時代初期の作品。中でも梵天《ぼんてん》と帝釈天《たいしゃくてん》は密教像《みっきょうぞう》の秀作として知られている。

講堂のほか、金堂《こんどう》、食堂が一直線に並ぶ。境内の南東に京都のシンボル的な存在になっている五重塔がそびえ、金堂などを挟んで、その西北側には、かつて弘法大師が生活したという太子堂《たいしどう》などが建っている。そして、それぞれの堂内にはわが国を代表する、優れた仏像が安置されている。

・所在地——京都市《きょうとし》南区《みなみく》九条町《くじょうちょう》一番地
・アクセス——JR「京都駅」八条口《はちじょうぐち》から西へ徒歩一五分、近鉄《きんてつ》「近鉄東寺駅《とうじえき》」より徒歩五分

④神護寺

天応《てんのう》元年（七八一）、和気清麻呂《わけのきよまろ》は慶俊《きょうしゅん》という僧侶《そうりょ》とともに愛宕五坊《あたごごぼう》を開いた。その一つとして建立されたのが高雄山寺《たかおさんじ》だった。その後、天長《てんちょう》元年（八二四）に、和気清麻呂《わけのきよまろ》が河内国《かわちのくに》（大阪府）に開いた神願寺《しんがんじ》と合併し、神護国祚真言寺《じんごこくさしんごんじ》と称した。これが神護寺《じんごじ》の起源である。

そして、唐《とう》から帰朝して間もない空海《くうかい》が、この寺で最澄《さいちょう》や和気真綱《わけのまつな》らに伝来したての密《みっ》教《きょう》の秘法を伝授したと伝えられている。以降、平安時代を通じて真言密教《しんごんみっきょう》の中心的存在として栄えたが、平安末期には一時衰退して寺も荒廃した。

しかし、鎌倉時代のはじめに文覚上人《もんがくしょうにん》が後《ご》白河《しらかわ》法皇や源 頼朝《みなもとのよりとも》の寄進を受けて復興して寺運を盛り返した。

室町時代の半ばには応仁《おうにん》の乱《らん》で戦禍を浴びて再び荒廃したが、江戸時代になってようやく再興されて今日に至っている。したがって伽藍《がらん》の大半は江戸時代以降の再建だが、五大《ごだい》虚空蔵菩薩《こくうぞうぼさつ》をはじめ、多くの仏像は平安時代のものである。

・所　在　地――京都市《きょうとし》右京区《うきょうく》梅ヶ《うめが》畑高雄町《はたたかおちょう》五番地

・アクセス――JR「京都駅《きょうとえき》」、地下鉄烏丸線《からすません》「京都駅」からJRバス高雄《たかお》・京北線《けいほくせん》で約五〇分、「山城高雄《やましろたかお》」下車、徒歩約二〇分

⑤醍醐寺

貞観《じょうがん》一六年（八七四）、空海《くうかい》の孫弟子にあたる理《り》源大師聖宝《げんだいししょうぼう》が醍醐《だいご》山《さん》上に小庵《しょうあん》を結んで、准胝観音《じゅんていかんのん》と如意輪観音《にょいりんかんのん》をまつったのが起源とされている。現在の上醍醐《かみのだいご》が発祥の地で、間もなく薬師堂《やくしどう》や五大堂《ごだいどう》などの建物が建てられて伽藍《がらん》の整備が進んだ。

延喜《えんぎ》七年（九〇七）には醍醐《だいご》天皇の行幸があり、その際、天皇は山下《さんげ》（現在の下醍醐《しもだいご》）に

釈迦堂《しゃかどう》を寄進した。醍醐天皇は醍醐山をこよなく愛していたことから自らの諡号《しごう》に醍醐の名をつけたといわれている。以降、朱雀《すざく》、村上《むらかみ》と三帝にわたって深く帰依《きえ》された。

その後も歴代天皇の帰依を受けて法華三昧堂《ほっけざんまいどう》や五重塔《ごじゅうのとう》など数々の堂塔が整備され、全山を覆う大伽藍《だいがらん》が出現した。そして、室町時代には足利尊氏《あしかがたかうじ》が帰依して寺領六万石を寄進して隆盛期を迎えた。

文明《ぶんめい》二年（一四七〇）には応仁《おうにん》の乱《らん》の兵火により、堂塔の多くを失ったが、戦国時代になって豊臣秀吉《とよとみひでよし》の保護を受けて復興し、再び隆盛に向かった。慶長《けいちょう》三年（一五九八）に秀吉が諸侯を招いて盛大な花見の宴を催したことは、「醍醐《だいご》の花見《はなみ》」として後世に語り継がれている。

秀吉の没後は徳川家康《とくがわいえやす》が帰依し、その後は徳川氏歴代の帰依を受けて栄えた。現在も五重塔や薬師堂《やくしどう》など数々の堂塔が建ち並び、真言宗醍醐寺派《しんごんしゅうだいごじは》の総本山として偉容を保っている。

醍醐寺《だいごじ》には今もいくつかの坊《ぼう》があるが、中でも三宝院《さんぽういん》は醍醐寺の座主《ざす》の坊として建てられたもので最も格式が高い。永久《えいきゅう》三年（一一一五）に創建され、応仁の乱で荒廃したが、秀吉が再建して庭園などを整備し、「醍醐の花見」の舞台となったことで有名。鎌倉時代以降は醍醐派《だいごは》修験道《しゅげんどう》の根本道場《こんぽんどうじょう》となり、現在でも山伏修験《やまぶししゅげん》の当山派《とうざんは》の総本山になっている。三宝院唐門《さんぼういんからもん》（国宝）、表書院《おもてしょいん》（国宝）、玄関《げんかん》（重文）などの貴重な建物が立ち並び、秀吉が自ら設計したと伝えられる庭園は、国の特別名勝に指定されている。
・所在地——京都市《きょうとし》伏見区《ふしみく》醍醐《だいご》東大路町《とうだいじちょう》
・アクセス——市営地下鉄東西線《とうざいせん》「醍醐駅」下車、徒歩二〇分

⑥室生寺

室生川《むろうがわ》の周辺は古くから山岳信仰《さんがくしんこう》が行なわれていた場所で、役行者《えんのぎょうじや》の開山と伝えられる。

宝亀《ほうき》八年（七七七）に山部親王《やまのべ》（後の桓武《かんむ》天皇）の病気平癒のために、室生川沿いにある龍《りゅう》神穴《じんけつ》で五人の僧侶《そうりょ》が延寿祈禱《えんじゅきとう》を行なったことに始まる。その後、親王の病気が平癒したので、勅命によって興福寺《こうふくじ》の僧、賢璟《けんきょう》が天応《てんのう》元年（七八一）に一宇を建てて室生山寺《むろうさんじ》を創建した。

延暦《えんりやく》一二年（七九三）に賢璟が没すると、弟子の修円《しゅえん》が入山して伽藍《がらん》の整備を引き継いだ。修円は興福寺の僧侶だったが、最澄《さいちょう》や空海《くうかい》とも親交があり、最澄から密教《みっきょう》の伝法灌頂《でんぽうかんじょう》を受けていた。このことから、室生寺は天台密教《てんだいみっきょう》の影響を受けるようになり、承和《じょうわ》元年（八三四）に延暦寺《えんりやくじ》を追われた天台宗《てんだいしゅう》の円修《えんしゅう》と堅慧《けんね》が入寺すると、室生寺と天台密教との結び付きはますます深くなった。

その後も、長く興福寺の支配下に置かれたが、平安時代の後半ごろから密教化《みっきょうか》が進み、本寺の興福寺との間に確執が生まれた。江戸時代の元禄《げんろく》七年（一六九四）には、将軍家の

護持僧《ごじそう》の新義真言宗《しんぎしんごんしゅう》の隆光《りゅうこう》という僧侶が入寺して興福寺から完全に分離し、法相宗《ほっそうしゅう》から真《しん》言宗《ごんしゅう》に改宗した。第五代将軍綱吉《つなよし》の母、桂昌院《けいしょういん》によって再興され再び真言密教《しんごんみっきょう》の道場になった。

真言密教の根拠地である高野山《こうやさん》が女人禁制だったのに対して、室生寺は江戸時代には女性の参詣を認めた。このことから、女人高野《にょにんこうや》の名で親しまれている。また、室生寺の仏像は室生寺派《むろうじは》と呼ばれ、一時代を画した。さざなみが寄せるような細かい衣のヒダの表現などに特徴がある。

〈空海の入山〉

平安時代の初期には弘法大師《こうぼうだいし》が入山し、唐《とう》から持ち帰ったという宝珠《ほうじゅ》を山中に埋めて真《しん》言密教《ごんみっきょう》の道場としたと伝えられている。しかし、これは史実としては認め難く、鎌倉時代ごろから盛んになった弘法大師伝説《こうぼうだいしでんせつ》に基づくものである。

〈建物〉

金堂《こんどう》（平安時代・国宝）、弥勒堂《みろくどう》（平安時代・国宝）、五重塔《ごじゅうのとう》（平安時代・国宝）、本堂《ほんどう》（鎌倉時代・国宝）などの建物が山腹に点在する。

〈金堂・弥勒堂〉

山門《さんもん》を潜《くぐ》り、鎧坂《よろいざか》という石段を上った上にある。単層、柿葺《こけらぶ》きの小型の建物で、平安初期の山岳寺院《さんがくじいん》の建築を知る上で貴重な遺構である。緩やかな傾斜地に建ち、南側は懸造《かけづくり》になっているが、この部分は江戸時代に増築されたものである。横長の堂内には釈迦如来立像《しゃかにょらいりつぞう》や十一面観音立像《じゅういちめんかんのんりつぞう》など国宝、重文級の仏像が並ぶほか、壁には板絵着色 伝帝釈 天曼荼羅《いたえちゃくしょくでんたいしゃくてんまんだら》（平安時代・国宝）が描かれている。

また、金堂《こんどう》の西側には弥勒堂《みろくどう》がある。これも単層柿葺きの瀟洒《しょうしゃ》な建物で、堂内に弥勒菩薩《みろくぼさつ》を安置することから弥勒堂と呼ばれている。

〈本堂〉

金堂《こんどう》と弥勒堂《みろくどう》のあいだの階段を登ったところにあるのが、灌頂堂《かんじょうどう》と呼ばれる本堂《ほんどう》である。密教《みっきょう》の奥義を授ける伝法灌頂《でんぽうかんじょう》を行なう建物で、堂内には弘法大師《こうぼうだいし》作と伝えられる如意輪観音《にょいりんかんのん》（平安時代・重文）を安置する。この如意輪観音が室生寺《むろうじ》一山《いっさん》の本尊《ほんぞん》である。五間四方の建物で、前方二間を外陣《げじん》、後方の三間を内陣《ないじん》とする。

〈五重塔〉

本堂《ほんどう》からさらに階段を登ったところにたつ。檜皮葺《ひわだぶ》き、朱塗りの小型の塔で、平安時代初期の建築。平成一〇年（一九九八）の台風で近くの倒木によって屋根などが破壊されたが、その後見事に修復された。相輪《そうりん》の上に水煙《すいえん》ではなく、水瓶を飾るのは室生寺《むろうじ》独自のものである。

〈奥の院〉

五重塔《ごじゅうのとう》から長い階段を登ったところにあるのが奥の院である。ここは鎌倉時代のはじめに室生寺《むろうじ》が密教色《みつきょうしょく》を強めた時期に、弘法大師《こうぼうだいし》信仰《しんこう》と相俟《あいま》って創建されたと考えられている。中心に建つ御影堂《みえいどう》は屋根を二段に葺《ふ》いた特殊な作りで、堂内に弘法大師像《こうぼうだいしぞう》（秘仏）を安置する。また、この弘法大師像は、近世になってとくに伊賀国《いがのくに》（三重県西部）の人々の信仰を集めたことから「伊賀大師《いがだいし》」と呼ばれて親しまれている。

また、御影堂の横には「諸仏出現岩《しょぶつしゅつげんのいわ》」という高さ五メートルほどの岩塊があり、頂に七重塔がまつられている。室生山《むろうさん》はかつて火山で、そこから噴出した溶岩が凝結したのがこの岩塊である。

さらに、御影堂の前面には常燈堂《じょうとうどう》と呼ばれる舞台造《ぶたいづくり》（懸造《かけづくり》）がある。こちらは江戸時代ごろに建立された位牌堂《いはいどう》である。

〈龍穴神社〉

室生寺《むろうじ》からさらに室生川《むろうがわ》を一キロほど遡《さかのぼ》ったところにある。神社の背後には妙吉祥《みょうきっしょう》 龍穴《りゅうけつ》という岩窟《いわや》があり、奈良時代から平安時代にかけてはしばしば勅命によって雨乞《あまご》いの祈願が行なわれた。このような龍穴《りゅうけつ》に対する信仰は日本古来の龍神信仰《りゅうじんしんこう》（水神信仰《すいじんしんこう》）に基づくものだ。この龍穴に対する信仰が室生寺の基となったと考えられており、神仏習合時代には室生寺と龍穴神社《りゅうけつじんじゃ》は「室生山」と呼ばれ、一体となって信仰されていた。しかし、明治になると、神仏分離《しんぶつぶんり》政策《せいさく》によって両者は引き離され、龍穴は龍穴神社として独立した。

・所 在 地——奈良県宇陀市《うだし》室生《むろう》七八

・アクセス――近鉄室生口《きんてつむろうぐち》「大野駅《おおのえき》」から「室生寺前」行きバス終点下車徒歩五分

⑦仁和寺

仁和《にんな》二年（八八六）、光孝《こうこう》天皇の勅願で着工されたが、翌年、光孝天皇が崩御したことから、宇多《うだ》天皇が建設を受け継ぎ、仁和四年（八八八）に完成した。寛平《かんぴょう》九年（八九七）に退位した宇多天皇は、昌泰《しょうたい》二年（八九九）に仁和寺《にんなじ》で出家して本朝初の法皇となった。その後、延喜《えんぎ》四年（九〇四）には宇多法皇が仁和寺内に御室《おむろ》を造営して、ここに移った。以降、仁和寺は御室御所《おむろごしょ》と呼ばれるようになり、ここに門跡《もんぜき》の制がスタートすることになった。その後は代々法親王《ほっしんのう》が入寺して住職を務めた。

その後、室町時代には応仁《おうにん》の乱《らん》で伽藍《がらん》の大半を焼失したが、後に再建された。戦国時代には豊臣秀吉《とよとみひでよし》が八百六十石の朱印地を与え、さらに江戸時代になって徳川秀忠《とくがわひでただ》が千五百石の朱印地を与え、三代将軍家光《いえみつ》の時代に京都御所《きょうとごしょ》から紫宸殿《ししんでん》などを移築して伽藍を整えた。現在は真言宗御室派《しんごんしゅうおむろは》の総本山。山号は大内山《おおうちさん》である。

〈阿弥陀三尊像〉

中尊《ちゅうぞん》の阿弥陀《あみだ》如来坐像《にょらいざぞう》はヒノキの一木造《いちぼくづく》りに漆箔《うるしはく》。真一文字に刻まれた切れ長の鋭い目、肉付き良いたくましい像容、深く太く刻まれた衣文《えもん》などの特徴がある。貞観《じょうがん》一二年（八七〇）ごろの制作と見られ、この時代にあらわれはじめた和様の彫刻の特徴があらわれている。また、弥陀《みだ》の定印《じょういん》を組んだ現存最古の作例でもある。

脇侍《きょうじ》の観音菩薩立像《かんのんぼさつりゅうぞう》と勢至菩薩立像《せいしぼさつりゅうぞう》は中尊と同時に造立されたものである。中尊とともに肉付きが良く、首が太いのが特徴。このような特徴は密教仏《みっきょうぶつ》に見られる。

〈薬師如来坐像（平安時代後期、国宝）〉

歴代法親王《ほっしんのう》の念持仏《ねんじぶつ》として伝えられてきたもので、像高は一〇・七センチと小さいが、極めて精緻《せいち》な彫刻。宣字座《せんじざ》の四面には十二神将が浮き彫りにされ、光背《こうはい》（頭光《ずこう》）には七体の化仏《けぶつ》（七仏薬師《しちぶつやくし》）がバランス良く浮き彫りにされている。素木造《しらきづく》りだが、衣をはじめとして各所に截金《きりかね》が施されている。

〈門跡寺院〉

もともと門跡《もんぜき》は「一門の法跡《ほうせき》」の略で、祖師の教えを継承するもの（一門）を統率するという意味。このことから、また一門をとりまとめる主僧を指した。そして、後に宇多天《うだ》皇（八六七～九三一）が出家して京都の仁和寺《にんなじ》に住み、ここを御門跡《ごもんぜき》と称して以来、皇子や貴族が住する寺を門跡と呼ぶようになり、室町時代には寺格をあらわす言葉となった。また、門跡寺院《もんぜきじいん》の住職を門跡（御門跡）、門主《もんしゅ》などと呼ぶ。

親王《しんのう》（天皇の子弟）が住む寺院を宮門跡《みやもんぜき》、摂関家《せっかんけ》の子弟が住む寺院を摂家門跡《せっけもんぜき》、摂関家に次ぐ位の清華家《せいがけ》の出身者が住まう寺院を清華門跡《せいがもんぜき》といい、さらには門跡に準ずる寺院を准門跡《じゅんもんぜき》、脇門跡《わきもんぜき》などと呼んだ。明治の初めに門跡の称号は廃止されたが、その後も私称としては使われている。

天台宗《てんだいしゅう》では三十三間堂《さんじゅうさんげんどう》を管理する妙法院《みょうほういん》（京都）、三千院《さんぜんいん》（京都）、輪王寺《りんのうじ》（日光《にっこう》・上野《うえの》）、真言宗《しんごんしゅう》では門跡のルーツである仁和寺（京都）、大覚寺《だいかくじ》（京都）、秀吉《ひでよし》の「醍醐《だいご》の花見《はなみ》」で有名な醍醐寺《だいごじ》三宝院《さんぽういん》（京都）などがよく知られている。また、浄土宗《じょうどしゅう》の知恩院《ちおんいん》や浄土真宗《じょうどしんしゅう》の東西本願寺《ほんがんじ》も門跡寺院としての格式を今に伝えている。

・所　在　地――京都府京都市《きょうとし》右京区《うきょうく》御室大内《おむろおおうち》三三

・アクセス――北野線《きたのせん》「御室仁和寺駅《おむろにんなじえき》」下車、徒歩約二分

⑧大覚寺《だいかくじ》

大覚寺のある場所は嵯峨《さが》天皇の離宮があったところで、嵯峨院《さがいん》と呼ばれていた。貞観《じょうがん》一八年（八七六）に皇女（後に淳和《じゅんな》天皇の皇后）が寺院に改めた。開山は恒寂法親王《ごうじゃくほう》（淳和天皇の皇子）。歴朝に尊崇され、後宇多《ごうだ》天皇も入寺して伽藍《がらん》を造営し、中興開山、大覚寺法皇《だいがくじほうおう》と呼ばれて重きを置かれた。

鎌倉時代の末に後嵯峨《ごさが》天皇が後の亀山《かめやま》天皇に皇位を継承するように遺言して崩御した。そのため、同じ後嵯峨天皇の皇子の後深草《ごふかくさ》天皇と亀山天皇との間に対立が生じ、亀山天皇は大覚寺を拠点に大覚寺統《だいがくじとう》（南朝）を名乗り、後深草天皇は持明院《じみょういん》を拠点に持明院統《じみょういんとう》（北朝）を名乗って激しく対立した。

その後、鎌倉幕府を滅ぼして建武《けんむ》の新政《しんせい》を敷いた後醍醐《ごだいご》天皇が南朝を名乗り、皇統は大覚寺統に統一されたかに見えた。しかし、後醍醐天皇が足利尊氏《あしかがたかうじ》に追われて吉野《よしの》に逃れて、ここを北朝の拠点にすると、足利尊氏が推す持明院統（北朝）と対立するようになる。これが南北朝の騒乱で、約六〇年間にわたって続くことになる。後に足利義満《あしかがよしみつ》の斡旋《あっせん》により、ようやく終止符が打たれ北朝が皇統を継ぐことになった。この南北朝の和議は大覚寺で行なわれ、その後も足利《あしかが》氏の厚い保護を受けた。

・所 在 地――京都府京都市《きょうとし》右京区《うきょうく》嵯峨《さが》大沢町《おおさわちょう》四
・アクセス――JR「嵯峨嵐山駅《さがあらしやまえき》」から徒歩約一七分

⑨円成寺《えんじょうじ》

縁起《えんぎ》によれば、天平勝宝《てんぴょうしょうほう》八年（七五六）、聖武《しょうむ》・孝謙《こうけん》両天皇の勅願により、鑑真和上《がんじんわじょう》の弟子の虚瀧《ころう》という僧によって開創されたという。その後、一時は衰退したが、万寿《まんじゅ》三年（一〇二六）に命禅《みょうぜん》という僧が再興して十一面観音《じゅういちめんかんのん》をまつったという。

ただし、この縁起に見える虚瀧という僧侶《そうりょ》の名は鑑真とともに来朝した僧侶の記録にはなく、また、境内などからの出土品や遺品の中にも奈良時代以前に遡《さかのぼ》るものは見当たらない。

このことから、縁起は後世の仮託と考えられ、平安時代中ごろの中興の祖とされる命禅が事実上の開基と考えられる。当寺が東大寺《とうだいじ》に近いこともあって、聖武天皇や鑑真和上との関連性を縁起に盛り込んだのかもしれない。

平安時代末の保元《ほうげん》元年（一一五六）、東大寺や仁和寺《にんなじ》の別当《べっとう》を歴任した寛遍《かんべん》という僧が入寺《にゅうじ》し、東密《とうみつ》（真言密教《しんごんみっきょう》）忍辱山流《にんにくせんりゅう》の拠点として大いに栄えた。この頃に本尊《ほんぞん》が当初の十一面観音から阿弥陀如来《あみだにょらい》に代わったと考えられている。また、運慶《うんけい》作の大日如来像《だいにちにょらいぞう》は密教《みっきょう》寺院《じいん》として隆盛を迎えたこのころに造られた。

室町時代には応仁《おうにん》の乱《らん》（一四六七～七七）の兵火により、伽藍《がらん》の大半を焼失したが、その後、再建されて江戸時代には二三ヵ院の子院を擁する盛況ぶりだった。しかし、明治の神仏分離《しんぶつぶんり》に伴う廃仏毀釈《はいぶつきしゃく》によって衰退し、今日に至っている。今は真言宗御室派《しんごんしゅうおむろは》に属している。

多《た》宝塔《ほうとう》内に安置されている木造大日如来坐《もくぞうだいにちにょらいざ》像《ぞう》（平安時代、国宝）は台座内部の銘により、安元《あんげん》二年（一一七六）、仏師《ぶっし》運慶《うんけい》の作であることがわかる。運慶は東大寺や興福寺《こうふくじ》などの復興造仏に尽力し、鎌倉時代を代表する大仏師として知られるが、この作品は作者の二〇歳代後半頃、運慶の現存する作品の中で最初期のもので、時代的には平安時代末期に入る。像高は約九九センチの寄木造《よせぎづくり》、漆箔《うるしはく》仕上げ。光背《こうはい》、台座も大部分が造立当初のもの。作風は平安時代風を残しつつ、均整が取れ、引き締まった体軀表現《たいくひょうげん》、張りのある表情などに運慶の特色が表われている。もとは本堂《ほんどう》内に安置されていたが、現在は多宝塔に移されている。大日如来像《だいにちにょらいぞう》の作例は多く、重文も少なくない。しかし、国宝の大日如来像は本像一体だけである。

・所在地――奈良市忍辱山町《ならしにんにくせんちょう》一二七三

・アクセス――JR「奈良駅」または「近鉄《きんてつ》奈良駅」から柳生《やぎゅう》、邑地中村《おうじなかむら》、石打《いしうち》行きバス「忍辱山」下車すぐ

⑩石山寺

石山寺《いしやまでら》の本堂《ほんどう》は石山寺珪灰石《けいかいせき》という国の天然記念物の巨大な岩盤の上に建ち、これが寺名の由来ともなっている。『石山寺縁起《いしやまでらえんぎ》』によれば聖武《しょうむ》天皇の発願《ほつがん》により、天平《てんぴょう》一九年(七四七)に東大寺《とうだいじ》開山《かいざん》の良弁僧正《ろうべんそうじょう》が聖徳太子《しょうとくたいし》の念持仏《ねんじぶつ》と伝えられる如意輪観音《にょいりんかんのん》をまつったのが起源とされている。

聖武天皇は東大寺《とうだいじ》大仏《だいぶつ》の造立にあたり、像の表面に鍍金《ときん》(金メッキ)を施すために大量の黄金を必要としていた。そこで良弁に命じて、黄金が得られるよう、吉野《よしの》の金峯山《きんぷせん》で祈願をさせた。金峯山はその名の通り、「金の山」と信じられていたようである。すると、良弁の夢に吉野の蔵王権現《ざおうごんげん》が現われて「金峯山の黄金は、(五十六億七千万年後に)弥勒菩薩《みろくぼさつ》がこの世に現われた時に大地を黄金で覆うために用いるものである。だから大仏鍍金《だいぶつときん》のために使うことはできない。近江国《おうみのくに》(滋賀県)滋賀郡の湖水の南に観音菩薩《かんのんぼさつ》の現われたま

う土地がある。そこへ行って祈るがよい」と告げたという。

夢のお告げにしたがって石山《いしやま》の地を訪れた良弁は、比良明神《ひらみょうじん》の化身《けしん》である老人に導かれ、巨大な岩の上に聖徳太子念持仏の六寸の金銅如意輪観音像《にょいりんかんのんぞう》を安置し、草庵《そうあん》を建てた。この地からは黄金は出なかったが、二年後に陸奥国《むつのくに》から黄金が産出され、元号を天平勝宝《てんぴょうしょうほう》と改めた。

こうして良弁の修法《しゅほう》が霊験あらたかなことが立証できたが、その後、如意輪観音像は岩山から離れなくなってしまった。やむなく、如意輪観音像を覆うように堂を建てたのが石山寺の起源だという。

その後、天平宝字《てんぴょうほうじ》五年（七六一年）から造石山寺所《ぞういしやまてらしょ》という役所のもとで堂宇《どうう》の拡張、伽藍《がらん》の整備が行なわれた。

正倉院文書《しょうそういんもんじょ》によれば、造東大寺司《ぞうとうだいじし》（東大寺造営のための役所）からも仏師《ぶっし》などの職員が派遣されたことが知られ、石山寺の造営は国家的事業として進められた。これには、淳仁天皇《じゅんにんてんのう》と孝謙上皇《こうけんじょうこう》が造営した保良宮《ほらのみや》が石山寺の近くにあったことも関係していると言われている。本尊《ほんぞん》の塑造如意輪観音像《そぞうにょいりんかんのんぞう》と脇侍の蔵王権現像《ざおうごんげんぞう》、執金剛神像《しゅこんごうしんぞう》は、天平宝字五年（七六一）から翌年にかけて制作され、本尊の胎内《たいない》に聖徳太子念持仏の六寸如意輪観音像《ろくすんにょいりんかんのんぞう》を納めたという。

以降、平安時代前期にかけての寺史はあまりはっきりしていないが、寺伝によれば、聖《しょう》宝《ぼう》や観賢《かんげん》などの高僧が座主《ざす》として入寺《にゅうじ》している。聖宝と観賢はいずれも醍醐寺《だいごじ》の僧である。石山寺と醍醐寺は地理的にも近く、この頃から石山寺の密教化《みっきょうか》が進んだものと思われる。また、石山寺の中興の祖と言われるのが、菅原道真《すがわらのみちざね》の孫の第三世座主・淳祐内供《じゅんゆうないぐ》（八九〇〜九五三）である。内供《ないぐ》とは内供奉十禅師《ないぐぶじゅうぜんじ》の略称で、天皇の傍にいて、常に玉体を加持《かじ》する僧の称号で、高僧でありながら、淳祐は実際には内供奉十禅師の職を固辞していたが、内供と呼ばれ、「石山内供」「普賢院内供」とも呼ばれている。

淳祐は体が不自由で、正式の坐法《ざほう》で坐《すわ》ることができなかったことから、公職に就くことを固辞したのだという。そこで、学業に精励し、膨大な著述を残している。彼の自筆本は今も石山寺に多数残っており、「匂いの聖教」と呼ばれ、一括して国宝に指定されている。このころ、石山詣《いしやまもうで》が宮廷の官女の間で盛んとなり、『蜻蛉日記《かげろうにっき》』や『更級日記《さらしなにっき》』にも描写されている。

現在の本堂《ほんどう》は永長《えいちょう》元年（一〇九六）の再建。東大門《ひがしだいもん》、多宝塔《たほうとう》は鎌倉時代初期、源頼朝《みなもとのよりとも》の寄進により建てられたものとされ、この頃には現在見るような寺観が整ったと思われる。石山寺は兵火に遭わなかったため、建造物、仏像、経典、文書などの貴重な文化財を多数伝存している。

〈文学作品と石山寺〉

石山寺《いしやまでら》は、多くの文学作品に登場することで知られている。『枕草子《まくらのそうし》』二〇八段には

「寺は壺坂《つぼさか》。笠置《かさぎ》。法輪《ほうりん》。霊山《りょうぜん》は、釈迦仏の御すみかなるがあはれなるなり。石山。粉河《こがわ》。志賀」とあり、藤原道綱母《ふじわらのみちつなのはは》の『蜻蛉日記』では天禄《てんろく》元年（九七〇）七月の記事に登場する。『更級日記』の筆者・菅原孝標女《すがわらのたかすえのむすめ》も長保《ちょうほ》三年（一〇〇二）、石山寺に参籠《さんろう》している。

そして、紫式部《むらさきしきぶ》が『源氏物語《げんじものがたり》』の着想を得たのも石山寺とされている。伝承では、寛弘《かんこう》元年（一〇〇四）、紫式部が当寺に参籠《さんろう》した際、八月十五夜の名月の晩に、「須磨《すま》」「明石《あかし》」の巻の発想を得たとされ、石山寺本堂《いしやまでらほんどう》には「紫式部《むらさきしきぶ》の間《ま》」が造られている。

また、『和泉式部日記《いずみしきぶにっき》』（一五段）では、「つれづれもなぐさめむとて、石山に詣でて」とあり、和泉式部が敦道《あつみち》親王との関係が上手《うま》くいかず、むなしい気持を慰めるために寺に籠《こも》った様子が描かれている

・所　在　地――滋賀県大津市《おおつし》石山寺《いしやまでら》一―一―一

・アクセス――京阪電車石山坂本線《けいはんでんしゃいしやまさかもとせん》「石山寺駅《いしやまでらえき》」下車、徒歩一〇分

◇新義真言宗の寺

①根来寺

興教大師覚鑁《こうぎょうだいしかくばん》は大治《だいじ》五年（一一三〇）に高野山《こうやさん》に大伝法院《だいでんぽういん》（密教《みっきょう》の秘法を授ける施設）を建てて鳥羽《とば》上皇の御願寺《ごがんじ》とした。しかし、先にも述べたように、高野山の多くの衆徒《しゅうと》の反

発を買ったため、高野山を離れて紀州《きしゅう》の根来神宮寺《ねごろじんぐうじ》に身を寄せ、ここに一乗山円明寺《いちじょうざんえんみょうじ》を建立した。覚鑁は根来寺《ねごろじ》を拠点に高野山の大伝法院の経営を行なっていたが、覚鑁の没後も対立は深まる一方だった。そこで、鎌倉時代になって覚鑁の法灯《ほうとう》を継いでいた頼瑜《らいゆ》という僧侶《そうりょ》が大伝法院を根来寺に移し、高野山から完全に独立した。以降、根来寺を拠点とする覚鑁の系統を新義真言宗《しんぎしんごんしゅう》、高野山の真言宗《しんごんしゅう》を古義《こぎ》と呼ぶようになった。

その後、根来寺は新義真言宗の中心として栄え、最盛期には二七〇〇余りの僧坊《そうぼう》を擁し、寺領十万石を誇ったという。また、真言教学《しんごんきょうがく》の中心として多くの学僧を輩出する一方で、根来衆《ねごろしゅう》と称する僧兵の武装集団を組織し、政治的にも大きな発言力を持った。室町時代の末には伝来した鉄砲をいち早く装備に取り入れ、戦国時代を通じて強固な軍事組織としてその名を知られていた。

しかし、そのことがかえって織田信長《おだのぶなが》や豊臣秀吉《とよとみひでよし》の武力介入を招くことになり、天正《てんしょう》一三年（一五八五）、秀吉の十万の軍勢に焼き討ちされ、多宝塔《たほうとう》と大師堂《だいしどう》のみを残して灰燼《かいじん》に帰した。

このとき、難を逃れて京都に逃れた玄宥《げんゆう》は智積院《ちしゃくいん》を拠点として智山派《ちさんは》の祖となり、奈良に難を逃れた専誉《せんよ》は長谷寺《はせでら》を拠点として豊山派《ぶざんは》の祖となった。

秀吉の焼き討ち以降、根来寺はしばらく再興されなかったが、寛政《かんせい》九年（一七九七）に紀州藩《きしゅうはん》の援助で本坊《ほんぼう》が再建され、豊山派の法主《ほうしゅ》が再興第一世として入寺することになった。

以降、明治まで智山派と豊山派から交替で座主《ざす》を出すことになったが、第二次大戦後は両派から分離して新義真言宗総本山《しんぎしんごんしゅうそうほんざん》となった。

根本大塔《こんぽんだいとう》（多宝塔）は秀吉の焼き討ちの時に焼け残ったもので、永正《えいしょう》一二年（一五一五）の建立。高野山の前の根本大塔を模したもので、「根来《ねごろ》の大塔《だいとう》」とも呼ばれて国宝に指定されている。弘法大師《こうぼうだいし》が建立したという高野山の多宝塔の様式を踏襲したと言われる貴重な建築物である。

また、不動堂《ふどうどう》に安置されている不動明王像《ふどうみょうおうぞう》は「錐鑽不動《きりもみふどう》」と呼ばれている。かつて、覚鑁が高野山で陰謀を企《たくら》んでいると誤解した反対派の僧侶たちが覚鑁の坊《ぼう》を急襲した。彼らが押し入ると、坊の中には二体の不動明王像があった。彼らは、一体が覚鑁が法力《ほうりき》で不動明王像に化身《けしん》したものに違いないと考え、化身と思《おぼ》しき不動明王像の膝《ひざ》に矢を突き刺した。すると、その傷口から真っ赤な血が流れ出したが、その不動明王が本物の仏像で、急襲した者たちが混乱している隙に不動明王像に化身していた覚鑁は首尾よく脱出することができたというのである。

大師堂《だいしどう》は大塔《だいとう》とともに秀吉の焼き討ちを免れた建物で、本尊《ほんぞん》の造立銘から明徳《めいとく》二年（一三九一）頃の建立と推定されている。木造大日如来坐像《もくぞうだいにちにょらいざぞう》・金剛薩埵坐像《こんごうさったざぞう》・尊勝仏頂坐像《そんしょうぶっちょうざぞう》。大伝法堂《だいでんぽうどう》に三尊として、中央に大日如来《だいにちにょらい》、向かって右に金剛薩埵《こんごうさった》、左に尊勝仏頂を安置する。これらの三尊像は秀吉の焼き討ちを免れたもので、像内の墨書から嘉慶《かきょう》元年（一三八七）から応永《おうえい》一二年（一四〇五）にかけての制作と判明する。三体とも像高約三・三〜三・五メートルの巨像で、仏像彫刻衰退期の室町時代における佳作と評価されている。大日如来、金剛薩埵、尊勝仏頂の三尊の組み合わせは珍しく、中でも尊勝仏頂は彫像としては稀有《けう》の遺品である。この三尊の組み合わせは、覚鑁が高野山に建立した大伝法院にすでにあったことが知られ、彼独自の教義解釈による組み合わせと思われる。

〈尊勝仏頂（仏頂尊）〉

尊勝仏頂尊《そんしようぶつちようそん》は仏の頭頂の肉髻《にっけい》に潜む力を神格化したもので、胎蔵界曼荼羅釈迦院《たいぞうかいまんだらしやかいん》では装身具を身に着けた菩薩形《ぼさつぎよう》で、右手は中指と薬指を曲げて胸に当てる。左手は蓮華《れんげ》を持ち、その華の上に独杵鉤《とっこく》が載っている。一方尊勝仏頂曼荼羅では、菩薩形で両手を定印《じよういん》に組み、その上に独杵鉤の載った蓮華を持つ。

尊勝仏頂に捧《ささ》げられた陀羅尼《だらに》として「仏頂尊勝陀羅尼《ぶつちようそんしようだらに》」が知られる。これは、となえる事によって滅罪《めつざい》、生善《しょうぜん》、息災延命《そくさいえんめい》などの利益《りやく》が得られるとして日本でも古くから知られ、多くの霊験談が残されている。特に百鬼夜行に巻き込まれた場合、この陀羅尼をとなえたり書き記した護符《ごふ》を身につけることによって難を逃れるという。

・所 在 地——和歌山県岩出市根来《いわでしねごろ》二二八六
・アクセス——ＪＲ阪和線《はんわせん》「和泉砂川駅《いずみすながわえき》」または「紀伊駅《きいえき》」下車

②葛井寺

寺伝では、天平神亀《じんき》二年（七二五）に聖武《しょうむ》天皇の勅願により、行基菩薩《ぎょうきぼさつ》が開いたと伝えられている。しかし、実際には早くからこの地方を治めていた百済《くだら》系帰化人の葛井《ふじい》氏が氏寺として創建したものと考えられており、近くには葛井氏の氏神とされる辛国神社《からくにじんじゃ》が鎮座している。奈良時代後半より荒廃していたが、平安時代中期の永長《えいちょう》元年（一〇九六）に葛井氏の末裔《まつえい》の藤井安基《ふじいやすもと》が再興した。西国三十三観音《さいごくさんじゅうさんかんのん》の第五番札所。現在は真言宗御室派《しんごんしゅうおむろは》に属する。

本堂《ほんどう》に安置されている千手観音座像《せんじゅかんのんざぞう》は天平時代の乾漆像《かんしつぞう》で、日本の千手観音像《せんじゅかんのんぞう》としては現存最古の作品。大阪府下唯一の天平仏《てんぴょうぶつ》でもある。一〇四〇本の手が扇形に開いており、化仏《けぶつ》や千本の手もほとんどが造立当初のものと考えられており、髪や瓔珞《ようらく》なども造立当初のものである。面相や均整のとれた像容は、天平時代盛期の特徴をよくあらわしている。

・所在地――大阪府藤井寺市《ふじいでらし》藤井寺《ふじいでら》一―一六―二一
・アクセス――近鉄南大阪線《きんてつみなみおおさかせん》「藤井寺駅」より徒歩五分

③長谷寺

天武《てんむ》天皇の勅願により、朱鳥《しゅうよう》元年（六八六）に道明上人《どうみょうしょうにん》が三重塔《さんじゅうのとう》を建立し、金銅板《こんどうばん》の法《ほ》華経説相図《けきょうせっそうず》（釈迦《しゃか》千躰仏）をまつったのが起源だと伝えられている。ただし、創建の経緯については諸説ある。開創の地は現在の本堂《ほんどう》の西側、五重塔《ごじゅうのとう》の立っているあたりといわれている。

奈良時代の神亀《じんき》四年（七二七）には、徳道上人《とくどうしょうにん》が聖武天皇の勅命によって現在地に伽藍《がらん》を建立し、本尊《ほんぞん》の十一面観音《じゅういちめんかんのん》をまつった。これが現在の長谷寺《はせでら》の起源で、道明上人が建立したものを「本長谷寺《もとはせでら》」、徳道上人が建立したものを「後長谷寺《ごはせでら》」と区別して呼ぶこともある。

平安時代以降、観音信仰《かんのんしんこう》が盛んになると貴賤《きせん》を問わず多くの人が信仰するようになり、石山寺《いしやまでら》、清水寺《きよみずでら》とともに観音信仰のメッカとなった。とりわけ、女性のあいだに信仰が広まった。また、藤原俊成《ふじわらのとしなり》、藤原定家《ふじわらのていか》、紀貫之《きのつらゆき》など、多くの文人が訪れたことでも良く知られている。

中世（室町時代）にはやや衰退した時期もあったが、戦国時代、豊臣秀吉《とよとみひでよし》によって根来《ねごろ》寺《じ》の大伝法院《だいでんぽういん》が焼かれると、ここを守っていた専誉《せんよ》が当寺に難を逃れて復興した。その後、徳川《とくがわ》氏の保護を受け、新義真言宗《しんぎしんごんしゅう》の中心的寺院として栄えた。西国三十三観音《さいごくさんじゅうさんかんのん》の第八番札所として信仰を集める。現在は真言宗豊山派《しんごんしゅうぶざんは》の総本山となっている。

本尊の十一面観音立像《じゅういちめんかんのんりゅうぞう》は像高一〇一八センチの巨像で、右手に錫杖《しゃくじょう》を持つ独特な姿は「長谷観音《はせかんのん》」の名で知られている。数度の火災に遭い、その都度、改修されたり新たに造られたりした。現在の像は天文《てんぶん》七年（一五三八）に造られたものであるが、創建当初の像容を忠実に再現したものと考えられている。徳道が掘り出したという方形の岩座に安置されているが、これは、神道《しんとう》の磐座信仰《いわくらしんこう》と結び付いたものとも考えられている。

また、法華説相図は白鳳《はくほう》時代の作で、国宝に指定されている。開基の徳道上人《しょうにん》が三重塔にまつったと伝えられているもので、タテ約八三センチ、ヨコ約七五センチの銅板に『法《ほ》華経《けきょう》』「見宝塔品《けんほうとうぼん》」の諸説を図像化したものである。「千仏多宝塔板《せんぶつたほうとうばん》」とも呼ばれている。

〈長谷寺観音造立伝説と長谷観音信仰〉

長谷寺《はせでら》の観音《かんのん》には次のような造立にまつわる伝説がある。

そのむかし、近江国《おうみのくに》（滋賀県）で大洪水があったとき、湖西の高島郡《たかしまぐん》から楠《くすのき》の大木が流れ出し、三尾ケ崎《みおがさき》というところに漂着した。この木には落雷に遭った痕《あと》があり、そのような木は祟《たた》りがあるとして恐れられていた。

地元の人はみな恐れて近寄らなかったが、あるとき、大和《やまと》から来た人がこの木を見て仏像造りに最適と考えた。そして、試みに曳いてみると巨木であるにも拘《かか》わらず、以外と軽々と曳くことができた。彼は、他の旅人の助けも借りてこの木を大和の当麻《たいま》の里まで運んで行った。しかし、余りにも大きいので、仏像にするにも手のつけようがなく、放置されたまま、七、八〇年が過ぎた。すると、この地方に種々の災いがあった。人々はこれをこの木の祟りだと考え、初瀬川《はせがわ》の中ほどまで曳いて行って捨てた。

それから、二〇年ほどしてこの地を訪れた徳道上人が、この話を聞いてこの木を引き揚げた。そして、「霊木自《おの》ずから仏に成り給《たま》え」と一心に祈願したという。この話が聖武《しょうむ》天皇の耳に入り、徳道の一途《いちず》な信仰心に打たれた天皇が勅命を発して伽藍を立て、この楠で十一面観音を造らせてまつった。

このとき、徳道上人の夢枕に神が現われ、北の峰を指して「彼処の山を掘れ」と託宣があった。徳道が神に言われた通り、その峰を掘ってみると、そこから上部がまっ平らな巨岩が出てきた。そこで、徳道はこの石を台座にしてでき上がった十一面観音をまつったという。

・所在地——奈良県桜井市《さくらいし》初瀬《はせ》七三一—一
・アクセス——近鉄大阪線《きんてつおおさかせん》「長谷寺駅《はせでらえき》」を下車、徒歩一五分

④智積院

もともとこの地には豊臣秀吉《とよとみひでよし》が創建した祥雲寺《しょううんじ》があった。智積院《ちしゃくいん》はもと覚鑁《かくばん》が平安時代の末に創建した紀州根来寺《きしゅうねごろじ》の大伝法院《だいでんぽういん》の一院だったが、天正《てんしょう》一三年（一五八五）、根来寺《ねごろじ》が秀吉に焼かれ、当時、住職だった玄宥《げんゆう》は難を逃れて諸国を転々とした。京都北野《きたの》で布教していたところを家康《いえやす》が認め、現在の寺領を与えて、智積院中興の第一世とした。また、第七世の運敞《うんしょう》は学徳が高く、学寮を開いて多くの学僧が雲集した。明治になって智山派《ちさんは》を称して独立し、現在は真言宗智山派《しんごんしゅうちさんは》の総本山。

・所 在 地──京都市《きょうとし》東山区《ひがしやまく》東大路《ひがしおおじ》通《どお》り七条下《しちじょうくだ》る東瓦町《ひがしかわらちょう》九六四番地
・アクセス──京阪《けいはん》「七条駅」より徒歩約一〇分

⑤成田山新勝寺

天慶《てんぎょう》二年（九三九）、常陸《ひたち》（現在の茨城県の一部）、下総《しもうさ》（現在の千葉県の一部）を中心に平将門《たいらのまさかど》の乱が起こった。ときの朱雀《すざく》天皇はこれを憂慮し、寛朝大僧正《かんちょうだいそうじょう》に命じて京都の神護寺《じんごじ》の不動明王《ふどうみょうおう》を下総国《しもうさのくに》の公津《こうづ》ガ原《はら》に勧請して、朝敵退散の大護摩会《だいごまえ》を営んだ。

翌年には乱が収まったので、天皇は国師に命じて常陸に寺を建てて神護寺の不動明王をまつり、寺号を新勝寺《しんしょうじ》として東国鎮護の霊場にした。これが新勝寺の起源である。

その後は朝廷の保護を受けて発展し、しだいに庶民の間でも信仰されるようになった。江戸時代には伽藍《がらん》を下総に移して造営し、徳川幕府《とくがわばくふ》をはじめ諸大名から寄進を受けて発展、参道に門前町を形成するようになった。

元禄《げんろく》年間（一六八八～一七〇三）には江戸《えど》深川《ふかがわ》の富岡八幡宮《とみおかはちまんぐう》の境内で本尊《ほんぞん》の不動明王の出開帳《でがいちょう》が行なわれ、これを契機に江戸庶民のあいだに信仰が広まり、成田山《なりたさん》は急速に発展した。さらに、歌舞伎役者《かぶきやくしゃ》の初代市川團十郎《いちかわだんじゅうろう》が熱心に信仰し、これによって更なる発展を遂げた。團十郎の屋号「成田屋《なりたや》」は成田山からつけられたという。

現在、全国に八ヶ所の別院があるほか、分院、末寺など六九ヶ所を有し、真言宗智山派《しんごんしゅうちさんは》の大本山として栄えている。また、年間の参拝客は一二〇〇万人に及び、正月の初詣客《はつもうできやく》も三が日で三〇〇万人を超す盛況振りである。

・所 在 地――千葉県成田市《なりたし》成田《なりた》一

・アクセス――JR成田線「成田駅」京成線《けいせいせん》「成田駅」より徒歩一〇分

⑥平間寺（通称・川崎大師）

平安時代末期の大治《だいじ》二年（一一二七）、もと武士でこの地で漁師をしていた平間《ひらま》兼乗《かねのり》という人物の夢枕に一人の僧侶《そうりょ》が現われ「むかし、弘法大師《こうぼうだいし》が唐《とう》（中国）で自ら彫った大師《だいし》像《ぞう》を海中に投じた。その像が近くの海に沈んでいるから、それを拾い上げて供養《くよう》すれば災いが転じて福となる」と告げた。

兼乗がこの夢告《むこく》にしたがって近くの海辺に網を入れたところ、弘法大師の木像が引っかかった。この奇瑞《きずい》に驚き、感銘した兼乗は草庵《そうあん》を建てて大師《だいし》像《ぞう》をまつり、自らの姓をとって平間寺《へいけんじ》と名づけたと伝えられている。

兼乗が大師像を得たとき四二歳の厄年だったが、この像を信心したお蔭《かげ》で無事厄年を乗り切り、家運も隆盛に向かったという。このことから、この大師像を厄除《やくよ》け大師《だいし》と呼び、その霊験が広く知られるようになった。今でも、厄年を迎えた男女の参詣《さんけい》が多い。

また、厄除けは諸難除《しょなんよ》けにもつながることから、昭和三八年には自動車交通安全祈禱殿《じどうしゃこうつうあんぜんきとうでん》というパゴダ（タイなどで見られる寺院）風の建物が完成し、この中で車ごと安全祈願を受けることができる。真言宗智山派《しんごんしゅうちさんは》、本尊《ほんぞん》は厄除弘法大師《やくよけこうぼうだいし》。

・所 在 地――神奈川県川崎市《かわさきし》川崎区大師町《だいしまち》四―四八
・アクセス――京浜急行大師線《けいひんきゅうこうだいしせん》「川崎大師駅」下車、徒歩約八分

⑦石手寺

寺伝によれば、神亀《じんき》五年（七二八）に伊予《いよ》の太守、越智玉純《おちたまずみ》が霊夢を見てこの地に熊野《くまの》十二所権現《じゅうにしょごんげん》をまつった。翌、天平《てんぴょう》元年（七二九）に聖武《しょうむ》天皇の勅願で、行基菩薩《ぎょうきぼさつ》が自刻の薬師如来像《やくしにょらいぞう》をまつって開いたという。創建年代の詳細は不明だが、境内から奈良時代の瓦《かわら》が出土していることなどから、創建年代は奈良時代まで遡《さかのぼ》ると見られている。創建当初は法相宗《ほっそうしゅう》の寺院で、虚空蔵院安養寺《こくうぞういんあんにょうじ》と号していた。弘仁《こうにん》四年（八一三）に空海《くうかい》が訪れ、その後、真言密教《しんごんみっきょう》の寺院になった。

平安時代には堂塔が整備され、さらに鎌倉時代になると土地の豪族、河野《こうの》氏の帰依《きえ》を受けて数々の堂塔が建てられた。室町時代まで七堂伽藍《しちどうがらん》と六六坊を擁する大寺院だったが、永禄《えいろく》九年（一五六六）、長宗我部元親《ちょうそがべもとちか》の兵火を受けて伽藍の大半を失った。しかし、その後は徐々に復興し、四国を代表する真言寺院《しんごんじいん》として繁栄してきた。明治の初年、神仏分離《しんぶつぶんり》の影響で一時は衰退したが、その後は復興し、現在に至っている。四国八十八箇所《しこくはちじゅうはちかしょ》、第五

十一番霊場。

〈石手寺の寺号にまつわる逸話〉

むかし、弘法大師《こうぼうだいし》が四国を巡歴していたとき、衛門三郎《えもんさぶろう》という土地の富豪がいた。三郎の家を訪ねた弘法大師を素気無く追い払った上、誤ってとはいえ、大師の持っていた托鉢《たくはつ》の鉢を壊してしまった。大師は何も言わずに立ち去ったが、その後、衛門三郎の八人の子どもが相次いで亡くなるという不幸に見舞われた。

仏罰の恐ろしさを痛感した三郎は詫《わ》びを入れようと、大師の後を追ったがなかなか追いつかなかったが、阿波《あわ》の焼山寺《しょうざんじ》というところでやっと大師に出会うことができ、非礼を丁重に詫びて仏教に深く帰依《きえ》することを誓った。

その後、まもなく衛門三郎はこの世を去ったが、そのすぐ後に生まれた豪族、河野興利の子ども、興方は生まれてから三年経っても左手を握ったまま開かなかったという。身内のものが心配して祈禱《きとう》をしたところ、手は開き、白い卵大の石を握っていた。そして、その石には衛門三郎と書かれていたという。大師の霊験に驚いた人々はその石を安養寺に納め、以降、寺号を石手寺《いしてじ》と改めたという。

・所在地——愛媛県松山市《まつやまし》石手《いして》二—九—二一
・アクセス——JR「松山駅」より伊予鉄《いよてつ》バス一五分、「石手寺」下車

⑧護国寺

天和《てんな》元年（一六八一）、五代将軍、徳川綱吉《とくがわつなよし》の生母、桂昌院《けいしょういん》の発願で開かれ、雑司ヶ谷《ぞうしがや》の地に伽藍《がらん》を整備した。その後、神田《かんだ》にあった護持院《ごじいん》と合併し、寺領二七〇〇石を有し、関東の真言檀林《しんごんだんりん》として多くの学僧が参集し、江戸屈指の大寺院として栄えた。その後、神田の護持院が焼けたため、寺号を護持院と改称したが、明治になって旧称に復した。本堂《ほんどう》（観音堂《かんのんどう》）は元禄《げんろく》一〇年（一六九七）に幕命により建立された。本尊《ほんぞん》の如意輪観音《にょいりんかんのん》は桂昌院の念持仏《ねんじぶつ》で琥珀《こはく》製。境内には月光院《げっこういん》や月窓院など多くの茶室があるほか、本堂の裏手の墓地には大隈重信《おおくましげのぶ》、山形有朋《やまがたありとも》などの名士の墓が多い。

・所在地——東京都文京区大塚《ぶんきょうくおおつか》五—四〇—一
・アクセス——東京メトロ有楽町線《ゆうらくちょうせん》「護国寺駅《ごこくじえき》」より徒歩一分

コラム／寺院の石高とは

すでに奈良時代以前から天皇が殊遇する寺院に荘園を寄進することが行なわれ、寄進された荘園の収穫は租税の減免などが約束された。東大寺《とうだいじ》などの大寺は全国に広大な寺領荘園を有し、そこからの上りで寺院の運営をしていたのである。

鎌倉時代に武家政権が誕生すると、武家たちも祈願所などとして殊遇する寺院に田地を与えてきた。しかし、戦国末期になって天下統一の気運が高まると、織田信長《おだのぶなが》の比叡山《ひえいざん》焼き討ちに代表されるように、僧兵を掃討して寺領荘園を没収する動きが活発になった。その結果、全国に広がる寺領荘園は信長や豊臣秀吉《とよとみひでよし》の手に堕《お》ち、引いては徳川家康《とくがわいえやす》の領土となっていくのである。

その過程で豊臣秀吉などによる太閤検地《たいこうけんち》などが行なわれて、全国統一の一石の量目が定められるようになった。これを石高制といい、年貢の徴収を画一化するためのものだった。

一石は米俵にして二俵半、一五〇キロである。仮に一万石を与えられれば、一五〇万キロ、一五〇〇万トンということになる。それだけの収穫量のある田を与えられ、そこでとれた米は寺院の自由裁量で使えるということだ。

江戸時代まで幕府などが殊遇する寺院には朱印地などの田地が与えられ、年貢の減免などが行なわれてきた。また、江戸時代になると扶持米といって、田地ではなく米そのものを与える制度も確立した。このような制度は幕末まで続くが、明治の初年の地租改正によって終止符が打たれたのである。寺院の田地などは維新政府に没収され、扶持米は廃止された。その結果、経営難に瀕《ひん》し、廃寺に追い込まれる寺院も続出したのである。

コラム／なぜ改宗するのか

長い歴史を持つ大寺の中には途中で改宗している寺院が少なくない。中には二回も三回も改宗している寺院もあるのだ。なぜ、改宗するのか？

日本の宗派は奈良時代から続く、法相宗《ほっそうしゅう》、華厳宗《けごんしゅう》、律宗《りっしゅう》のほかに平安時代には天台宗《てんだいしゅう》と真言宗《しんごんしゅう》、融通念仏宗《ゆうずうねんぶつしゅう》、鎌倉時代には浄土宗《じょうどしゅう》、浄土真宗《じょうどしんしゅう》、時宗《じしゅう》、臨済宗《りんざいしゅう》、曹洞宗《そうとうしゅう》、日蓮宗《にちれんしゅう》が開かれ、江戸時代に黄檗宗《おうばくしゅう》が中国から伝えられた。これらの宗派の内部に多くの流派があり、総称して十三宗五十六派と呼んでいる。

平安時代に空海《くうかい》によって真言密教《しんごんみっきょう》が広まると、真言宗に改宗する寺院が多くなる。また、最澄《さいちょう》が天台宗を開き、その弟子の慈覚大師《じかくだいし》円仁《えんにん》や智証大師《ちしょうだいし》円珍《えんちん》の布教によって天台宗に改宗する寺院も多くなる。

たとえば、日光山《にっこうさん》（江戸時代までの神仏習合時代は二荒山神社《ふたらさんじんじゃ》、現在の輪王寺《りんのうじ》を合わせた寺社群が日光山と呼ばれていた）は奈良時代に勝道上人《しょうどうしょうにん》が開いたもので、当初は華厳宗の系統に属していたが、平安時代のはじめに空海が日光山を訪れ、真言宗に改宗した。そして、その三〇年ほど後には円仁が訪れて天台宗に改宗した。

また、浅草《あさくさ》の浅草寺《せんそうじ》は推古《すいこ》天皇の時代に創建された古刹《こさつ》で当初の宗派ははっきりしないが、平安時代のはじめに慈覚大師円仁が再興して天台宗に改めた。しかし、戦後になって天台宗から独立し、本尊《ほんぞん》の聖観音《しょうかんのん》にちなんで聖観音宗を名乗っている。

このように新たに勢力を拡大した宗派に改宗した寺院は多く、鎌倉時代になると、浄土宗や浄土真宗、日蓮宗や禅宗《ぜんしゅう》に改宗する寺院も続出するようになった。さらに、第二次大戦後は既存の宗派から独立して単立になった寺院も多い。聖徳《しょうとく》太子《たいし》が建立したと伝えられる大阪の四天王寺《してんのうじ》は当初は法相宗などに属していたと考えられ、平安時代以降は天台宗の寺院だった。しかし、戦後になって既成宗派にとらわれない全仏教的な立場を表明して「和を以《もっ》て貴しとなす」という聖徳太子の言葉にちなんで和宗《わしゅう》として独立した。

また、京都の清水寺《きよみずでら》は当初は法相宗で、平安時代中期に真言宗と兼宗していたが、明治の初年に兼宗をやめて法相宗に復した。そして、昭和四〇年（一九六五）には北法相宗を名乗って法相宗からも独立した。

第六章　真言宗のお経

凡例

一、現在の真言宗《しんごんしゅう》において、日々のお勤《つと》めや法要などでよく読まれる、代表的なお経を選んだ。適宜冒頭に「概要」を記したうえ、お経は上段に「原文」、下段に「現代語訳」を配した。

一、表記は現代仮名遣いとし、漢字は新字体を用いた。また読解の便を図るため、原文には全て現代仮名遣いによる振り仮名を付し、促音のみ「ッ」を用いた。

一、経典の原文や読み方は、各派によって異なる場合がある。本書では高野山真言宗《こうやさんしんごんしゅう》を基本とした。

一、原文と現代語訳との対応関係を明確にするため、現代語訳中に当該個所の原文を適宜【 】で記した。また（ ）部分は、より意味が通り易くなるように、言葉を補ったものである。

一、語句や内容についてとくに説明が必要な箇所には注番号を付記し、お経の後に「注釈」を設けた。

合掌礼拝《がっしょうらいはい》

勤行《ごんぎょう》や法要《ほうよう》のはじめに仏前に静かに座って、合掌《がっしょう》して本尊《ほんぞん》を礼拝《らいはい》する。心身を整えて、清らかな心でお勤《つと》めに向かう準備をするのである。

原文

恭《うやうや》しく　みほとけを
礼《らい》拝《はい》したてまつる

現代語訳

身《しん》（身体的な行動）、口《く》（言葉）、意《い》（心）をもって、仏に帰依《きえ》し、礼拝《らいはい》します。

開経偈《かいきょうげ》

文字通り、経典を読む前にとなえられる偈文《げもん》（詩文）で、浄土真宗《じょうどしんしゅう》以外の各宗派で共通して読まれる。

『法華経《ほけきょう》』の「随喜功徳品《ずいきくどくほん》」にある偈文に基づいてつくられたと考えられているが、出典や作者などは不明である。

法要《ほうよう》などに先だって『懺悔《さんげ》（文《もん》）』をとなえ、それから経典を読む前にとなえられるのが、この『開経偈』である。深遠で有り難く、めったに出会うことができない経典に出会えたことに感謝し、その経典の内容を正確に理解させてくれることを願うのが趣旨である。

原　文

無上甚深微妙《むじょうじんじんみみょう》の法《ほう》は　百千万《ひゃくせんまん》

現代語訳

劫《ごう》にも遭《あ》い遇《あ》うこと　かたし
われいま見聞《けんもん》し受持《じゅじ》すること
を得《え》たり　願《ねが》わくは如来《にょらい》の真実《しんじつ》
義《ぎ》を　解《げ》したてまつらん

無《む》上《じょう》甚《じん》深《じん》微《み》妙《みょう》法《ほう》
百《ひゃく》千《せん》万《まん》劫《ごう》難《なん》遭《そう》遇《ぐう》
我《が》今《こん》見《けん》聞《もん》得《とく》受《じゅ》持《じ》
願《がん》解《げ》如《にょ》来《らい》真《しん》実《じつ》義《ぎ》

この上なく奥深く、絶妙な教え【無上甚深微妙法《むじょうじんじんみみょうほう》】▼1に巡り合うことは非常に難しいことで【難遭遇《なんそうぐう》】、とてつもなく長い時間【百千万劫《ひゃくせんまんごう》】を経過しても難しい。しかしながら、今、私はその教えに出会って、これを拝受することができた【受持《じゅじ》】▼2。そこで、願わくは、如来《にょらい》の真実《しんじつ》の教え【如来真実義《にょらいしんじつぎ》】▼3を理解させていただきたい。

1　**無上甚深微妙法《むじょうじんじんみみょうほう》**　他の仏典にもよく出て来る表現で、「法《ほう》」はブッダの教え、つまり、仏教のこと。その教えが限りなく深遠で、完璧《かんぺき》なものであるということ。

2　**受持《じゅじ》**　貴い経典に出会い、それを自分のものとして保ち、信仰すること。『法華経《ほけきょう》』には経典の功徳《くどく》として受持《じゅじ》・読誦《どくじゅ》・解説・書写を挙げている。

「読誦」は声を出して経典を読むこと。つまり、読経《どきょう》のことだが、文字を見ながら読むのを「読《どく》」、文字を見ないで空で読むのを「誦《じゅ》」という。「解説」は僧侶《そうりょ》など経典に精通した人が、その内容を分かり易く説き聞かせること。「書写」は書き写すこと、つまり、写経のことである。

3　**如来真実義《にょらいしんじつぎ》**　如来《にょらい》（ブッダ）は悠久の過去から、未来永劫《みらいえいごう》にわたって変わることのない、不易《ふえき》の真理《しんり》（真実）を発見した。その真理の世界が悟りの世界で、真理のことを「真如《しんにょ》」という。

如来は真如の世界に到達し、そこから、この娑婆《しゃば》世界で迷い、苦しむ人々を救うために再び還《かえ》ってきたのである。真如の世界からやって来た人という意味で「如来」と呼ばれる。歴史上、偉大な悟りを開いて如来（ブッダ）になったのは釈迦《しゃか》だけだが、大乗仏教《だいじょうぶっきょう》の時代になると、阿弥陀如来《あみだにょらい》や薬師如来《やくしにょらい》、毘盧遮那如来《びるしゃなにょらい》、大日如来《だいにちにょらい》などさまざまな如来が登場してきた。

光明真言《こうみょうしんごん》

真言《しんごん》は陀羅尼《だらに》と同じ意味で、不可思議《ふかしぎ》な霊力を持った言葉で、真言宗《しんごんしゅう》や天台宗《てんだいしゅう》などの密《みっ》教《きょう》で多用される。とりわけ、真言宗ではこの真言を重んじている。この「光明真言」は『不空羂索毘盧遮那仏灌頂光真言《ふくうけんさくびるしゃなぶつかんじょうこうしんごん》』に説かれるものだ。

奈良の大仏で有名な毘盧遮那仏《びるしゃなぶつ》はサンスクリット語で「ヴァイローチャナ」といい、「太陽」の意味。つまり、太陽のように宇宙の中心にあってすべての世界を照らしているのが毘盧遮那仏だ。この毘盧遮那仏が、七世紀の半ばに大成された密教で、さらにパワーアップされて摩訶毘盧遮那仏《まかびるしゃなぶつ》（サンスクリット語で「マハー・ヴァイローチャナ」）と呼ばれるようになった。

摩訶《まか》（マハー）は偉大なという意味で、「（無限の光明《こうみょう》を放つ）偉大（大）な太陽（日）」、大日如来《だいにちにょらい》と意訳される。大日如来の光の届く範囲は毘盧遮那仏よりもさらに広く、宇宙の果ての果てまで無限に照らし続けるという。

「光明真言」はそんな偉大な大日如来の真言で、その功徳《くどく》もまた無尽蔵である。三回、ないしは七回、この真言をとなえると、過去の罪業《ざいごう》はすべて消え去る。また、土葬のとき、真言をとなえた土を遺体にかけると死んだ人の罪業が消滅し、無事に成仏《じょうぶつ》することができるといわれている。

原文

となえたてまつる光明真言《こうみょうしんごん》は
大日普門《だいにちふもん》の万徳《まんどく》を二十三字《にじゅうさんじ》に
集《あつ》めたり　おのれを空《むな》しゅう
して　一心《いッしん》にとなえたてまつ
れば　みほとけの光明《こうみょう》に照《て》ら
されて　三妄《まよい》の霧《きり》おのずから
はれ　浄心《じょうしん》の玉明《たまあき》らかにして
真如《しんにょ》の月《つき》まどかならん

現代語訳

おん
あぼきゃ
べいろしゃのう
まかぼだら
まに
はんどま
じんばら
はらばたや
うん

おーむ[1]。
不空《ふくう》なる者【あぼきゃ[2]】。
毘盧遮那仏《びるしゃなぶつ》【べいろしゃのう[3]】よ！
大印《だいいん》を持つ者【まかぼだら[4]】よ！
摩尼《まに》【まに[5]】と、
蓮華《れんげ》【はんどま[6]】よ！
光明《こうみょう》【じんばら[7]】を
放て【はらばたや[8]】！
ふーむ[9]。

1　**おーむ**　日本語の五〇音はサンスクリット語のアルファベットから作られたものだ。従って、サンスクリット語もアイウエオから始まってウンで終わる。

「おーむ」という言葉はアルファベットの最初の方の「ア（A）」と「ウ（U）」、そして最後の「ウン（M）」の三文字からなるとされ、仏教が起こる以前からインドでは「発生（ア）」「維持（ウ）」「終滅（ウン）」の意味でとらえられ、世界（宇宙）の創造から終わりまでをあらわす言葉として、極めて神秘的な意味づけがなされてきた。インドではヒンドゥー教の聖典のはじめに必ずオームが冠され、聖典を読誦《どくじゅ》するときにはオームととなえる。これが密教《みっきょう》に取り入れられて、真言《しんごん》のはじめに冠されるようになった。

2 **あぼきゃ**　密教《みっきょう》では五智如来《ごちにょらい》（金剛界五仏《こんごうかいごぶつ》）といい、大日如来《だいにちにょらい》を中心に四方仏《しほうぶつ》がいて人々を救済し続けると説く。「あぼきゃ」はサンスクリット語で「アモーガ」といい、五智如来の一尊《いっそん》の不空成就如来《ふくうじょうじゅにょらい》のこと。

3 **べいろしゃのう**　ここでは五智如来《ごちにょらい》の中心である大日如来《だいにちにょらい》のこと。

4 **まかぼだら**　サンスクリット語で「マハー・ムドゥラー」。マハーは「偉大な」、ムドゥラーは仏像の手の組み方のこと。仏像はさまざまな手つきをしているが、これを「印契《いんげい》」「印相《いんそう》」といい、仏が衆生《しゅじょう》を救済するために表わすサインである。マハー・ムドゥラーは「大印《だいいん》を持つ者」と意訳され、五智如来《ごちにょらい》の一尊《いっそん》の阿閦《あしゅく》の意味である。

5 **まに**　サンスクリット語の「マニ」は宝石の意味だが、ここでは五智如来《ごちにょらい》の一尊《いっそん》である宝生如来《ほうしょうにょらい》の意味。宝生如来はサンスクリット語で「ラトナ・サンバヴァ」といい、「ラトナ」は「宝」「宝石」の意味、「サンバヴァ」は「生まれる」という意味である。つまり、「ラト「宝（宝石）から生まれたもの」という意味で、宝石を表わす「マニ」は宝生如来を表わすのである。

6　**はんどま**　サンスクリット語は「パッドマ」で、「蓮華《れんげ》（ハスの花）」の意味。ここでは五《ご》智如来《ちにょらい》の一尊《いっそん》、阿弥陀如来《あみだにょらい》を表わす。

7　**じんばら**　サンスクリット語で「ジュヴァーラ」。光明《こうみょう》のことである。

8　**はらばたや**　サンスクリット語で「プラヴァルタヤ」。「放つ」という語の命令形。五智《ごち》如来《にょらい》に偉大な真言《しんごん》を放ってくれるようにと祈願しているのである。

9　**ふーむ**　真言《しんごん》の末尾にとなえる聖音で、阿吽《あうん》の「吽《うん》」に当たる。阿吽はサンスクリット語のアルファベットの最初の「ア」と最後の「ウン」でものごとの始まりと終わり、とくに密教《みっきょう》では森羅万象を表わすと説かれる。ほとんどの真言は「おん」で始まり、「うん」で締めくくる。

舎利《しゃり》礼文《らいもん》

仏舎利《ぶっしゃり》（釈迦《しゃか》の遺骨）とそれをまつる舎利《しゃり》塔《とう》を供養《くよう》するもので、日蓮宗《にちれんしゅう》と浄土真宗《じょうどしんしゅう》を除く各宗派でとなえられる。納棺前の枕経《まくらきょう》や葬儀、火葬や埋骨の際にとなえられる。

釈迦は亡くなって荼毘《だび》に付され、ストゥーパという仏塔《ぶっとう》を建ててその遺骨（仏舎利）を丁重にまつった。まもなく仏塔には多くの仏教徒がやって来て釈迦の遺徳を偲《しの》び、その教えに従って心の平安を求めた。この仏舎利に対する信仰は紀元前後に興った大乗仏教《だいじょうぶっきょう》の大きな原動力の一つになったといわれている。

インドのガンジス河の火葬のシーンはよく知られているが、ヒンドゥー教徒は荼毘に付した遺骨をすべて川に流してしまい、遺骨を大事に持ち帰ってまつるということはしない。しかし、仏教徒は仏舎利をことさらに大事にし、それがやがて舎利《しゃり》信仰《しんこう》に発展し、仏教が伝来してしばらくすると日本人もその風習に従うようになったのである。

『舎利《しゃり》礼文《らいもん》』は『般若心経《はんにゃしんぎょう》』よりも二〇〇字近く短い七二文字の経典だが、その中に大乗仏教の奥義が示されているという。

貴い仏舎利を礼拝《らいはい》し、敬って讃歎《さんだん》することによって、亡き人は釈迦と一体になって成仏《じょうぶつ》することができるという。

原文

一《いッ》心《しん》頂《ちよう》礼《らい》
万《まん》徳《とく》円《えん》満《まん》
釈《しや》迦《か》如《によ》来《らい》
真《しん》身《じん》舎《しや》利《り》
本《ほん》地《じ》法《ほッ》身《しん》
法《ほう》界《かい》塔《とう》婆《ば》

現代語訳

すべての徳を余すところなく具《そな》えた【万徳円満《まんとくえんまん》】釈迦如来《しやかにょらい》の生身の舎利《しやり》【真身舎利《しんじんしやり》】▼1、また釈迦如来の本地《ほんじ》▼2である法身仏《ほっしんぶつ》【本地法身《ほんじほっしん》】の世界をあらわす仏塔《ぶっとう》【法界塔婆《ほうかいとうば》】▼3、一心に礼拝《らいはい》する【一心頂礼《いッしんちようらい》】▼4。

我《が》等《とう》礼《らい》敬《きょう》
為《い》我《が》現《げん》身《しん》
入《にゅう》我《が》我《が》入《にゅう》
仏《ぶつ》加《か》持《じ》故《こ》
我《が》証《しょう》菩《ぼ》提《だい》
以《い》仏《ぶつ》神《じん》力《りき》
利《り》益《やく》衆《しゅ》生《じょう》
発《ほっ》菩《ぼ》提《だい》心《しん》
修《しゅ》菩《ぼ》薩《さつ》行《ぎょう》

このようにして礼拝すると、仏が私たちのために姿をあらわし【為我現身《いがげんしん》】、私たちの身体の中に（仏）が入って来て、仏と人とが一つになるのだ【入我我入《にゅうががにゅう》】。そして、私たちは、仏の加持《かじ》[5]の力によって悟り【菩提《ぼだい》】を開き、仏の不可思議《ふかしぎ》な力【仏神力《ぶつじんりき》】によって、人々を教え導き、救うのである【利益衆生《りやくしゅじょう》】[6]。

すべての衆生《しゅじょう》は（釈迦《しゃか》と同じレベルの）悟りを求める心をおこし【発菩提心《ほつぼだいしん》】[7]、菩薩《ぼさつ》の修行をし、（釈迦と同じレベルの）悟りの境地に入

同《どう》入《にゅう》円《えん》寂《じゃく》

平《びょう》等《どう》大《だい》智《ち》

今《こん》将《じょう》頂《ちょう》礼《らい》

るのだ【同入円寂《どうにゅうえんじゃく》】。▼8 このような（誰もが）平等に悟りの境地に達することができることを実現してくれる【平等大智《びょうどうだいち》】▼9 舎利《しゃり》に、今まさに私たちは五体を投げ打って（恭しく）礼拝しよう。

1 **真身舎利《しんじんしゃり》** 大乗仏教《だいじょうぶっきょう》では紀元前五世紀にこの世を去った釈迦《しゃか》は肉体はなくなったが、その教えは生き続けている。そこで、教え自身がブッダ（釈迦）の本体であると考えるようになった。

このようなブッダを法身仏《ほっしんぶつ》といい、永遠に存在し続けてわれわれを救ってくれると考えたのである。だから、ブッダ（釈迦）の象徴としての仏舎利《ぶつしゃり》も単なる遺骨ではない。いま現に生きているということで「真身《しんじん》」という。

2 **本地《ほんじ》** ブッダははるか過去から未来永劫《みらいえいごう》にわたって変わることのない永遠の真理《しんり》を悟った存在である。

歴史上、その真理を悟ってブッダとなったのは釈迦《しゃか》だけだが、時代が下ると、過去にも未来にも極めて優秀な人間が出現して釈迦と同じ修行をすれば、同じ悟りの世界に到達すると考えるようになった。そして、過去には釈迦の前に六人のブッダが出現したと考え、これに釈迦を加えて「過去七仏《かこしちぶつ》」と呼ぶようになった。さらに、遠い未来にも多くのブッダが現れると考えたのである。これを未来仏《みらいぶつ》といい、その代表が釈迦が亡くなった後、五十六億七千万年を経てこの娑婆《しゃば》世界で悟りを開くという弥勒菩薩《みろくぼさつ》（弥勒仏《みろくぶつ》）である。

ブッダは真理を悟って、その内容を伝えて人々を正しい方向に導いてくれる。そのブッダが悟る真理を「本地《ほんじ》」という。釈迦をはじめとするすべてのブッダを成り立たせる究極の世界ということ。

3
法界塔婆《ほうかいとうば》　仏塔はサンスクリット語でストゥーパといい、これを音写して「卒塔婆《そとうば》」、略して「塔婆《とうば》」、さらに略して「塔《とう》」という。日本で見られる五重塔や三重塔などは釈迦《しゃか》の遺骨をまつったストゥーパ（仏塔《ぶっとう》）に起源を持つのだ。

インドでは今も古代のストゥーパが現存しているが、その形態は円形の土の壇の上に饅《まん》頭型《じゅうがた》の構造物を載せ、その上に立てた支柱に三枚の円盤型の石を取り付ける。中国や日本では、このストゥーパのミニチュアを五重塔などの多重塔の上に載せるようになり、それらを「相輪《そうりん》」と呼んでいる。

4
一心頂礼《いっしんちょうらい》　「頂礼《ちょうらい》」は五体を地に着けて礼拝《らいはい》することで、チベットやネパールでは、今も巡礼者などが盛んに行なっており、これを「五体投地《ごたいとうち》」と呼んでいる。また、「帰命頂《きみょうちょう》礼《らい》」という言葉は経典にしばしば出てくる連語で、「御詠歌《ごえいか》」の冒頭の語としてもよく知られている。一心に頂礼するという意味。

5 **加持**《かじ》　サンスクリット語のアディシターナの訳で、「所持《しょじ》」「護念《ごねん》」とも訳される。一般には神仏の加護の意味だが、密教《みっきょう》では仏の救済の力が衆生《しゅじょう》（すべての生き物）に加えられることを「加《か》」、その働きを衆生が感じて受け止めることを「持《じ》」という。

　また、密教では「三密加持《さんみつかじ》」ということが重んじられる。行者《ぎょうじゃ》が仏の救済のサインである印《いん》（身密《しんみつ》）を結び、口に真言《しんごん》（陀羅尼《だらに》）をとなえ（口密《くみつ》）、心に仏を念ずる（意密《いみつ》）ことを仏の三密《さんみつ》といい、仏がわれわれ衆生に行なわせる秘密の行為だという。これを修《しゅ》するとき、仏は衆生と一体となり、人は即座に成仏《じょうぶつ》できるという。真言宗《しんごんしゅう》や天台宗《てんだいしゅう》などの密教寺院《みっきょうじいん》では護摩供養《ごまくよう》のときにも行なわれ、「加持祈禱《かじきとう》」と併称して現世利益《げんぜりやく》の修法《しゅほう》として広まった。

6 **利益衆生**《りやくしゅじょう》　大乗仏教《だいじょうぶっきょう》は「自利利他《じりりた》」を標榜《ひょうぼう》する。自分が（釈迦《しゃか》と同じレベルの）悟りを開き、その上で（釈迦と同じように）衆生《しゅじょう》（すべての生き物）を教え導く（利益《りやく》する）ことを理想とする。ただし、時代が下ると、悟りを開いてブッダとならずに菩薩《ぼさつ》の位に留《とど》まり、先《ま》ずは他者を救済するのが菩薩の理想とされるようになった。

7 **発菩提心**《ほつぼだいしん》　「菩提《ぼだい》」は「悟り」のこと。自分もやがては悟りを開いてブッダとなろうとの決意をすることが「発菩提心」で、略して「発心《ほっしん》」という。仏教徒となる出発点で、発心したその日から、それまでの生活を改め、仏の教えに従って戒律を守って悟りを目指す。

8 **同入円寂**《どうにゅうえんじゃく》　「円寂《えんじゃく》」は「円《まど》かな寂浄《じゃくじょう》」のことで、「涅槃《ねはん》（悟り）」の意味。「同入《どうにゅう》」は釈迦《しゃか》と同じレベルの悟りの境地に達すること。

9

平等大智《びょうどうだいち》　密教《みっきょう》では大日如来《だいにちにょらい》は五つの偉大な智慧《ちえ》を持っているとされている。そのうちの一つが「平等大智《びょうどうだいち》（宝生如来《ほうしょうにょらい》）」で、すべてのものの平等を実現する智慧である。

そのほかの四つの智慧があり、先ず「法界体性智《ほうかいたいしょうち》」は「法界《ほうかい》」、つまり、偉大な大日如来《だいにちにょらい》の世界のありのままの姿を明らかにする智慧。「大円鏡智《だいえんきょうち》（阿閦如来《あしゅくにょらい》）」は法界《ほうかい》の森羅万象をすべて明らかにする智慧。「妙観察智《みょうかんざっち》（阿弥陀如来《あみだにょらい》）」は法界のすべての存在現象を正しく見る智慧。「成所作智《じょうしょさち》（不空成就如来《ふくうじょうじゅにょらい》）」は自分と他人がなすべきことをすべて成就させる智慧。五智《ごち》のうち、大日如来が担当する法界体性智以外の四智《しち》を大日如来《だいにちにょらい》の化身である四尊《しそん》の如来《にょらい》が分担する。

般若心経《はんにゃしんぎょう》

正しくは『仏説摩訶般若波羅蜜多心経《ぶっせつまかはんにゃはらみたしんぎょう》』という。

「仏説《ぶっせつ》」とは多くの大乗《だいじょう》経典につけられる言葉で、「仏《ぶつ》」は釈迦《しゃか》の意味。文字どおり「釈迦が説いた（経典）」という意味である。「摩訶《まか》」は「大きい」という意味で、サンスクリット語の「マハー」を音写（サンスクリット語の発音を漢字の音で写すこと）したもの。「般若《はんにゃ》」はサンスクリット語の「プラジュニャー」の音写で「智慧《ちえ》」の意味。この経典の中心にもなっている悟りの智慧で、われわれ凡人が持ち合わせている知恵とは次元の異なる深遠なブッダの智慧だ。

「波羅蜜多《はらみた》」はサンスクリット語の「パーラミター」を音写したもので、「完成」あるいは「修行」を表し、「智慧の完成」、あるいは「智慧の完成に至る修行」を意味する。また、「般若波羅蜜多《はんにゃはらみた》」は「到彼岸《とうひがん》」とも意訳される。彼岸《ひがん》とは悟りの世界のことで、悟りの世界に至る方法を説いた経典ということになる。「心《しん》」はサンスクリット語で「フリダヤ」。もともと「心臓」の意味であるが、そこから発して「中心」という意味になる。そして、「経《きょう》」はサンスクリット語で「スートラ」、「経典」の意味である。

以上をつなげると『般若心経』は「仏《ぶっ》（陀《だ》）が説いた智慧の完成（到彼岸）のための偉大な智慧を説いた経典」ということになる。

『般若心経』の「色即是空《しきそくぜくう》」というフレーズは有名で、この経典は大乗仏教の思想の根幹の一つである「空《くう》」の思想を説いたものだということはよく知られている。「空」とは世の中に存在するすべてのものに固定的な実体（特定の性質）がないということである。空の概念はすでに釈迦の時代からあった。釈迦は両極端に偏らない「中道《ちゅうどう》」の立場を貫き、悟りの境地に達することができたと考えられている。中道とは起点を設けないということである。たとえば、ヨーロッパを起点に見れば日本は確かに極東だが、地球は丸いので、日本を起点にして見れば、イギリスあたりが極東ということになる。

凡人《ぼんぷ》（凡夫）はこのように起点を設けてそれに執着したり、苦しんだりしているのだ。しかし、中道の立場に立てば、結果としてそれに縛られて争ったりしていることがないことが分かり、それに対する執着も霧消する。この中道の思想を大乗仏教で発展させたのが「空」の思想である。

「色即是空」の「色《しき》」を色恋の色ととらえて、「恋は所詮《しょせん》、空《むな》しいもの」などといっている人がいる。しかし、このような解釈は間違いだ。仏教でいう「色」はすべての存在のこと。それが固定的な実体がないというのが「空」の思想である。

実体がないというのは分かりにくいが、すべてのものはやがて消滅する定めになっている。人間もいずれは死ぬ、そして永遠の輝きを放つといわれているダイヤモンドも遠い将来には炭素に分解する。しかし、人々はそれらの存在に永遠の実体を認めて執着するのだ。その執着から悩みや苦しみが生まれて来るのだ。

だから、すべての存在（色）は生々流転《せいせいるてん》していて、刹那《せつな》ごとに変化しているということをしっかりと認識すれば、執着から離れることができ、悩みや苦しみもなくなる。『般若心経』では観自在菩薩《かんじざいぼさつ》がすべての存在（色）には固定的な実体がない（色即是空）ということを悟り、その結果、一切の苦しみから解放された（度一切苦厄《どいっさいくやく》）と説く。つまり、『般若心経』は世の中の存在の本質は「空」だから、それにとらわれるな。とらわれなければ、すべての悩みや苦しみから解放されて平穏な日々を送ることができると説くのである。

『般若心経』は浄土真宗《じょうどしんしゅう》を除くすべての宗派で読まれ、また、写経というとほとんど『般若心経』が用いられる。一般の人にも親しまれる最も人気のある経典だ。空海は『般若心経秘鍵《はんにゃしんぎょうひけん》』（三二〇ページ参照）の中でその奥義を明らかにしており、真言宗《しんごんしゅう》ではとくに重要視される。

原文

般若心経《はんにゃしんぎょう》は　仏教《ぶっきょう》の精要《せいよう》　密蔵《みつぞう》の肝心《かんじん》なり　このゆえに誦持講供《じゅじこうく》すれば苦《く》を抜《ぬ》き楽《らく》を与《あた》え　修習思惟《しゅじゅうしゆい》すれば道《どう》を得《え》通《つう》を起《おこ》す　まことにこれ世間《せけん》の闇《やみ》を照《て》らす明燈《みょうとう》にして　生《しょう》死《じ》の海《うみ》を渡《わた》す船筏《いかだ》なり　深《ふか》く讃仰《さんごう》し　至心《ししん》に読誦《どくじゅ》したてまつる

仏説摩訶般若波羅蜜多心経《ぶっせつまかはんにゃはらみたしんぎょう》

現代語訳

『般若心経《はんにゃしんぎょう》』は仏教の経典の神髄《しんずい》であり、密教《みっきょう》の経典の中でも最も重要なものである。それゆえ、この経典を読み、解説し、供養《くよう》すればあらゆる苦しみから逃れて、（ただちに）至上の楽を得ることができる。また、この経典を拠《よ》り所として修行し、学び、思索を深めれば、（地獄などの悪趣に行くことなく）必ず良い世界に生まれることができ、悟りの智慧《ちえ》を得ることができる。本当にこの経典は世間の闇を照らす輝かしい灯明で、われわれが苦しみ迷い、娑婆世界《しゃばせかい》から彼岸《ひがん》に渡してくれる筏《いかだ》である。それゆえ（この『般若心経』を）を讃え敬って、心を込めて読経読み上げます。

観《かん》自《じ》在《ざい》菩《ぼ》薩《さ》行《ぎょう》深《じん》
般《はん》若《にゃ》波《は》羅《ら》蜜《み》多《た》時《じ》
照《しょう》見《けん》五《ご》蘊《うん》皆《かい》空《くう》。度《ど》
一《いッ》切《さい》苦《く》厄《やく》。舎《しゃ》利《り》子《し》。
色《しき》不《ふ》異《い》空《くう》。空《くう》不《ふ》異《い》
色《しき》。色《しき》即《そく》是《ぜ》空《くう》。空《くう》即《そく》
是《ぜ》色《しき》。受《じゅう》想《そう》行《ぎょう》識《しき》。亦《やく》
復《ぶ》如《にょ》是《ぜ》。舎《しゃ》利《り》子《し》是《ぜ》
諸《しょ》法《ほう》空《くう》相《そう》。不《ふ》生《しょう》不《ふ》

観自在菩薩《かんじざいぼさつ》▼1（観世音菩薩《かんぜおんぼさつ》）が深遠な般若波羅《はんにゃはら》蜜多《みた》の修行を実践していたとき、すべての存在は、五蘊《ごうん》▼2という五つの構成要素でできており、しかも、その五蘊はすべて空《くう》である（その性質が空である）ということを悟った【照見五蘊皆空《しょうけんごうんかいくう》】。そのように悟ったことで、観自在菩薩は一切の苦しみや厄《やく》から逃れることができた。

舎利弗《しゃりほつ》▼3よ！（先に「五蘊はみな空である」と説いたが、ここでは五蘊の一つひとつについて吟味してみよう）色《しき》は空となんら異なるところがない。亦《また》、空は色と異なるところがない。色は即ち空であり、空は即ち色である【色即是空《しきそくぜくう》。空即是色《くうそくぜしき》】（概要を参照）。そして、受《じゅ》以下の五蘊についても同じことが言える。▼4

舎利弗よ！　この世に存在するもの【是諸法《ぜしょほう》】はすべて、その本質において固定的な実体

滅《めつ》。不《ふ》垢《く》不《ふ》浄《じょう》。不《ふ》増《ぞう》不《ふ》減《げん》。是《ぜ》故《こ》空《くう》中《ちゅう》無《む》色《しき》無《む》受《じゅう》想《そう》行《ぎょう》識《しき》。無《む》眼《げん》耳《に》鼻《び》舌《ぜつ》身《しん》意《に》。無《む》色《しき》声《しょう》香《こう》味《み》触《そく》法《ほう》。無《む》眼《げん》界《かい》乃《ない》至《し》無《む》意《い》識《しき》界《かい》。無《む》無《む》明《みょう》。亦《やく》無《む》無《む》明《みょう》尽《じん》。乃《ない》至《し》無《む》老《ろう》死《し》亦《やく》無《む》老《ろう》死《し》尽《じん》。無《む》苦《く》

がない【空相《くうそう》】▼5。だから、生じたというものでも、滅したというものでもなく【不生不滅《ふしょうふめつ》】、汚《けが》れたものでもなく、清浄なものでもない【不垢不《ふくふ》浄《じょう》】、増えることもなければ、減ることもない【不増不減《ふぞうふげん》】。それ故に、空性《くうしょう》においては色もなく、受もなく、想《そう》もなく、行《ぎょう》もなく、識《しき》もない。また、眼も、耳も、鼻も、舌も、身（身体）も、心もない。また、眼や耳といった感覚器官の対象である色（色形）も、聴覚の対象である声《こえ》（音声）も、嗅覚《きゅうかく》（鼻）の対象である臭いも、味覚の対象である味も、身体の触覚の対象であるものも、心の対象である意識もない。そして、眼《げん》や識などそれぞれの感覚器官と、その対象である視覚や意識（心）を成り立たせている眼界《げんかい》や意識界といったものもない。

（空の世界では、六根《ろっこん》、六境《ろっきょう》、六識《ろくしき》からなる十《じゅう》

集《しゅう》滅《めつ》道《どう》。無《む》智《ち》亦《やく》無《む》得《とく》。以《い》無《む》所《しょ》得《とツ》故《こ》。菩《ぼ》提《だい》薩《さつ》埵《た》。依《え》般《はん》若《にゃ》波《は》羅《ら》蜜《み》多《た》故《こ》。心《しん》無《む》罣《け》礙《げ》無《む》罣《け》礙《げ》故《こ》無《む》有《う》恐《く》怖《ふ》遠《おん》離《り》一《いツ》切《さい》顚《てん》倒《どう》夢《む》想《そう》。究《く》竟《ぎょう》涅《ね》槃《はん》三《さん》世《ぜ》諸《しょ》仏《ぶつ》。依《え》般《はん》若《にゃ》波《は》羅《ら》蜜《み》多《た》故《こ》。得《とく》阿《あ》

八界《はちかい》▼6がないので）迷いの根源である無明《むみょう》もなければ【無無明《むむみょう》】、無明が尽きるということもない【亦無無明尽《やくむむみょうじん》】。そして、無明を原因としてこの世に生を受け、やがて、老いて死にゆく。しかし、無明がなければ、生も、それに連なる老死もなく【無老死《むろうし》】、また、老死が尽きるということもない【無老死尽《むろうしじん》】。

　また、世の中は「苦《く》」であり、苦には原因があり（集《しゅう》）、だから苦は滅することができる【滅《めつ》】、そして、苦を滅するための方法【道《どう》】がある。これを四諦《したい》（苦の滅に至る四つの真理）というが、苦は無明を原因としているので、無明がなければ四諦もないのである【無苦集滅道《むくしゅうめつどう》】。

　また、無明がなければ、たとえば修行を積んで得られるような高度な智慧《ちえ》もない【無智《むち》】。

耨《のく》多《た》羅《ら》三《さん》藐《みゃく》三《さん》菩《ぼ》提《だい》。故《こ》知《ち》般《はん》若《にゃ》波《は》羅《ら》蜜《み》多《た》。是《ぜ》大《だい》神《じん》呪《しゅ》。是《ぜ》大《だい》明《みょう》呪《しゅ》。是《ぜ》無《む》上《じょう》呪《しゅ》。是《ぜ》無《む》等《とう》等《どう》呪《しゅ》。能《のう》除《じょ》一《いッ》切《さい》苦《く》真《しん》実《じつ》不《ふ》虚《こ》。故《こ》説《せつ》般《はん》若《にゃ》波《は》羅《ら》蜜《み》多《た》呪《しゅ》。即《そく》説《せつ》呪《しゅ》曰《わつ》。羯《ぎゃ》諦《て》羯《ぎゃ》諦《て》。波《は》羅《ら》羯《ぎゃ》諦《て》。

つまり、世俗的な智慧や知識から見ると次元の高い智慧も、完成された仏の智慧【般若波羅蜜多《はんにゃはらみた》】からすれば無に等しいのである。およそ世の中にあらわれている存在というものは仮の姿であって、その実体はないのである【無得《むとく》】[7]。この世界にはいかなるものもない【無所得《むしょとッ》】[8]。だから、菩薩《ぼさつ》は完璧《かんぺき》な仏の智慧【般若波羅蜜多《はんにゃはらみた》】をよりどころにして、こころの妨げなく安住しているのである【心無罣礙《しんむけげ》】[9]。こころに妨げがないから、何かを恐れるということもない。存在しないものを、あたかも存在しているようにとらえることからも遠く離れ【遠離一切顚倒夢想《おんりいッさいてんどうむそう》】[10]、完全に開放された、自由な境地【究竟涅槃《くぎょうねはん》】[11]に安住している。過去・現在・未来の三世《さんぜ》に現れるすべての仏は般若波羅蜜多を拠《よ》り所《どころ》としているので【依般若波羅蜜多故《えはんにゃはらみたこ》】、完璧

波《は》羅《ら》僧《そう》羯《ぎゃ》諦《て》。菩《ぼ》提《じ》薩《そ》婆《わ》訶《か》。般《はん》若《にゃ》心《しん》経《ぎょう》。

な悟りの境地に安住しているのだ【得阿耨多羅《とくあのくたら》三藐三菩提《さんみゃくさんぼだい》】。

それ故に（次のように）知るべきである。般若波羅蜜多の偉大なマントラ[12]【是大神呪《ぜだいじんしゅ》】、偉大な明知のマントラ【是大明呪《ぜだいみょうしゅ》】、最上のマントラ【是無上呪《ぜむじょうしゅ》】、比類なきマントラ【是無《ぜむ》等《とう》等呪《どうしゅ》】は、あらゆる苦悩を取り除いてくれるものであり【能除一切苦《のうじょいっさいく》[13]】、真実で偽りがない【真実不虚《しんじつふこ》】。（それでは）般若波羅蜜多のマントラを説こう【説般若波羅蜜多呪《せつはんにゃはらみたしゅ》】。すなわち、そのマントラは以下の通りだ【即説呪曰《そくせつじゅわっ》】。羯諦《ぎゃて》。羯諦。波羅羯諦《はらぎゃて》。波羅僧羯諦《はらそうぎゃて》。菩提薩《ぼじそ》婆訶《わか》[14]。

ここに『般若心経《はんにゃしんぎょう》』のマントラを説き終わる。

1　**観自在菩薩《かんじざいぼさつ》**　一般には観世音菩薩《かんぜおんぼさつ》といわれ、略して観音菩薩《かんのんぼさつ》という。「観音《かんのん》さま」「観音さん」などと呼ばれて親しまれている。この菩薩《ぼさつ》は早くからインドで盛んに信仰されており、中国、日本に伝えられて熱狂的な信仰を生んだ。この人気絶頂の菩薩を主人公としたことに、『般若心経《はんにゃしんぎょう》』の作者（だれが作ったかは不明）の意図が感じられる。つまり、大《だい》乗仏教《じょうぶっきょう》の屋台骨の一つである「空《くう》」の思想を一人でも多くの人々に広めるために、当時、最も親しまれていた観音菩薩を登場させたのだ。

2

五蘊《ごうん》　世の中の存在のあり方を五つの要素に分析したもので、蘊《うん》は集まりの意味。われわれ人間を含む世の中の存在は色《しき》・受《じゅ》・想《そう》・行《ぎょう》・識《しき》の五つの要素から成り立っている。色は物質的要素、受想行識《じゅそうぎょうしき》は精神的要素である。

色《しき》（蘊《うん》）は「形あるもの」。形あるものは壊れる性質を持つことから、「変化するもの」という意味になる。つまりわれわれの身体を含むすべての物質的存在のこと。受《じゅ》（蘊《うん》）は感受作用のことで、外界からの刺激に対して何らかの感覚、知覚、印象などを持つこと。その受け入れ方に苦、楽《らく》、不苦不楽《ふくふらく》の三種類がある。想《そう》（蘊《うん》）は感受したものの色や形などを心の中に思い浮かべ、それを表現し概念化すること。抽象的な概念の記憶などもこれに含まれる。行《ぎょう》（蘊《うん》）は意志（作用）のことで、対象に対して自らの意志で積極的に働きかけること。この働きかけが業《ごう》（未来に善悪の結果をもたらす潜在的な力）になる。識《しき》（蘊《うん》）は識別作用のこと。対象を区別し、認識することでもある。また、心作用全体を統括する働きも持ち、心そのものを指すこともある。

たとえば、花を例にとって五蘊の構造を説明すると次のようになる。

あるところに花が咲いていた。その花が「色」である。そして、ある人が通り掛かって、その花（色）を見ることが「受」である。さらに、その花が美しいとかそうでもないと感じることも受である。次に想は見て感じた花を、過去の記憶などを整理して、「これは花というものだったのだ」ということを認識すること。人は外界のさまざまな存在を概念化することで、「これは花である」「これは魚である」などと認識することができるのだ。行は対象に対して働きかけること。つまり、見たものを受け入れて、それを花であると認識し、きれいな花ならそれを摘んで持って帰ろうなどという意思を持ち、さらにそれを行動に移すことである。そして、その行動（行為）が将来にわたって善悪の業（結果）を残すことになるのだ。

最後に識は一連の精神的な働きを統括するものと考えてよい。外界にある色（存在）に対する受、想、行をまとめる働きだ。

今、花を例に五蘊の働きを説明したが、われわれは日々の生活の中で常に外界の色に対して、受・想・行・識を働かせて生きている。しかし、この世の中を成り立たせている五つの要素（五蘊）は、何の実体もないものである（空《くう》である）ということを悟ったというのだ。

3

舎利弗《しゃりほつ》　釈迦《しゃか》の十大弟子の一人で、とくに悟りの智慧《ちえ》に関して優れた見地を持っており、「智慧第一《ちえだいいち》」といわれている。舎利弗が『般若心経《はんにゃしんぎょう》』の聞き手として登場するのは、この経典が仏の深遠な智慧の極意を説くからで、ここにも経典作者の意図が感じられる。

4 **受《じゅ》以下の五蘊についても同じことが言える**　色即是《しきそくぜ》空《くう》　空即是《くうそくぜ》色《しき》から始まって、受《じゅ》・想《そう》・行《ぎょう》・識《しき》についてもそれぞれの本質が「空《くう》」であると観察すべきである、という意味。

5 **空相《くうそう》**　サンスクリット語で空《くう》は「シューニャ」、または「シューニャター」というが、厳密には両語の意味は少し異なる。シューニャは形容詞で、「空っぽの」「何も無い状態」、また、数学でいうとインド人が発見したゼロを意味する。いっぽう、シューニャターは抽象名詞で、「空《くう》であること」「空性《くうしょう》（その性質が空であること）」などと訳す。『般若心経《はんにゃしんぎょう》』のサンスクリット語の原典では、シューニャターが使われているので、五《ご》蘊皆空《うんかいくう》といった場合、単に「五蘊《ごうん》は空である。何も無い」という意味ではなく、「五蘊があって、その性質が空であること」という意味で「空相」、すなわち、空の本性を持っているということだ。

　よく『般若心経』は否定の経典と言われる。わずか二六六文字の中に「無」という文字が二一回、「不」が九回、そして、「空」が七回、なんと合計三七文字もの否定語が用いられている。しかも、「色不異空《しきふいくう》。空不異色《くうふいしき》」などと言って、二重に否定しているところが何箇所もある。

　しかし、この否定の表現はあるものが「存在しない」ということを言っているのではなく、あるものの「性質が空であること」ということを表しているのだ。だから、最初に「照見五蘊皆空《しょうけんごうんかいくう》」といい、さらにここでは五蘊の一つひとつについて、その性質が空であることを説いている。

6　**十八界《じゅうはちかい》**　眼耳鼻舌身意《げんにびぜつしんに》の六根《ろっこん》が目や鼻などの感覚器官。その感覚器官の機能が視覚、聴覚、味覚などの六境《ろっきょう》。そして、それらを成り立たせている領域が六識《ろくしき》である。

7　**無得《むとく》**　「無得」というと、損得の意味にとらえて、執着を離れて損得など考えるのではないという戒めのように感じるかもしれない。しかし、この「得《とく》」にはそういった意味はまったくない。この「得」のサンスクリット語は「プラープティ」といい、非常に多くの意味があるが、ここでは「獲得する」「得る」などという意味で使われている。

世の中のあらゆる存在は五蘊《ごうん》が仮に和合して、何らかの実体らしきものが形成されている。その仮に形成されたものをプラープティ（得）という。そして、諸法空相《しょほうくうそう》であってみれば、当然そのようなプラープティは存在しない。だから、「無得」といっているのである。無得の原語はプラープティに否定辞のアをつけて、アプラープティという。

また、アプラープティという言葉には「分離させる」という意味もあり、「非得《ひとく》」とも訳される。つまり、五蘊が仮に融合したり（得）、分離したりする（非得）働きのことである。諸行無常《しょぎょうむじょう》の世の中では、五蘊は刹那《せつな》ごとに、仮に離合集散を繰り返している。これを「五蘊仮和合《ごうんけわごう》」という。

たとえば、音楽は一つひとつの音が生滅を繰り返すことによって成り立っているが、ドが音楽でもなければ、レが音楽でもない。しかも、ドレミファソラシドの音もごく短い時間の中で離合集散を繰り返し、変化し続けている。ところが、世間の人たちは、それを漠然と音楽ととらえ、音楽が好きだ、嫌いだといって、それに執着しているのだ。

音楽と同じように、世の中のすべてのものは「得」「非得」の繰り返しによって存在しているように見えているだけなのだ。だから、仏の智慧から見れば、得《とく》も非得《ひとく》もないということになるのである。

8 **無所得《むしょとく》**　ここでは世間一般にいう所得（収入）の意味ではない。この言葉は前出の「無《む》智《ち》」「無得《むとく》」を前提としている。得《とく》はサンスクリット語の「プラープティ」が原語で、「獲得すること」「得ること」という意味。

9 **罣礙《けげ》**　さわり。障害という意味。

10 **顚倒夢想《てんどうむそう》**　「顚倒《てんどう》」は文字通り、真実を逆さまにとらえること。ここでは身の回りの存在が本当は五蘊仮和合《ごうんけわごう》で仮に存在しているにも拘《かかわ》らず、それらが実体のあるものとして実際に存在していると錯誤しているという意味。だから夢のような妄想だというのである。

11 **究竟涅槃《くぎょうねはん》**　「涅槃《ねはん》」は悟りの意味。サンスクリット語で「ニルヴァーナ」という。ニルヴァーナとは「吹き消された状態」、すなわち、すべての活動が停止した絶対的な静寂の世界といわれている。われわれの心は常に変化し、喜怒哀楽の情に動かされている。そして、心が落ち着きを取り戻したとき、われわれは安堵《あんど》し、平安の中に安住する幸せを感じる。世俗の世界ではその平安の境地は長くは続かないが、ニルヴァーナは永遠に続き、完璧《かんぺき》な寂浄《じゃくじょう》の世界に安住してそこから出ることがないといわれている。そして、そのニルヴァーナ（涅槃）にもレベルがある。「究竟《くぎょう》」はこの上なく最上のという意味で、究竟涅槃は涅槃の境地の中でも最高のもの。阿耨多羅三藐三菩提《あのくたらさんみゃくさんぼだい》と同じである。

12 **マントラ**　ダラニ（陀羅尼）ともいい、呪文《じゅもん》の一種。『般若心経《はんにゃしんぎょう》』ではマントラを「呪《しゅ》」と訳している。この呪は翻訳不可能で、言葉自体に霊力があると考えられている。その呪が最後に示される「羯諦《ぎゃて》羯諦《ぎゃて》……」で、この部分はサンスクリット語の音写で示されている。

13 **能除一切苦**《のうじょいっさいく》　末尾の呪《しゅ》をとなえると一切の苦しみが取り除かれるという意味。

14 **羯諦**《ぎゃて》**。羯諦**《ぎゃて》**。波羅羯諦**《はらぎゃて》**。波羅僧羯諦**《はらそうぎゃて》**。菩提薩婆訶**《ぼじそわか》　この呪《しゅ》の部分は翻訳不能で、玄奘三蔵《げんじょうさんぞう》はこのような霊的な力のある言葉は意訳をしていない。これを「不訳《ふやく》」といい、言語を音写で表すのだ。ただし、だいたいの意味をとれば以下のようになる。

「羯諦」のサンスクリット語は「ガテー」、英語の「ゴー」に相当し、「行く」という意味。「波羅羯諦」はサンスクリット語で「パーラ・ガテー」、「パーラ」は「完全に」という意味で、「完全に行く」という意味。そして、「波羅僧羯諦」のサンスクリット語は「パーラ・サン・ガテー」。「サン」も「完全に」という意味で、完全にという言葉を重ねて「極めて完全に行く」という意味になる。そして、その行き先は「阿耨多羅三藐三菩提《あのくたらさんみゃくさんぼだい》（究竟涅槃《くぎょうねはん》）」、完全な悟りの世界だ。

　そして、「菩提薩婆訶」は呪の最後に添えられる常套句《じょうとうく》で、サンスクリット語でボーディ・スヴァーハー。菩提《ぼじ》（ボーディ）は「悟り」、スヴァーハーは「幸いあれ（グッド・ラック）」という意味で、「悟りの境地（彼岸《ひがん》）に行くものよ！　幸いあれ！」といった意味になる。

観音経《かんのんぎょう》

正式には『法華経《ほけきょう》』「観世音菩薩普門品《かんぜおんぼさつふもんぼん》第二十五」といわれるお経で、各宗派で法要《ほうよう》などの折に幅広く読まれ、また、『法華経』を中心に発展した新仏教教団においても盛んに読まれ、信仰されている。

観世音菩薩《かんぜおんぼさつ》（観音菩薩《かんのんぼさつ》）の来歴や功徳《くどく》について説かれており、すでにインドで観世音菩薩が盛んに信仰され、中国、日本でも爆発的な信仰を保ち続けてきた観音《かんのん》信仰のバイブルである。さらに、この経典に基づいて西国三十三観音霊場《さいごくさんじゅうさんかんのんれいじょう》などが整備され、今も多くの人々が霊場を巡っている。

『般若心経《はんにゃしんぎょう》』とともに最もポピュラーな経典として知られているが、『般若心経』が写経などによく使われて、どちらかというと庶民的な信仰であるのに対して、『観音経』はこの経典をいわば人生の糧として信仰している人が多い。その点で熱心な信仰を保ち続けているといえる。

原文

世《せ》尊《そん》妙《みょう》相《そう》具《ぐ》
我《が》今《こん》重《じゅう》問《もん》彼《ぴ》
仏《ぶッ》子《し》何《が》因《いん》縁《ねん》
名《みょう》為《い》観《かん》世《ぜ》音《おん》
具《ぐ》足《そく》妙《みょう》相《そう》尊《そん》
偈《げ》答《とう》無《む》尽《じん》意《に》
汝《にょ》聴《ちょう》観《かん》音《のん》行《ぎょう》

現代語訳

世尊《せそん》▼1（釈迦如来《しゃかにょらい》）は（三十二相八十種好《さんじゅうにそうはちじっしゅこう》などのわれわれ凡人にはない）優れた姿【妙相《みょうそう》】▼2（偉人の相）を具《そな》えていらっしゃる。私（無尽意菩薩《むじんにぼさつ》）はいま、重ねて観世音菩薩《かんぜおんぼさつ》のことについてお尋ね申し上げる。

「仏の子はどういう因縁で、観世音《かんぜおん》と名付けられたのでしょうか」と。

（これに対して）優れたお姿を具えられた世尊は次のような偈《げ》▼3（詩文）でお応《こた》えになられた。

「（これから）あなたに観音《かんのん》の優れた行《ぎょう》について話すので、よく聞きなさい。観音菩薩《かんのんぼさつ》はあら

善《ぜん》応《のう》諸《しょ》方《ほう》所《しょ》
弘《ぐ》誓《ぜい》深《じん》如《にょ》海《かい》
歴《りゃッ》劫《こう》不《ふ》思《し》議《ぎ》
侍《じ》多《た》千《せん》億《のく》仏《ぶつ》
発《ほっ》大《だい》清《しょう》浄《じょう》願《がん》
我《が》為《い》汝《にょ》略《りゃく》説《せつ》
聞《もん》名《みょう》及《ぎゅう》見《けん》身《しん》
心《しん》念《ねん》不《ふ》空《くう》過《か》
能《のう》滅《めつ》諸《しょ》有《う》苦《く》

ゆる場所から救いを求める、あらゆる人々の願いに応じてくれる。観音菩薩が人々を救おうという誓願《せいがん》【弘誓《ぐぜい》】は海のように深いのだ。その深さは劫《こう》という長い時間が経っても言葉で言い表したり、心でおしはかることができない【不《ふ》思《し》議《ぎ》】▼4。（観音菩薩は）何千億という仏に仕え、この上なく偉大で清らかな願い【大清浄願《だいしょうじょうがん》】▼5をおこして修行に励んだのだ。私はあなたのために略して（その要点を）説こう。

観世音菩薩の名を聞き、その姿を見、心に念じ（イメージして）、空《むな》しく過ごすことがなければ、（観音菩薩は）人々のあらゆる苦悩を滅してくれるだろう。

仮《け》使《し》興《こう》害《がい》意《い》
推《すい》落《らく》大《だい》火《か》坑《きょう》
念《ねん》彼《び》観《かん》音《のん》力《りき》
火《か》坑《きょう》変《へん》成《じょう》池《ち》
或《わく》漂《ひょう》流《る》巨《こ》海《かい》
龍《りゅう》魚《ぎょ》諸《しょ》鬼《き》難《なん》
念《ねん》彼《び》観《かん》音《のん》力《りき》
波《は》浪《ろう》不《ふ》能《のう》没《もつ》
或《わく》在《ざい》須《しゅ》弥《み》峯《ぶ》

たとえ、悪意のあるものが誰かを殺そうとして火坑《かきょう》に陥れたとしても、観音菩薩の力を心に念ずれば、火坑は水をたたえた池に変わるだろう。あるいは大海原を漂流して、龍《りゅう》やさまざまな魚（怪魚）や鬼に出会い、危害を加えられても、観音菩薩の力を念ずれば、逆巻く波も彼を溺《おぼ》れさせることはできないだろう。

あるいは須弥《しゅみ》山《せん》▼6の頂上から、誰かに突き落とされたとしても、観音菩薩の力を念ずれば、太

為《い》人《にん》所《しょ》推《すい》堕《だ》
念《ねん》彼《び》観《かん》音《のん》力《りき》
如《にょ》日《にち》虚《こ》空《くう》住《じゅう》
或《わく》被《ひ》悪《あく》人《にん》逐《ちく》
堕《だ》落《らく》金《こん》剛《ごう》山《せん》
念《ねん》彼《び》観《かん》音《のん》力《りき》
不《ふ》能《のう》損《そん》一《いち》毛《もう》
或《わく》値《ち》怨《おん》賊《ぞく》繞《にょう》
各《かく》執《しゅう》刀《とう》加《か》害《がい》

陽のように虚空に留《とど》まっているであろう。あるいは悪人に追われて金剛山《こんごうせん》▼7から堕《お》ちたとしても、観音菩薩の力を念ずれば、一本の毛さえも失うことなく無事でいられるだろう。

あるいは、怨《うら》みを持った賊に囲まれ、刀で切りつけられそうになっても、観音菩薩の力を念ずれば、（極悪非道の）賊もことごとく慈しみ

念《ねん》彼《び》観《かん》音《のん》力《りき》
咸《げん》即《そく》起《き》慈《じ》心《しん》
或《わく》遭《そう》王《おう》難《なん》苦《ぐ》
臨《りん》刑《ぎょう》欲《よく》寿《じゅ》終《しゅう》
念《ねん》彼《び》観《かん》音《のん》力《りき》
刀《とう》尋《じん》段《だん》段《だん》壊《ね》
或《わく》囚《しゅう》禁《きん》枷《か》鎖《さ》
手《しゅ》足《そく》被《ひ》杻《ちゅう》械《かい》
念《ねん》彼《び》観《かん》音《のん》力《りき》

の心を起こすだろう。あるいは、国王によって処刑されそうになっても、まさに命が絶たれようとするとき、観音菩薩の力を念ずれば、（斬《ざん》首《しゅ》に用いる）刀は粉々に壊れてしまうだろう。

あるいは、囚《とら》われの身になって首枷《くびかせ》、手枷《てかせ》、足枷《あしかせ》でがんじがらめに縛られても、観音菩薩の力を念ずれば、すぐさま【釈然《しゃくねん》】解放【解脱《げだつ》】▼8されるだろう。さらに、誰かに呪《のろ》いとさまざまな毒薬によって、危害を加えられそうになって

釈《しゃく》然《ねん》得《とく》解《げ》脱《だつ》
呪《しゅ》詛《そ》諸《しょ》毒《どく》薬《やく》
所《しょ》欲《よく》害《がい》身《しん》者《じゃ》
念《ねん》彼《び》観《かん》音《のん》力《りき》
還《げん》著《じゃく》於《お》本《ほん》人《にん》
或《わく》遇《ぐう》悪《あく》羅《ら》刹《せつ》
毒《どく》龍《りゅう》諸《しょ》鬼《き》等《とう》
念《ねん》彼《び》観《かん》音《のん》力《りき》
時《じ》悉《シツ》不《ぷ》敢《かん》害《がい》

も、観音菩薩の力を念ずれば、その呪いや毒薬の害はそれを加えようとした人に降りかかるだろう。

あるいは、極悪な鬼【羅刹《らせつ》】[9]や毒を持った龍[10]やさまざまな鬼などに遭遇したとき、観音菩薩の力を念ずれば、彼らは敢《あ》えて害を加えないだろう。

また、もしも恐ろしい獣に取り囲まれて、その鋭い牙《きば》や爪に言いしれぬ恐怖を感じたとして

若《にやく》悪《あく》獣《じゆう》囲《い》繞《によう》
利《り》牙《げ》爪《そう》可《か》怖《ふ》
念《ねん》彼《び》観《かん》音《のん》力《りき》
疾《シツ》走《そう》無《む》辺《へん》方《ぼう》
蚖《がん》蛇《じや》及《ぎゆう》蝮《ぶツ》蠍《かつ》
気《け》毒《どく》煙《えん》火《か》燃《ねん》
念《ねん》彼《び》観《かん》音《のん》力《りき》
尋《じん》声《しよう》自《じ》回《え》去《こ》
雲《うん》雷《らい》鼓《く》掣《せい》電《でん》

も、観音菩薩の力を念ずれば、彼らはすぐさま地の果てまで逃げ去ってしまうだろう。トカゲや蛇やマムシやサソリの毒気に侵されて火に焼かれるような苦痛を受けても、観音菩薩の力を念ずれば、それらはたちどころに消え失《う》せてしまうだろう。また、雷が轟《とどろ》いて稲妻が走り、大雨や霰《あられ》が降り注いでも、観音菩薩の力を念ずれば、それらはたちまち消え失せるだろう。

降《ごう》雹《ばく》澍《じゅ》大《だい》雨《う》
念《ねん》彼《び》観《かん》音《のん》力《りき》
応《おう》時《じ》得《とく》消《しょう》散《さん》
衆《しゅ》生《じょう》被《ひ》困《こん》厄《にゃく》
無《む》量《りょう》苦《く》逼《ひッ》身《しん》
観《かん》音《のん》妙《みょう》智《ち》力《りき》
能《のう》救《ぐ》世《せ》間《けん》苦《く》
具《ぐ》足《そく》神《じん》通《ずう》力《りき》
広《こう》修《しゅ》智《ち》方《ほう》便《べん》

人々が困難や災いを被って、大変な苦しみが迫って来ようとしているとき、観音菩薩の妙《たえ》なる力【妙智《みょうち》】▼11はこの世間から（一切の）苦しみを取り去るのである。（観音菩薩は）神通力《じんずうりき》を具え、深遠な智慧《ちえ》を働かして巧みな手段【方《ほう》便《べん》】を駆使して人々を教え導き、あらゆる方角【十方《じッぽう》】にある多くの国土《こくど》に、どこの国土であれ、姿を見せないことはないのだ。種々の悪い世界【悪趣《あくしゅ》】、すなわち、地獄《じごく》と餓鬼《がき》と畜生《ちくしょう》に生まれる苦しみ、そして、生老病死《しょうろうびょうし》▼12の苦しみから、（観

十《じッ》方《ぽう》諸《しょ》国《こく》土《ど》
無《む》刹《せっ》不《ふ》現《げん》身《しん》
種《しゅ》種《じゅ》諸《しょ》悪《あく》趣《しゅ》
地《じ》獄《ごく》鬼《き》畜《ちく》生《しょう》
生《しょう》老《ろう》病《びょう》死《し》苦《く》
以《い》漸《ぜん》悉《しっ》令《りょう》滅《めっ》
真《しん》観《かん》清《しょう》浄《じょう》観《かん》
広《こう》大《だい》智《ち》慧《え》観《かん》
悲《ひ》観《かん》及《ぎゅう》慈《じ》観《かん》

音菩薩の力）によってことごとく滅せられるであろう。

また、観音菩薩には真理《しんり》（真実）を見極める力【真観《しんかん》】、清らかなもの（とそうではないもの）を見極める力【清浄観《しょうじょうかん》】、計り知れない深遠な智慧《ちえ》の力【広大智慧観《こうだいちえかん》】、すべてのものを慈しみ、救う力【悲観及慈観《ひかんぎゅうじかん》】▼[13]が具わっている。

常《じょう》願《がん》常《じょう》瞻《せん》仰《ごう》
無《む》垢《く》清《しょう》浄《じょう》光《こう》
慧《え》日《にち》破《は》諸《しょ》闇《あん》
能《のう》伏《ぶく》災《さい》風《ふう》火《か》
普《ふ》明《みょう》照《しょう》世《せ》間《けん》
悲《ひ》体《たい》戒《かい》雷《らい》震《しん》
慈《じ》意《い》妙《みょう》大《だい》雲《うん》
澍《じゅ》甘《かん》露《ろ》法《ほう》雨《う》
滅《めつ》除《じょ》煩《ぼん》悩《のう》焔《えん》

常に願いを込めて仰ぎ見なさい！　穢《けが》れのない【無垢《むく》】、限りなく清らかな太陽のような智《ち》慧《え》の光【慧日《えにち》】はさまざまな迷いの闇を破り、災いの風と火を消して、広く世間を照らすであろう。観音菩薩の悲《ひ》の心は雷が空を震わせるような勢いで、そして、その慈しみの心は妙なる大雲のように（雲が慈雨を降り注いで草木を潤すように）、悟りの助けになる教えの雨【甘露《かんろ》法雨《ほうう》】▼14を降り注ぎ、（激しく燃え盛る）煩悩《ぼんのう》の焔《ほのお》を消し去ってくれるだろう。

諍《じょう》訟《しょう》経《きょう》官《かん》処《じょ》
怖《ふ》畏《い》軍《ぐん》陣《じん》中《ちゅう》
念《ねん》彼《ぴ》観《かん》音《のん》力《りき》
衆《しゅ》怨《おん》悉《しッ》退《たい》散《さん》
妙《みょう》音《おん》観《かん》世《ぜ》音《おん》
梵《ぼん》音《のん》海《かい》潮《ちょう》音《おん》
勝《しょう》彼《ひ》世《せ》間《けん》音《のん》
是《ぜ》故《こ》須《しゅ》常《じょう》念《ねん》
念《ねん》念《ねん》勿《もッ》生《しょう》疑《ぎ》

たとえば、訴訟が起きて公の場で争っているとき、戦場に行って（言いしれぬ）恐怖を感じたとき、観音菩薩の力を念ずれば、多くの怨みは（たちまち）消え去るであろう。

観音菩薩の妙なる音（声）は梵天《ぼんてん》の発する清浄な音（声）やブッダ（釈迦《しゃか》）が説法する際に発する波のような大きな音（声）【梵音海潮音《ぼんのんかいちょうおん》】のようで、世間のすべての音よりも優れている。それ故（このように観音菩薩はあらゆる面において優れているから）、常に観音菩薩に思いを馳《は》せていなさい【是故須常念《ぜこしゅじょうねん》】。そして、思いを馳せるときには決して疑いの心を起こしてはならない！

観《かん》世《ぜ》音《おん》浄《じょう》聖《しょう》
於《お》苦《く》悩《のう》死《し》厄《やく》
能《のう》為《い》作《さ》依《え》怙《こ》
具《ぐ》一《いッ》切《さい》功《く》徳《どく》
慈《じ》眼《げん》視《じ》衆《しゅ》生《じょう》
福《ふく》聚《じゅ》海《かい》無《む》量《りょう》
是《ぜ》故《こ》応《おう》頂《ちょう》礼《らい》
爾《に》時《じ》。持《じ》地《じ》菩《ぼ》薩《さ》。即《そく》
従《じゅう》座《ざ》起《き》。前《ぜん》白《びゃく》仏《ぶつ》言《ごん》。

観音菩薩は清らかで神聖で、（われわれが）苦悩や、死や困難なことや災いに直面したとき、（力強い）拠《よ》り所《どころ》【依怙《えこ》】となってくれるのだ。（そして、）観音菩薩は一切の功徳《くどく》を具え、慈しみの眼【慈眼《じげん》】をもって常に生きとし生けるものを見守っておられる。その福徳《ふくとく》【福聚《ふくじゅ》】は大海原のように広大無辺で尽きることがない。それ故、頭を地に付けて礼拝《らいはい》【頂礼《ちょうらい》】すべきである」

そのとき（このようにブッダ（世尊）が述べ終わったとき）、持地菩薩《じちぼさつ》[15]がすぐに座から立ち上がって、前に進み、

世尊《せそん》。若有《にやくう》衆生《しゆじよう》。聞《もん》是観世音菩薩品《ぜかんぜおんぼさほん》。自在之業《じざいしごう》。普門示《ふもんじ》現《げん》。神通力者《じんずうりきしや》。当知《とうち》是人《ぜにん》。功徳不少《くどくふしよう》。仏《ぶツ》説是普門品時《せつぜふもんぼんじ》。衆《しゆ》中八万四千衆生《ちゆうはちまんしせんしゆじよう》。皆発無等等阿耨《かいほつむとうどうあのく》多羅三藐三菩提心《たらさんみやくさんぼだいしん》。

「もし、この観世音菩薩品《かんぜおんぼさつぼん》（『観音経《かんのんぎよう》』）に説かれている（観音菩薩が）自由自在に（衆生《しゆじよう》を）救ってくれるという能力と、（観音菩薩が）神通力によって（救いを求める人があれば）どこにでも現れてくれるという力について聞く者がいれば、（その人は聞いただけで）大きな功徳に与《あずか》ったと知るべきである」

と、言った。

世尊が「普門品《ふもんぼん》（『観音経』）」とお説きになったとき、八万四千《はちまんしせん》▼16の人々は皆、（ブッダと同レベルの）最高の悟り【阿耨多羅三藐三菩提《あのくたらさんみやくさんぼだい》】▼17を求める心を発《ほつ》したのである。

1　**世尊《せそん》**　釈迦牟尼世尊《しやかむにせそん》というのがシャカの正式名称。「釈迦《しやか》」は彼が属したシャカ族という部族の名。「牟尼《むに》」はサンスクリット語の「ムニ」の音写語で、聖者の意味。そして、「世尊《せそん》」は文字通り世の尊敬に値する人という意味だ。ふつうは略して「釈迦」、あるいは親しみを込めて「お釈迦さま」「お釈迦さん」などと言っている。

2　**妙相《みようそう》**　如来《によらい》にはわれわれ凡人には見られない、いわゆる偉人の相が具《そな》わっているという。時代が下るとそれが「三十二相《さんじゆうにそう》、八十種好《はちじつしゆこう》」と呼ばれる、三二の大きな特徴と、それに付随する八〇の特徴にまとめられるようになった。たとえば、眉間《みけん》にあるホクロのようなものは「眉間白毫相《みけんびやくごうそう》」といい、眉間に空いた穴の中に白い毛が渦を巻いて収まっている。如来が人を救おうと思ったときや優れた説法をするときにはその毛が外に伸びて光を放つという。これが救いの光明《こうみよう》だ。

3　**偈《げ》**　仏典は散文と韻文の組み合わせで著されている。ふつう、散文の次に韻文を重ねて散文の内容を繰り返すことが多い。韻文は散文の内容をより強調する意味があり、この箇所のように散文がなくて、いきなりブッダが偈《げ》(韻文)で応《こた》えたということは、如何《いか》に重要な内容を語っているかを示している。

4　**不思議《ふしぎ》**　サンスクリット語で「アチントヤ」といい、「不可思議《ふかしぎ》」とも訳す。言葉で言い表わしたり、心でおしはかったりすることができないこと。ブッダの悟りの境地などを表わし、『華厳経《けごんきよう》』や『維摩経《ゆいまぎよう》』は『不可思議解脱経《ふかしぎげだつきよう》』と呼ばれ、阿弥陀如来《あみだによらい》は「不可思議《ふかしぎ》光如来《こうにょらい》」とも呼ばれる。

5 **大清浄願**《だいしょうじょうがん》　如来《にょらい》は修行時代の菩薩《ぼさつ》のとき、衆生《しゅじょう》を救うために願《がん》（誓願《せいがん》）をたてて、それが実現可能になるように修行に励む。これを「大願《たいがん》」といい、阿弥陀如来《あみだにょらい》は菩薩時代に四十八《しじゅうはち》の大願をたてて、とてつもなく長い間修行に励んだ結果、その願《がん》を実現可能にして悟りを開いた。また、薬師如来《やくしにょらい》は十二の大願をたてた。

6 **須弥山**《しゅみせん》　サンスクリット語の「スメール」の音写で、妙高《みょうこう》などともいう。仏教の世界観の中心に聳《そび》えるという、計り知れないほどの標高を持った山。

7 **金剛山**《こんごうせん》　『華厳経《けごんきょう》』に登場する法起菩薩《ほうきぼさつ》の住処《すみか》とされる山。日本でも各地に金剛山と称する山があり、金剛山の山号をもつ寺院もある。

8 **解脱**《げだつ》　苦しみや迷いから解放されること。輪廻転生《りんねてんしょう》から解放されることで、悟りの意味。しかし、ここでは手枷《てかせ》、足枷《あしかせ》などの拘束から解き放たれることを意味している。

9 **羅刹**《らせつ》　いわゆる悪鬼で、神通力《じんずうりき》を具《そな》え、他人を惑わして喰《く》らうという。男の鬼はサンスクリット語で「ラークシャサ」（羅刹婆《らせつば》）、女の鬼は「ラークシャシー」（羅刹女《らせつにょ》）という。男の羅刹《らせつ》は極めて醜く獰猛《どうもう》で、羅刹女はみな絶世の美女だが、心は氷のように冷たく、残忍極まりないという。しかし、女性については力強く救ってくれるといい、『法華経《ほけきょう》』の「陀羅尼品《だらにほん》」には一〇人の羅刹女（十羅刹女《じゅうらせつにょ》）が女人成仏《にょにんじょうぶつ》を助けると説かれている。

10 **毒**《どく》**を持**《も》**った龍**《りゅう》　龍はもともと蛇のことで、毒を持った龍はキングコブラのこと。また、毒蛇は煩悩《ぼんのう》（欲望）にも譬《たと》えられることから、ここでは煩悩に取りつかれるという意味も含んでいる。

11 **妙智**《みょうち》　想像を絶するような力を発揮する原動力となる観音菩薩《かんのんぼさつ》の広大無辺の智慧《ちえ》。

12 **生老病死**《しょうろうびょうし》　この世に生まれて来ると、やがて老いに苦しみ、病に苦しみ、死の恐怖に苦しむ。そして、その根本の原因はこの世に生を受けたことである。仏教では生老病死《しょうろうびょうし》の四つの苦《く》に、人と別離することに対する苦しみ（愛別離苦《あいべつりく》）、嫌な人と会わなければならない苦しみ（怨憎会苦《おんぞうえく》）、求めるものが手に入らない苦しみ（求不得苦《ぐふとくく》）、そして、身の回りの実体のない存在が盛んに苦しみを創り出している（五蘊盛苦《ごうんじょうく》）という四つの苦《く》を加えて「四苦八苦《しくはっく》」という。

13 **観**《かん》　サンスクリット語で「ヴィパシャナー」。観世音菩薩《かんぜおんぼさつ》の「観《かん》」にも表わされているように、仏の深遠な正しい智慧《ちえ》でありのままの姿をとらえること。凡夫《ぼんぷ》が視覚で見るのとは違い、ものごとの紛れもない真実を即座に把握する力である。

14 **甘露法雨**《かんろほうう》　「甘露《かんろ》」はサンスクリット語の「アムリタ」の訳で、「不死」という意味。悟りの境地を表す言葉である。「法《ほう》」はブッダの教えのことで、甘露法雨とは人々を悟り（甘露《かんろ》）に導くために、さまざまな手段で説法をし続けるという意味である。

15 **持地菩薩**《じちぼさつ》　地蔵菩薩《じぞうぼさつ》の異名。ブッダ（釈迦《しゃか》）が亡くなってから、五十六億七千万年後に弥勒菩薩《みろくぼさつ》がこの娑婆《しゃば》世界に降りて来て悟りを開き、すべての人々を救うまで、娑婆《しゃば》世界にはブッダ（仏）がいない「無仏《むぶつ》の時代」が続く。しかも、仏滅《ぶつめつ》後、千五百年、あるいは二千年後には「末法《まっぽう》」と呼ばれる闇黒《あんこく》の世界が到来する。地蔵菩薩は無仏の時代をしっかりと守るようにと、釈迦から厳命されたといわれている。

16 **八万四千《はちまんしせん》**　大乗仏典《だいじょうぶってん》にはよく、釈迦《しゃか》は「八万四千《はちまんしせん》の法門《ほうもん》」を説いたという表現が出て来る。仏教では多数や数え切れないといった意味で、実数ではなく、膨大な数を表わす常套句《じょうとうく》。

17 **阿耨多羅三藐三菩提《あのくたらさんみゃくさんぼだい》**　サンスクリット語の「アヌッタラー・サンミャク・サン・ボーディ」の音写語で、「無上正等覚《むじょうしょうとうがく》」などと意訳される。悟りには次元の高いものから低いものまで、さまざまな階梯《かいてい》（レベル）があると考えられているが、阿耨多羅三藐三菩提はブッダが到達した最高レベルの悟りとされる。

　大乗仏教《だいじょうぶっきょう》では優れた経典を聞いたものはこの悟りに至るといわれ、『般若心経《はんにゃしんぎょう》』など多くの経典にも説かれる。サンスクリット語の「アヌッタラー」「サンミャク」「サン」はどれも「最高の」「最上の」という意味で、これらの形容詞を重ねることで、「この上ない悟り」という意味を強調している。また、「菩提《ぼだい》」は悟りの意味で、仏教の出発点は「発菩提心《ほつぼだいしん》」、すなわち、悟りを求める心（菩提心《ぼだいしん》）を発《お》こすことにある。『観音経《かんのんぎょう》』を聞くだけで、衆生《しゅじょう》は最高の悟りを得ようとの心を発《ほっ》すということである。

懺《さん》悔《げ》

自分がいままでに犯してきたさまざまな罪業《ざいごう》を仏の前で懺悔《さんげ》するときに読まれる文で、各宗派でよく読まれている。『略懺悔《りゃくさんげ》』とも呼ばれる。

過去に犯した罪や悪行を懺悔（反省）して、身心ともに清らかな状態にならなければ、悟りの境地に近づくことはできない。そこで、仏教でもキリスト教などとともに懺悔が重んじられる。

長短、さまざまな懺悔文があるが、この『懺悔』は『華厳経《けごんきょう》』「普賢行願品《ふげんぎょうがんぼん》」にあるもので、最もポピュラーなものだ。

葬儀《そうぎ》や法要《ほうよう》の最初に読まれ、身心ともに清らかな状態で、仏事に臨み、あるいは亡き人を送りだす。在家の人でも朝夕、仏壇に向かうときに、先《ま》ず『懺悔』をとなえる人もいる。

なお、高野山真言宗では「懺悔」といい、智山派では「懺悔文《さんげもん》」という。

原文

無始《むし》よりこのかた　貪瞋痴《とんじんち》の
煩悩《ぼんのう》にまつわれて　身《み》と口《くち》と
意《こころ》とに　造《つく》るところの　もろ
もろの　つみとがを　みな
悉《ことごと》く懺悔《さんげ》したてまつる

我《が》昔《しゃく》所《しょ》造《ぞう》諸《しょ》悪《あく》業《ごう》
皆《かい》由《ゆ》無《む》始《し》貪《とん》瞋《じん》痴《ち》
従《じゅ》身《しん》語《ご》意《い》之《し》所《しょ》生《しょう》
一《いッ》切《さい》我《が》今《こん》皆《かい》懺《さん》悔《げ》

現代語訳

私たちが遠い昔から造ってきた悪い行ない（や罪）【諸悪業《しょあくごう》】▼1は、みな、永遠の過去【無始《むし》】からの貪《むさぼ》り、怒り、愚痴【貪瞋痴《とんじんち》】▼2によるもので、身体と言葉と心【身語意《しんごい》】▼3の三つの器官の働きによって生じた行為である。いま、われわれはみ仏の前ですべてを懺悔《さんげ》する。

1 **諸悪業《しょあくごう》**　仏教では、人は遠い過去から輪廻転生《りんねてんしょう》を繰り返して現在に至っていると考える。したがってここでいう悪業《あくごう》は、人が生まれてから今までに犯した罪業《ざいごう》だけでなく、前生《ぜんしょう》での行ないも含まれる。

因果応報といわれるように、前生の行ないが原因になって今があり、今生《こんじょう》での行ないを原因として未来に善悪の結果が生まれる。だから、十分に懺悔《さんげ》して行ないを改めることが極めて重要になってくるのだ。

2 **貪瞋痴《とんじんち》**　これを「三毒《さんどく》」といい、煩悩《ぼんのう》（欲望）を造り出す根本的な原因である。「貪《とん》」は貪欲《どんよく》というように、何かを求める強い欲望。「瞋《じん》」は瞋恚《しんに》といい、他人やものごとに対して怒りの心を起こすこと。「痴《ち》」は愚痴で、根本的な知恵の欠如である。

3 **身語意《しんごい》**　「身《しん》」は身体的な行ない。たとえば、モノを盗んだり、他人に暴力を振るったりすること。「語《ご》」は言葉のことで、言葉はすぐに消えてしまうが、後に善悪の結果を残す。たとえば、他人の悪口を言ったり、罵倒《ばとう》したり、失言したりするとその報いを受ける。「意《い》」は心のことで、心に思っていると、やがてそれが身や語になってあらわれ、善悪の結果をもたらす。

この三つを「身語《しんご》（口《く》）意《い》の三業《さんごう》」という。「業《ごう》」とは行ない（行為）のことで、身体と言葉と心から発した業が善悪の結果を生み出すというのである。そして、身語意の三業を慎むことにより、善行を積めば、善い結果を生じ、悟りに近づく。

般若理趣経《はんにゃりしゅきょう》

一般には略して『理趣経《りしゅきょう》』と呼ばれているが、正式には『大楽金剛不空真実三摩耶経般若波羅蜜多理趣品《だいらくこんごうふくうしんじつさんまやきょうはんにゃはらみたりしゅぼん》』という。この経典は煩悩《ぼんのう》（欲望）、とくに男女間の愛欲を肯定し、その凄《すさ》まじいエネルギーで悟りの境地に達しようとの内容である。

空海《くうかい》がこの経典を唐《とう》から持ち帰ったが、彼は未熟なものには快楽主義を推進するかのような誤解を招くとして、厳重に管理し容易に閲覧させなかった。だから、最澄《さいちょう》がこの経典の借覧を申し出たときには空海が激怒し、それが二人を決別させる最大の原因になったのである（三五ページを参照）。密教《みっきょう》の教義を深く理解し、伝法灌頂《でんぽうかんじょう》を受けた者以外には一般には公開しないことになっている。

『般若理趣経』の主人公は金剛薩埵菩薩《こんごうさつたぼさつ》で、その本仏《ほんぶつ》は宇宙《うちゅう》の真理《しんり》そのものである大日如《だいにちにょ》来《らい》である。そして、森羅万象は煩悩も菩提《ぼだい》（悟り）も一切合切、宇宙の根元である限りなく清浄な大日如来の懐に抱かれている。だから、いかなる煩悩も本来、清浄なものなのである。つまり、煩悩と菩提はまったく同一のものなのである。これを真言密教《しんごんみっきょう》では「煩悩《ぼんのう》即菩提《そくぼだい》」といい、だから、今生での「即身成仏《そくしんじょうぶつ》」が可能になるのだ。

この経典は一七段からなり、第一段(初段)は総論。第二段以降が各論で、大日如来を本仏とするさまざまな仏、菩薩《ぼさつ》が登場しそれぞれの境地が述べられている。そして、第一七段の最後にこの経典の要旨をまとめた「百字偈《ひゃくじのげ》」がある。各種法要や日常の勤行《ごんぎょう》ではこの「百字偈」が読誦《どくじゅ》される。

原文

菩《ほ》薩《サッ》勝《しょう》慧《けい》者《しゃ》
及《だい》至《し》尽《しん》生《せい》死《し》
恒《こう》作《さく》衆《しゅう》生《せい》利《り》
而《じ》不《ふ》趣《しゅ》涅《デッ》槃《ぱん》

現代語訳

仏の教えに従って悟りを求め、勝《すぐ》れた仏の智《ち》慧《え》を獲得した阿《あ》闍梨《じゃり》(密教《みっきょう》の修行者)は生き死にを超えて、常に人々を救済するために働き、しかも、涅槃《ねはん》に入らずに衆生《しゅじょう》のために粉骨砕身して働いている。

般《ふわん》若《じゃ》及《きゅう》方《ほう》便《べん》
智《ち》度《と》悉《しッ》加《か》持《ち》
諸《しょ》法《ほう》及《きゅう》諸《しょ》有《ゆう》
一《いッ》切《せい》皆《かい》清《せい》浄《せい》
慾《よく》等《とう》調《ちょう》世《せ》間《かん》
令《れい》得《とく》浄《せい》除《ちょ》故《こ》
有《ゆう》頂《てい》及《きゅう》悪《あく》趣《しゅ》
調《ちょう》伏《ふく》尽《しん》諸《しょ》有《ゆう》
如《じょ》蓮《れん》体《てい》本《ほん》染《ぜん》

真実の仏の智慧【般若《ふわんじゃ》】と、それによる衆生救済の手段【方便《ほうべん》】によって、また、彼《か》の岸《きし》（悟りの境地）に渡すことのできる偉大な智慧【智《ち》度《と》】により、如来《にょらい》と衆生を同化するすべての力【悉加持《しッかち》】をもって、万物【諸法《しょほう》】と生きとし生けるもの【諸有《しょゆう》】をすべて清浄にしよう。

欲望（煩悩《ぼんのう》）に本来備わっている力【慾等《よくとう》】で世間の人々を導き、罪悪を除き、清浄にすることができるだろう。それ故に有頂天《うちょうてん》（衆生が住む最高の世界）から地獄【悪趣《あくしゅ》】に至るまで、すべての衆生【諸有《しょゆう》】の悪を調伏《ちょうぶく》する。

泥の中から咲き出て汚泥に染まることがなく、他のものを汚すこともない蓮《はす》の花のように、人

不《ふ》為《い》垢《こ》所《そ》染《ぜん》
諸《しょ》慾《よく》性《せい》亦《えき》然《ぜん》
不《ふ》染《ぜん》利《り》群《きん》生《せい》
大《たい》慾《よく》得《とく》清《せい》浄《せい》
大《たい》安《あん》楽《らく》富《ふ》饒《じょう》
三《さん》界《かい》得《とく》自《し》在《さい》
能《のう》作《さ》堅《けん》固《こ》利《り》

間が持っている諸々の欲望の本来の性質は蓮の花のように清浄なもので、他の多くのもの【群生《きんせい》】を汚すことなく、ただ、利益を与えるのみである。

清浄なる偉大な欲望は平安で、楽なもので、大きな富【富饒《ふじょう》】をもたらす。そして、この迷いの世界【三界《さんかい》】が思うままになり、衆生の救済は確実なものになるのだ。

三摩耶戒《さんまやかい》

菩提心《ぼだいしん》（悟りを求める心）を起こしたら、弛《たゆ》まず修行に励んでその道を貫徹しなければならない。

空海は『三摩耶戒』について「この戒を保つものは出家在家を問わず、真言密教《しんごんみっきょう》の行者《ぎょうじゃ》である。そして、この戒の本体は信心《しんじん》、大悲心《だいひしん》、勝義心《しょうぎしん》、大菩提心《だいぼだいしん》である」と述べている。

「三摩耶」はサンスクリット語の「サマーディ」の音写語（サンスクリット語の発音を漢字の音に写したもの）で「瞑想《めいそう》」を意味する。そして、瞑想（三摩耶）を実践することによって、修行者と仏が完全に平等になり、衆生を救おうとの仏の誓願《せいがん》を体得し、悟りの妨げとなる煩悩《ぼんのう》を消し去り、悟りに至らない修行者を仏が叱咤《しった》激励してくれていることを理解するという。

原文

われらはみほとけの子《こ》なり
ひとえに如来大悲《にょらいだいひ》の本誓《ほんぜい》を仰《あお》いで
不二《ふに》の浄信《じょうしん》に安住《あんじょう》し
菩薩利他《ぼさつりた》の行業《ぎょうごう》を励《はげ》みて
法身《みほとけ》の慧命《いのち》を相続《そうぞく》したてまつらん
おん　さんまや　さとばん

現代語訳

わたしたちはみな御仏《みほとけ》の子どもです。

ひたすら如来《にょらい》がすべての衆生《しゅじょう》と一体であるという偉大な慈悲【如来大悲《にょらいだいひ》の本誓《ほんぜい》】[1]を仰ぎ、二つとない清い心に安住してすべての衆生に奉仕する（大乗《だいじょう》の）菩薩《ぼさつ》の利他行《りたぎょう》【菩薩利他《ぼさつりた》の行業《ぎょうごう》】[2]に励み、大日如来《だいにちにょらい》【法身《みほとけ》】[3]の偉大な生命を受け継いでまいります。

1　**如来大悲《にょらいだいひ》の本誓《ほんぜい》**　如来《にょらい》が衆生《しゅじょう》を掬《すく》い取ろうという偉大な慈悲に基づく誓願。

2　**菩薩利他《ぼさつりた》の行業《ぎょうごう》**　大乗《だいじょう》の菩薩《ぼさつ》は自分のことはさて置き、真っ先に他者を救うことに専念する。その利他行《りたぎょう》に邁進《まいしん》し、その善行がもたらす功徳《くどく》。

3

法身《みほとけ》　法《み》は仏陀《ぶつだ》の教え、つまり宇宙《うちゅう》の真理《しんり》の総体。その真理を本体としているのが法身《ほっしん》仏《ぶつ》で、大日如来《だいにちにょらい》がその代表である。

十善戒《じゅうぜんかい》

戒律《かいりつ》（戒《かい》）を守り、精神を集中させること（定《じょう》）によって、悟りの境地（慧《え》）にいたる。このことを「戒定慧《かいじょうえ》の三学《さんがく》」といい、仏教の実践と悟りについて簡潔にまとめた言葉である。戒律は仏教の屋台骨で、これを守ることによって完璧《かんぺき》な人格が形成されると考えられている。

戒律は釈迦《しゃか》の時代にすでに完備されており、もともと小乗仏教《しょうじょうぶっきょう》で成立したもので、出家者が守るべき規律を定めたものだった。出家の修行者に対しては、男性の僧侶《そうりょ》が二五〇戒、尼僧に対しては三四八戒《さんびゃくしじゅうはちかい》という多くの定めがある。そして、大乗仏教《だいじょうぶっきょう》の時代になると在家の信徒のために「五戒」という五つの戒律が定められるようになる。

五戒は不殺生《ふせっしょう》（生き物を虐めたり、殺したりしてはいけない）、不偸盗《ふちゅうとう》（モノを盗んではいけない）、不妄語《ふもうご》（ウソをついたり、美辞麗句を並べたりしてはいけない）、不飲酒《ふおんじゅ》（酒を飲んではいけない）、不邪淫《ふじゃいん》（配偶者以外の異性と交わってはいけない）の五つの戒めである。そして、時代が下ると五戒の内容を補って「十善戒」と称する一〇項目の戒が形成された。

また、一般には戒律と併称されるが、「戒」と「律《りつ》」とは異なる概念で、戒は自発的に守るべき戒め。律は出家の教団内での規律で、これを犯したときの罰則規定などを含んでいる。

原文

この身《み》　今生《こんじょう》より
未来際《みらいさい》をつくすまで
十善《じゅうぜん》の　みおしえを
守《まも》りたてまつらん

弟子《でし》某甲《むこう》　尽未来際《じんみらいさい》
不殺生《ふせっしょう》　不偸盗《ふちゅうとう》

現代語訳

いま、生きているこの生涯【今生《こんじょう》】より、未《み》来永劫《らいえいごう》にわたって、（1）生き物を虐めたり殺したりしません【不殺生《ふせっしょう》】。（2）また、モノを盗むこともいたしません【不偸盗《ふちゅうとう》】▼1。（3）配偶者以外の異性と交わりません【不邪淫《ふじゃいん》】▼2。（4）ウソをつきません【不妄語《ふもうご》】。（5）美辞麗句を並べたり、心にもない追従《ついしょう》を述べたりいたしません【不綺語《ふきご》】。（6）人の悪口を言ったり、陰口をたたいたりしません【不悪口《ふあっく》】。（7）二枚舌を使って人を傷つけたり、争いの原因を作る

不《ふ》邪《じゃ》淫《いん》　不《ふ》妄《もう》語《ご》
不《ふ》綺《き》語《ご》　不《ふ》悪《あっ》口《く》
不《ふ》両《りょう》舌《ぜつ》　不《ふ》慳《けん》貪《どん》
不《ふ》瞋《しん》恚《に》　不《ふ》邪《じゃ》見《けん》

ようなことはしません【不両舌《ふりょうぜつ》】。（8）モノに執着せず、他者に施しをするように常に心掛けます【不慳貪《ふけんどん》】▼3。（9）他人から何を言われても怒りや憤りの心を起こさず、常に耐え偲《しの》びます【不瞋恚《ふしんに》】▼4。（10）間違った考えを持たず、常に物事を正しく見るように心がけます【不邪見《ふじゃけん》】▼5。

1 **不偸盗《ふちゅうとう》**　金品を盗むだけではなく、人の心や仕事、発想を盗むことも含まれる。

2 **不邪淫《ふじゃいん》**　出家の修行者はもともと妻帯が禁じられているから、これは在家だけの戒《かい》である。

3 **不慳貪《ふけんどん》**　「慳《けん》」は物惜しみをすること。「貪《どん》」は貪欲《どんよく》、貪《むさぼ》るような欲望のことである。仏教ではこのような欲望（煩悩《ぼんのう》）を避け、他人に施し（布施《ふせ》）をすることで功徳《くどく》が得られると説く。

4 **不瞋恚《ふしんに》**　人から欠点や誤りを指摘されたり、攻撃されたりすると、それに怒りや憤りを覚えるのが人間の本性である。他人から何かいわれてもジッと耐えて反論しないことで、心の平安を保つことができ、人間関係もスムーズになる。

5
不邪見《ふじやけん》　人間は白いものを黒だといったり、黒いものを白といったり、物事を正しく見ていないことがしばしばある。そして、そのことが誤解を生み、疑心暗鬼になって怯《おび》えたり、他人との争いの原因になったりする。だから、邪《よこしま》な見解を除いて物事を正しく見ることが極めて重要なのである。

帰敬文《ききょうもん》

仏法僧《ぶっぽうそう》の三宝《さんぼう》に帰依《きえ》することを誓う偈文《げもん》で、高野山真言宗《こうやさんしんごんしゅう》では『帰敬文』、智山派《ちさんは》では『三帰来文《さんきらいもん》』と呼んでいる。仏法僧の「仏《ぶつ》」は仏陀《ぶっだ》（ブッダ）、すなわち釈迦《しゃか》のこと。「法《ほう》」は仏陀の教えである仏法《ぶっぽう》（ダルマ）。「僧《そう》」はブッダに帰依し、その教えに従って修行し、悟りを目指す修行者の集まりで、僧伽《そうぎゃ》（サンガ）の略。

これら仏法僧のうちどれが欠けても仏教は成り立たないことから、これを三つの宝、三宝というのである。『三帰衣文《さんきえもん》』とも呼ばれ、『大方広仏華厳経《だいほうこうぶつけごんきょう》』「浄行品《じょうぎょうぼん》」の中で智首菩薩《ちしゅぼさつ》という菩薩《ぼさつ》が文殊菩薩《もんじゅぼさつ》に出家に際しての心構えを説き、これに対する文殊菩薩の答えの末尾の三句が『帰敬文』である。

この「三帰衣文」はスリランカやタイなどの上座部仏教《じょうざぶぶっきょう》の国でも常にとなえられる。これらの国ではパーリ語で「ブッダン・サラナン・ガッチャーミ、ダンマン・サラナン・ガッチャーミ、サンガン・サラナン・ガッチャーミ」と三回となえられる。

原文

人身《じんしん》うけがたし
今《いま》すでにうく
仏法《ぶッぽう》ききがたし
今《いま》すでにきく
この身《み》今生《こんじょう》に於《お》いて度《ど》せんずんば
更《さら》に何《いず》れの生《しょう》に於《お》いてか
この身《み》を度《ど》せん
大衆《だいしゅう》もろともに至心《ししん》に
三宝《さんぼう》に帰依《きえ》したてまつるべし

現代語訳

この世に人間として生まれてくることは難しい。しかるに私は今ここに人間として生まれてきました。

また、人間として生を受けてもブッダの教えを聞くことは極めて困難です。しかしながら、私はいまここにブッダの教えを聞くことができます。

私はこの世に生を受け、いまここで救われなければ（悟りの境地に至ることができなければ）、いつ、どこで救われることができるでしょうか。

だから、心から三宝《さんぼう》に帰依《きえ》して（仏道に精進《しょうじん》いたしましょう）。

自《みずか》ら仏《ほとけ》に帰依《きえ》したてまつる
当《まさ》に願《ねが》わくは衆生《しゅじょう》と共《とも》に
大道《だいどう》を体解《たいげ》して無上意《むじょうい》を発《おこ》さん
自《みずか》ら法《ほう》に帰依《きえ》したてまつる
当《まさ》に願《ねが》わくは衆生《しゅじょう》と共《とも》に
深《ふか》く経蔵《きょうぞう》に入《い》って智慧海《ちえうみ》の如《ごと》くならん
自《みずか》ら僧《そう》に帰依《きえ》したてまつる
当《まさ》に願《ねが》わくは衆生《しゅじょう》と共《とも》に
大衆《だいしゅう》を統理《とうり》して一切無礙《いッさいむげ》ならん

私は自ら仏（ブッダ）に帰依いたします。

願わくは、すべての人々とともに偉大な仏の道【大道《だいどう》】を体得し、悟りを求める限りない心【無上意《むじょうい》】を起こしましょう。

また私は自ら仏の教え【法《ほう》】に帰依いたします。

願わくは、すべての人々とともに深く仏法の蔵【経蔵《きょうぞう》】に入り、智慧《ちえ》の海のようになることを（強く）望みます。

（さらに、）私は自ら仏陀《ぶっだ》と仏法に従って修行に励む人々【僧《そう》】に深く帰依いたします。

願わくは、多くの人々をまとめて、あらゆる物事に支障がないようにしようと思います。

自《じ》帰《き》依《え》仏《ぶ》
体《たい》解《げ》大《だい》道《どう》
自《じ》帰《き》依《え》法《ほう》
深《じん》入《にゅう》経《きょう》蔵《ぞう》
自《じ》帰《き》依《え》僧《そう》
統《とう》理《り》大《だい》衆《しゅう》

当《とう》願《がん》衆《しゅ》生《じょう》
発《ほっ》無《む》上《じょう》意《い》
当《とう》願《がん》衆《しゅ》生《じょう》
智《ち》慧《え》如《にょ》海《かい》
当《とう》願《がん》衆《しゅ》生《じょう》
一《いッ》切《さい》無《む》礙《げ》

三《さん》帰《き》

内容は前項の『帰敬文《ききょうもん》』とほぼ同じである。三宝《さんぼう》に帰依《きえ》することを誓うもので、三回となえる。

原文

この身《み》　今生《こんじょう》より
未来際《みらいさい》をつくすまで
深《ふか》く三宝《さんぼう》に　帰依《きえ》したてまつらん

現代語訳

今この世で生きている生涯より、未来永劫《みらいえいごう》に至るまで、深く仏法僧《ぶっぽうそう》の三宝《さんぼう》に帰依《きえ》いたします。

弟子《でし》某甲《むこう》　尽未来際《じんみらいさい》
帰依仏《きえぶつ》　帰依法《きえほう》
帰依僧《きえそう》

私【某甲《むこう》】は仏弟子として未来が尽きるまで、仏に深く帰依いたします。

仏の教えに深く帰依いたします。仏と仏の教えに従って修行に励む人々の集まり【僧《そう》】に深く帰依いたします。

三《さん》竟《きょう》

『三帰《さんき》』をとなえて三宝《さんぼう》に帰依《きえ》した後に、仏道に邁進《まいしん》することを誓うものである。「竟《きょう》」は「終わる」「終える」という意味で、三宝に帰依し、それを極めるまで三宝を信じ、拠《よ》り所《どころ》とすることを仏前に誓う。『三帰』と同様、三回となえる。

原文

この身《み》　今生《こんじょう》より
未来際《みらいさい》をつくすまでひたすら
三宝《さんぼう》に
帰依《きえ》したてまつりとこしえに

現代語訳

私はこの世に生を受けてから、未来永劫《みらいえいごう》にわたってひたすら仏法僧《ぶっぽうそう》の三宝《さんぼう》に帰依《きえ》し、いつまでもかわることなくこれを拠《よ》り所《どころ》として精進《しょうじん》いたします。

かわることなからん

弟子《でし》某甲《むこう》　尽未来際《じんみらいさい》

帰依仏竟《きえぶツきよう》　帰依法竟《きえほうきよう》

帰依僧竟《きえそうきよう》

仏弟子である私は、未来が尽きるまで、仏を拠り所とし、それを極めるまで精進いたします。

真理《しんり》の教え【法《ほう》】を拠り所とし、それを極めるまで精進いたします。

修行僧の集団【僧《そう》】を拠り所とし、それを極めるまで精進いたします。

発菩提心《ほつぼだいしん》

「菩提《ぼだい》」とは悟りのことで、発菩提心は悟りを求める心を起こすことで、今からブッダの教えに従って生きていくことを決意するという意味である。このような菩提心《ぼだいしん》を起こすことが仏教徒になる入り口で、これを起こさないとブッダの尊い教えも意味を持たない。最初に懺悔《さんげ》をとなえ、三宝《さんぼう》に帰依《きえ》し、十善戒《じゅうぜんかい》を守ることを誓った後、菩提心を起こしたことを宣言して仏の教えに従って生きることを誓う偈文《げもん》である。

原文

白浄《びゃくじょう》の信心《しんじん》を　発《おこ》して
無上《むじょう》の　菩提《ぼだい》を求《もと》む
願《ねが》わくは、自他《じた》もろともに

現代語訳

泥中から生え出て、泥に汚されることなく清らかな純白の花を咲かせる白蓮《びゃくれん》のように、本来、人間に具《そな》わっている純粋で清らかな信仰心【白《びゃく》浄《じょう》の信心《しんじん》】を起こして、究極の悟りの境地【無《む》

仏《ほとけ》の道《みち》を悟《さと》りて
生死《しょうじ》の海《うみ》を渡《わた》り
すみやかに解脱《げだつ》の彼岸《ひがん》に到《いた》らん
おん▼5ぼうじ▼6しった▼7
ぼだはだやみ▼8

上《じょう》の菩提《ぼだい》】▼1を目指します。

願わくは、自分と他のすべての衆生《しゅじょう》とともに、ブッダの教えを悟り、生老病死《しょうろうびょうし》の苦しみに満ちた大海【生死《しょうじ》の海《うみ》】▼2を渡って、すみやかに輪廻《りんねて》転生《んしょう》の苦しみから解放【解脱《げだつ》】▼3された仏の世界【彼岸《ひがん》】▼4に至りたいと切に望みます。

菩提を求める心を起こします。

1 **無上《むじょう》の菩提《ぼだい》**　菩提（悟りの境地）には高下さまざまなレベルがあるが、ここではその最高の（究極の）レベルを指している。『般若心経《はんにゃしんぎょう》』などに見える「阿耨多羅三藐三菩提《あのくたらさんみゃくさんぼだい》」のこと。

2 **生死《しょうじ》の海《うみ》**　生死はわれわれが生まれてから死ぬまでの現実の苦しみの世界。それを海にたとえたもので、仏典ではよく出てくる常套句《じょうとうく》である。

3 **解脱《げだつ》**　輪廻転生《りんねてんしょう》の連鎖から解き放たれることで、悟りの境地に至ること。

4　**彼岸**《ひがん》　われわれが輪廻転生《りんねてんしょう》を繰り返す迷いの世界である此岸《しがん》に対して、迷いを断ち切った仏の世界をいう。

5　**おん**　サンスクリット語のオームの音写。「帰命《きみょう》する」という意味で、仏の救済の力に全幅の信頼をおいてすがること。

6　**ぼうじ**　サンスクリット語のボーディの音写で、「菩提《ぼだい》」と訳す。悟りの意味。

7　**しった**　サンスクリット語のシッダの音写で、「完成する」という意味。つまり、「悟りを完成することを望む心」ということである。

8　**ぼだはだやみ**　「起こす」という意味で、悟りを求め、それを完成する（成就する）心を起こすという意味である。

十三仏真言《じゅうさんぶつしんごん》

「十三仏《じゅうさんぶつ》」とは初七日《しょなのか》から三十三回忌《さんじゅうさんかいき》まで、一三回の年忌《ねんき》法要《ほうよう》のときに現われて、亡き人が悟りに至るように助力してくれる十三尊の仏、菩薩《ぼさつ》、明王《みょうおう》のことである。これは正式な経典に説かれているわけではなく、日本で室町《むろまち》時代ごろから民間に広まった一種の俗信である。

初七日には不動明王《ふどうみょうおう》、二七日《ふたなのか》には釈迦如来《しゃかにょらい》、三七日《みなのか》には文殊菩薩《もんじゅぼさつ》、四七日《よなのか》には普賢菩薩《ふげんぼさつ》、五七日《ごしちにち》には地蔵菩薩《じぞうぼさつ》、六七日《むなのか》には弥勒菩薩《みろくぼさつ》、七七日《しちしちにち》（四十九日《しじゅうくにち》）には薬師如来《やくしにょらい》、百箇日には観音菩薩《かんのんぼさつ》、一周忌には勢至菩薩《せいしぼさつ》、三回忌には阿弥陀如来《あみだにょらい》、七回忌には阿閦如来《あしゅくにょらい》、十三回忌には大日如来《だいにちにょらい》、そして、最後の三十三回忌には虚空蔵菩薩《こくうぞうぼさつ》がそれぞれ現われて菩提《ぼだい》を弔ってくれるとされる。

それぞれの仏、菩薩には真言《しんごん》が定められており、各年忌法要の際にその真言《しんごん》をとなえることによって、悟りに至る手助けとなると考えられている。

原文

一、不動明王《ふどうみょうおう》（初七日）
のうまく　さんまんだ
ばざら　だん
せんだ　まかろしゃだ
そわたや　うんたらた
かんまん

二、釈迦如来《しゃかにょらい》（二七日）
のうまく　さんまんだ
ぼだなん　ばく

三、文殊菩薩《もんじゅぼさつ》（三七日）
おん　あらはしゃのう

現代語訳

一、不動明王《ふどうみょうおう》
金剛界《こんごうかい》に遍満《へんまん》するすべての諸尊《しょそん》に帰依《きえ》し奉る。諸々《もろもろ》の災厄《さいやく》を除くために、大忿怒《だいふんぬ》の相をもった不動明王よ、諸悪煩悩《しょあくぼんのう》を破壊し給え！

二、釈迦如来《しゃかにょらい》
もろもろの諸尊に帰依し奉る。とくに釈迦牟尼世尊《しゃかむにせそん》よ、救い給《たま》え！

三、文殊菩薩《もんじゅぼさつ》
真実の智慧《ちえ》を持った文殊菩薩に帰依し奉る。

四、普賢菩薩《ふげんぼさつ》（四七日）
おん　さんまや　さとばん

五、地蔵菩薩《じぞうぼさつ》（五七日）
おん　かかかび
さんまえい　そわか

六、弥勒菩薩《みろくぼさつ》（六七日）
おん　まいたれいや　そわか

七、薬師如来《やくしにょらい》
（七七日、四十九日）
おん　ころころ　せんだり
まとうぎ　そわか

八、観音菩薩《かんのんぼさつ》（百箇日）
おん　あろりきゃ　そわか

四、普賢菩薩《ふげんぼさつ》
実践を通じて人々を平等に導いてくださる普賢菩薩に帰依し奉る。

五、地蔵菩薩《じぞうぼさつ》
人々を喜びに導く、類稀《たぐいまれ》な力を持った地蔵菩薩に帰依し奉る。

六、弥勒菩薩《みろくぼさつ》
慈《いつく》しみを本体とする弥勒菩薩よ！　われわれにその功徳《くどく》を完璧《かんぺき》にお与えください！

七、薬師如来《やくしにょらい》
速やかに災厄を除き給え！

八、観音菩薩《かんのんぼさつ》
穢《けが》れに染まることなく、完全に執着《しゅうじゃく》から離れて自由になった観音菩薩よ！　その力をわれわれに振り向け給え！

九、勢至菩薩《せいしぼさつ》（一周忌）
おん　さんざんさく
そわか
十、阿弥陀如来《あみだにょらい》（三回忌）
おん　あみりた
ていせい　から　うん
十一、阿閦如来《あしゅくにょらい》
おん　あきしゅびや　うん
十二、大日如来《だいにちにょらい》（十三回忌）
おん　あびらうんけん
ばざら　だとばん
十三、虚空蔵菩薩《こくうぞうぼさつ》（三十三回忌）

九、勢至菩薩《せいしぼさつ》
すべてのモノを創造する偉大な力の主よ！　悟りの世界に完全に導き給え！
十、阿弥陀如来《あみだにょらい》
偉大な光明《こうみょう》を永遠の命を保って放ち続ける阿弥陀如来よ！　われわれを救い取り給え！
十一、阿閦如来《あしゅくにょらい》
まったく動揺することなく、よく魔を除く阿閦如来よ！　われわれにその偉大な不動心を授け給え！
十二、大日如来《だいにちにょらい》
胎蔵界大日如来《たいぞうかいだいにちにょらい》、金剛界大日如来《こんごうかいだいにちにょらい》、及び両部《りょうぶ》の諸尊よ！　われわれを救い給え！
十三、虚空蔵菩薩《こくうぞうぼさつ》
果てしなく続き、決して破壊されることのない虚空（空間）のような無尽蔵《むじんぞう》で堅固な智慧を

持った菩薩に帰依し奉る！　その智慧と福寿を
われわれに完璧に授け給え！

のうぼう
あきゃしゃ　きゃらばや
おんありきゃ
まりぼり　そわか

祈《き》願《がん》文《もん》

経文を読誦《どくじゅ》し、真言《しんごん》をとなえ、最後にその功徳《くどく》を授かるように、仏・菩薩《ぼさつ》・明王《みょうおう》・天《てん》に祈る言葉である。病気平癒《びょうきへいゆ》、家内安全《かないあんぜん》、学業成就《がくぎょうじょうじゅ》など祈願の種類、目的はさまざまである。本来、祈願文は自分でその目的に合わせて作成するものだが、一般にはここに示したような詩句をとなえる。

原文

至《し》心《しん》発《ほっ》願《がん》
天《てん》長《じょう》地《ち》久《きゅう》

現代語訳

心から願いを起こします。天地が永遠に無事平穏でありますように。
今生《こんじょう》で悟りを開いて仏陀《ぶっだ》となり、密教の遠大

即《そく》身《しん》成《じょう》仏《ぶつ》
密《みつ》厳《ごん》国《こく》土《ど》
風《ふう》雨《う》順《じゅん》時《じ》
五《ご》穀《こく》豊《ぶ》饒《にょう》
万《ばん》邦《ぽう》協《きょう》和《わ》
諸《しょ》人《にん》快《け》楽《らく》
乃《ない》至《し》法《ほう》界《かい》
平《びょう》等《どう》利《り》益《やく》

な世界【密厳国土《みつごんこくど》】▼1に入れますように。

気候も順調に推移し、五穀豊穣《ごこくほうじょう》になることを願います。

万国の人々と協力して、平和ですべての人々にとって快い楽園になることを願います。

また、この広大無辺《こうだいむへん》の宇宙《うちゅう》【法界】▼2ですべてのものに平等▼3に利益《りやく》が行きわたることを願います。

1　**密厳国土**《みつごんこくど》　『密厳経《みつごんきょう》』に説く、大日如来《だいにちにょらい》が治める国土で、密厳浄土《みつごんじょうど》ともいう。真言密教《しんごんみっきょう》ではわれわれの住む娑婆《しゃば》世界《せかい》がそのまま密厳国土であると説く。

2　**法界**《ほうかい》　大日如来《だいにちにょらい》が治める真如《しんにょ》（真理）の世界で、果てしなく広がる全宇宙《ぜんうちゅう》のこと。そこではあらゆるものが差別されることなく、まったく平等に存在しているという。

3　**平等**《びょうどう》　大日如来《だいにちにょらい》は五智《ごち》という衆生救済《しゅじょうきゅうさい》のための五つの優れた智慧《ちえ》を持っているが、その中に「平等性智《びょうどうしょうち》」というものがある。密厳国土《みつごんこくど》においてすべてのものの平等を実現する智慧だ。

御《ご》宝号《ほうごう》

「宝号《ほうごう》」とは仏、菩薩《ぼさつ》の名前のこと。

大乗仏教《だいじようぶつきよう》では宝号をとなえることによって功徳《くどく》が得られるという称名思想《しようみようしそう》が起こり、「南無阿弥陀仏《なむあみだぶつ》」などの称名念仏《しようみようねんぶつ》が盛んになった。

真言宗《しんごんしゆう》では「南無大師遍照金剛《なむだいしへんじようこんごう》」の宝号がとなえられる。「南無《なむ》」は帰命《きみよう》、つまり全幅《ぜんぷく》の信頼を寄せるからしっかりと護ってくださいという意味。「遍照《へんじよう》」は胎蔵界大日如来《たいぞうかいだいにちによらい》、「金剛《こんごう》」は金剛界大日如来《こんごうかいだいにちによらい》の意味。

日蓮宗《にちれんしゆう》や浄土宗《じようどしゆう》など他の宗派では祖師《そし》（開祖）の宝号をとなえることはないが、弘法大師《こうぼうだいし》はその伝説とともに広く人々に親しまれ、熱烈に信仰されていたことから、この宝号がとなえられるようになった。

原文

高野《たかの》の山《やま》に身《み》をとどめ
救《すく》いの　み手《て》を垂《た》れ給《たも》う
おしえのみおやに　帰依《きえ》した
てまつる
願《ねが》わくは　無明長夜《むみょうじょうや》の闇路《やみじ》
をてらし
二仏中間《にぶっちゅうげん》の我等《われら》を導《みちび》きたま
え
南無大師遍照金剛《なむだいしへんじょうこんごう》

現代語訳

（お大師《だいし》さまは）高野山《こうやさん》の奥之院《おくのいん》に身を留《とど》め[1]、（常に）衆生《しゅじょう》に救済の手を差し伸べていらっしゃいます。仏の教えを広めていらっしゃるお大師さまに深く帰依《きえ》いたします。

願わくは、苦しみに満ちた【無明《むみょう》】[2]闇夜のような、この娑婆世界《しゃばせかい》を照らし、お釈迦《しゃか》さまと遠い未来に出現される弥勒菩薩《みろくぼさつ》との間【二仏中間《にぶっちゅうげん》】[3]に私たちをお導きください。

遍照金剛弘法大師《へんじょうこんごうこうぼうだいし》さまに深く帰依いたします。

1　**奥之院《おくのいん》に身《み》を留《とど》め**　真言宗《しんごんしゅう》では弘法大師《こうぼうだいし》は奥之院で深い瞑想《めいそう》に入ったまま生き続けていると信じられている。

2　**無明《むみょう》**　サンスクリット語の「アヴィドゥヤー」の訳。ヴィドゥヤーはブッダの悟りの叡智《えいち》。これに否定の接頭辞を冠して無明という。根本的《こんぽんてき》な正しい智慧《ちえ》の欠如で、この無明が煩悩《ぼんのう》(欲望)のもととなり、われわれは輪廻転生《りんねてんしょう》を繰り返す。

3　**二仏中間《にぶつちゅうげん》**　釈迦《しゃか》が悟りを開いてブッダとなり、釈迦の死後五十六億七千万年《ごじゅうろくおくななせんまんねん》を経て弥勒《みろく》菩薩《ぼさつ》がこの娑婆世界《しゃばせかい》に降りてきて悟りを開いてブッダとなり、釈迦の救いに漏れたすべての人々を救うという。

釈迦が亡くなってから弥勒菩薩が出現するまでの永い間、この娑婆世界にはブッダがいない無仏の時代が続く。弘法大師《こうぼうだいし》は弥勒菩薩がブッダとなるまで高野山《こうやさん》の奥之院《おくのいん》で深い瞑想《めいそう》に入ったまま生き続け、衆生《しゅじょう》を救済してくれると信じられているのだ。

ご宝号《ほうごう》（智《ち》山派《さんは》・豊《ぶ》山派《ざんは》）

新義真言宗《しんぎしんごんしゅう》の智山派《ちさんは》と豊山派《ぶざんは》では「南無大師遍照金剛」に続けて「南無興教大師《なむこうぎょうだいし》」ととなえる。興教大師《こうぎょうだいし》は根来寺《ねごろじ》で新義真言宗を開いた覚鑁《かくばん》の大師号《だいしごう》で、真言宗中興の祖とされている。さらに、豊山派では奈良の長谷寺《はせでら》で豊山派の基を作った専誉僧正《せんよそうじょう》の名をとなえる。

原文（智山派）

南無《なむ》本尊界会《ほんぞんかいえ》
南無《なむ》両部界会《りょうぶかいえ》
南無《なむ》大師遍照金《だいしへんじょうこん》

現代語訳（智山派）

本尊《ほんぞん》およびそこに集うすべての仏に帰依《きえ》いたします。
胎蔵界《たいぞうかい》、金剛界《こんごうかい》の両部《りょうぶ》の曼荼羅《まんだら》にまつられているすべての諸尊《しょそん》に帰依いたします。
宗祖でいらっしゃる弘法大師《こうぼうだいし》に帰依いたしま

剛《ごう》

南《な》無《む》興《こう》教《ぎょう》大《だい》師《し》

原文（豊山派）

南《な》無《む》本《ほん》尊《ぞん》界《かい》会《え》

南《な》無《む》大《だい》師《し》遍《へん》照《じょう》金《こん》剛《ごう》

南《な》無《む》興《こう》教《ぎょう》大《だい》師《し》

南《な》無《む》専《せん》誉《よ》僧《そう》正《じょう》

す。

中興の祖の興教大師《こうぎょうだいし》に帰依いたします。

現代語訳（豊山派）

本尊《ほんぞん》およびそこに集うすべての仏に帰依《きえ》いたします。

宗祖の弘法大師《こうぼうだいし》に帰依いたします。

中興の祖の興教大師《こうぎょうだいし》に帰依いたします。

豊山派《ぶざんは》の祖である専誉僧正《せんよそうじょう》に帰依いたします。

真言安心和讃《しんごんあんじんわさん》

安心とは心を一所に留《とど》めて落ち着かせた状態。前にも述べたように和讃は真言《しんごん》や仏の功《く》徳《どく》などを讃歎《さんだん》するために読まれるものである。『真言安心和讃』は真言宗の安心の境地を讃歎し、これをとなえることによって自らも真言宗の安心立命《あんじんりゅうみょう》の境地（悟りの境地）に進むことを願い、仏の功徳を讃歎するために称えられるものである。

原文

帰命《きみょう》頂礼《ちょうらい》大日尊《だいにちそん》
八葉《はちよう》四重《しじゅう》の円壇《えんだん》は
一切如来《いッさいにょらい》の秘要《ひよう》にて

現代語訳

大日如来《だいにちにょらい》に額《ぬか》ずいて帰依《きえ》【帰命頂礼《きみょうちょうらい》】[1]いたします。

八枚の蓮華《れんげ》の花弁を中心に四重に囲まれた円《えん》壇《だん》【八葉四重の円壇《はちようしじゅうえんだん》】[2]は、一切の如来《にょらい》が集う最

衆生心地《しゅじようしんじ》の曼荼《まんだ》なり
十方浄土《じッぽうじようど》の諸聖衆《しよしようじゅ》は
大日普門《だいにちふもん》の万徳《まんどく》を
開《ひら》きて示《しめ》しし尊《そん》なれば
密厳国土《みつごんこくど》の外《ほか》ならず
青竜阿闍梨《しようりゆうあじやり》の教誡《きようかい》に
菩提《ぼだい》を得《う》るは易《やす》けれど
真言秘密《しんごんひみつ》に逢《あ》うことの
得《え》がたきなりと演給《のべたま》う
二仏出世《にぶつしゅツせ》の中間《ちゆうげん》に
果報《かほう》つたなく生《うま》るれど
いかなる宿世《しゅくせ》の種因《しゅいん》にて
解脱《げだつ》の時《とき》を得《え》たりけん

も神聖な場所で、衆生《しゅじょう》の心が安らぐ曼荼羅《まんだら》です。

あらゆる方向にいるもろもろの聖者たちは、大日如来の一門のすべての功徳《くどく》を開いて示してくださった尊い仏なので、広大無辺《こうだいむへん》の宇宙《うちゅう》【密厳国土《みつごんこくど》】そのものに外なりません。

青竜阿闍梨《しょうりゅうあじゃり》の教えに「悟りを得るのは容易だが密教の教え【真言秘密《しんごんひみつ》】に出逢《であ》うことは至難の業である」と述べていらっしゃいます。

お釈迦《しゃか》さまがこの世を去られ、（五十六億七《ごじゅうろくおくなな》千万年《せんまんねん》後に）弥勒菩薩《みろくぼさつ》が悟りを開かれるまで永い永い間に【二仏出世《にぶつしゅツせ》の中間《ちゅうげん》】[3]わずかな果報しか持ち合わせずに生まれてきましたが、どういう前生【宿世《しゅくせ》】[4]の因縁《いんねん》でしょうか、悟りを開く【解脱《げだつ》】ときを得ることができました。

苦しみや煩悩《ぼんのう》に満ちた暗黒の世の中【五濁《ごじょく》に満《み》てるこの世《よ》】[5]にも、真言《しんごん》（密教《みっきょう》）の教えを求

五濁《ごじょく》に満《み》てるこの世《よ》にも
真言《まこと》の教《おし》え求《もと》めつつ
如説《にょせつ》に修行《しゅぎょう》するときは
正像末《しょうぞうまつ》のへだてなく
一念一時《いちねんいちじ》一生《いッしょう》に
三密加持《さんみつかじ》の不思議《ふしぎ》にて
無尽《むじん》の功徳円満《くどくえんまん》し
即身成仏《そくしんじょうぶつ》せらるなり
善根功徳《ぜんこんくどく》をかさねきて
決定諦信《けつじょうたいしん》ゆるぎなく
至心《ししん》に神呪《じんしゅ》を唱《とな》えなば
無明《むみょう》を除《のぞ》くと説《と》きたまう
一密《いちみつ》おこたることなくば

めつつ、教えに従って修行するときには、良い世の中も悪い世の中【正像末《しょうぞうまつ》】▼6も隔てることなく、すべてのとき【一念一時《いちねんいちじ》一生《いッしょう》】に、密教の三つの秘密の実践によって仏と一体になること【三密加持《さんみつかじ》】▼7の不思議な力によって、無尽蔵の功徳《くどく》を得て、今生でこの身のまま悟りを開く【即身成仏《そくしんじょうぶつ》】のです。

前生から重ねてきたさまざまな善い行ないの功徳【善根功徳《ぜんこんくどく》】によって、決定した（悟りの世界が存在するという）真理《しんり》【諦信《たいしん》】▼8に揺るぎなき確信を持って、心を尽くして神聖な真言【神呪《じんしゅ》】をとなえれば、迷いの闇【無明《むみょう》】▼9を取り除くと（お大師《だいし》さまは）お説きになっていら

増上縁《ぞうじょうえん》の力《ちから》にて
三密具足《さんみつぐそく》の時《とき》いたり
終《つい》には仏果《ぶッか》を証《しょう》すべし
わけても光明真言《こうみょうしんごん》は
諸仏菩薩《しょぶつぼさつ》の総呪《そうしゅ》にて
一字《いちじ》に千理《せんり》を含《ふく》むゆえ
無辺《むへん》の功徳《くどく》備《そな》われり
信《しん》じて唱《とな》うるわれわれは
口称《くしょう》の功力《くりき》を因《いん》として
密厳浄土《みつごんじょうど》とひとすじに
安心決定致《あんじんけつじょういた》すべし
南無大師遍照尊《なむだいしへんじょうそん》
南無大師遍照尊《なむだいしへんじょうそん》

っしゃいます。

三密《さんみつ》のうち、一つの密の実践も怠ることがなければ【一密《いちみつ》おこたることなく】[10]ば、すべての善《ぜん》行《ぎょう》や修行が悟りに結びつく縁《えん》【増上縁《ぞうじょうえん》】[11]の力によって、三密をすべて成就した【三密具足《さんみつぐそく》】[12]ときに、その果報として悟りを開いて仏となることが証明される【仏果《ぶッか》を証《しょう》す】[13]ことでしょう。

とくに光明真言《こうみょうしんごん》は、すべての仏、菩薩《ぼさつ》などを統括する真言で、一字に千里を含む【一字《いちじ》に千《せん》里《り》を含《ふく》む】[14]ので、無限の功徳が備わっています。

これを深く信じてとなえるわれわれは、声に出してとなえる【口称《くしょう》】の功徳を因縁として、密厳浄土《みつごんじょうど》と一直線に、永遠の平穏な世界に至ることが決定するのです。

お大師様に帰依いたします。

お大師様に帰依いたします。

南《な》無《む》大《だい》師《し》遍《へん》照《じょう》尊《そん》

お大師様に帰依いたします。

1 **帰命頂礼《きみょうちょうらい》**　「帰命《きみょう》」は身命を投げ出して信心すること。仏の教えに帰順《きじゅん》すること。「頂《ちょう》礼《らい》」は頭を地につけて礼拝《らいはい》することで、インドでは最高の敬礼である。

2 **八葉四重《はちようしじゅう》の円壇《えんだん》**　「八葉《はちよう》」は胎蔵界曼荼羅《たいぞうかいまんだら》の中心に大日如来《だいにちにょらい》を囲む八枚の蓮弁《れんべん》のことで、その一枚一枚に仏が鎮座する。「四重《しじゅう》の円壇《えんだん》」とは胎蔵界曼荼羅のこと。

3 **二仏出世《にぶつしゅッせ》の中間《ちゅうげん》**　二九三ページの注3を参照。

4 **宿世《しゅくせ》**　前世、過去の世のこと。また、前世で行なった善悪の行ないによる因縁《いんねん》。

5 **五濁《ごじょく》に満《み》てるこの世《よ》**　五濁悪世《ごじょくあくせ》ともいい、釈迦《しゃか》が亡くなってから千五百年ないし二千年を経ると、あらゆる悪が満ち溢《あふ》れる暗黒の世の中が到来する。これを末法《まっぽう》といい、日本では早くから平安時代末の一〇五二年が末法の世の始まりとされた。

6 **正像末《しょうぞうまつ》**　釈迦《しゃか》が亡くなって以降、仏教がいかに行なわれるかを示した時代区分で、正法《しょうぼう》、像法《ぞうぼう》、末法《まっぽう》の三つの時代に区分される。正法の時代は釈迦の教え（仏典）とそれに従って修行する人（行《ぎょう》）、そして、修行の結果、悟りを開く（証）人がいて、仏教は極めて正しい状況で行なわれる。次に像法の時代は教えとそれに従って修行する人はいるが、悟りを開く人がいなくなる。そして、末法の時代になると、教えのみが存在しているが、行も証もなくなってしまう。さらに進むと法《ほう》（教え）もなくなる「法末期《まっぽうき》」が到来するという。時限については正法五〇〇年、像法一〇〇〇年とする説、正法五〇〇年、像法一〇〇〇年とする説、正法一〇〇〇年、像法一〇〇〇年とする説、正法五〇〇年、像法五〇〇年とする説など四つの説がある。また、末法については一万年続くというのが通説である。

7 **三密加持**《さんみつかじ》　一九ページを参照。

8 **諦信**《たいしん》　「諦《たい》」はサンスクリット語で「サットゥヤ」といい、「明《あき》らめる」という意味で、真《しん》理《り》と訳される。諦心は真理を求める心、つまり、悟りを求める心の意味。

9 **無明**《むみょう》　二九三ページの注2を参照。

10 **一密**《いちみつ》**おこたることなく**　身に印《いん》を結び、口に真言《しんごん》をとなえ、意《い》（心）に仏を念じる三密の一つたりとも怠ることなく、という意味。

11 **増上縁**《ぞうじょうえん》　因縁《いんねん》、等無間縁《とうむけんえん》、所縁縁《しょえんねん》、増上縁《ぞうじょうえん》を総称して「四縁《しえん》」と呼び、その一つで、すべての存在現象が悟りに至る縁（間接的原因）になること。

12 **三密具足**《さんみつぐそく》　三密が完全に具《そな》わっている（具足《ぐそく》）こと。

13 **仏果**《ぶつか》**を証**《しょう》**す**　「仏果《ぶつか》」とは仏が授けてくれる果報《かほう》。「証《しょう》」は悟りの意味で、その果報によって悟りの境地に至ることができるという意味。

14 **一字**《いちじ》**に千理**《せんり》**を含**《ふく》**む**　一字の真言《しんごん》の中に千里もの広大無辺《こうだいむへん》な空間が含まれている。

光明真言和讃《こうみょうしんごんわさん》

『光明真言《こうみょうしんごん》』は真言宗《しんごんしゅう》で最も大切にされている真言《しんごん》で、『不空羂索毘盧遮那仏《ふくうけんさくびるしゃなぶつ》灌頂光真言』という密教《みっきょう》の経典に説かれている。

「不空《ふくう》」とは空振りがない、百発百中という意味。「羂索《けんさく》」は狩りや戦いのときに使う縄のことである。不空羂索《ふくうけんさく》はそれにすがれば必ず救ってくれる縄のことだ。

「毘盧遮那仏《びるしゃなぶつ》」はサンスクリット語の「ヴァイローチャナ」の音写で、太陽という意味。太陽のように宇宙の中心にあって常に救いの光明《こうみょう》を照らし続けてくれる。不空羂索毘盧遮《ふくうけんさくびるしゃ》那仏《なぶつ》は不空の羂索を持って永遠に衆生を救い続けるパワーを持った如来《にょらい》の光（光明）の真言という意味である。

原　文

現代語訳

帰命頂礼大灌頂《きみようちようらいだいかんじよう》
光明真言功徳力《こうみようしんごんくどくりき》
諸仏菩薩《しよぶつぼさつ》の光明《こうみよう》を
二十三字《にじゆうさんじ》に蔵《おさ》めたり
《おん》の一字《いちじ》を唱《とな》うれば
三世《みよ》の仏《ほとけ》にことごとく
香華燈明飯食《こうげとうみようおんじき》の
供養《くよう》の功徳具《くどくそな》われり
《あぼきや》と唱《とな》うる功力《くりき》には
諸仏諸菩薩《しよぶつしよぼさつ》もろともに
二世《にせ》の求願《ぐがん》をかなえしめ
衆生《しゆじよう》を救《たす》け給《たま》うなり
《べいろしやのう》と唱《とな》うれば

偉大な光明《こうみよう》を与えて下さる真言《しんごん》（光明真言《こうみようしんごん》）【大灌頂《だいかんじよう》】▼1に深く帰依《きえ》いたします。

光明真言の功徳《くどく》の力はすべての仏、菩薩《ぼさつ》の光明を二三字に納めております。

「おん」▼2の一字をとなえれば、（過去・現在・未来の）三世《さんぜ》の仏がことごとく、（香しい香りの）香や（美しい）花や燈明《とうみよう》、そして、御馳走をお供えして供養《くよう》するにふさわしい功徳が（自《おの》ずから）具《そな》わっている。

「あぼきゃ」▼3ととなえる功徳力《くどくりよく》には、すべての仏、菩薩とともに、この世とあの世【二世《にせ》】の願望を叶《かな》えてくれ、すべての人々を助けてくれます。

「べいろしゃのう」▼4ととなえれば、となえるわ

唱《とな》うる我等《われら》が其《その》ままに
大日如来《だいにちにょらい》の御身《おんみ》にて
説法《せッぽう》し給《たま》う姿《すがた》なり
𑖦𑖮𑖯𑖦𑖲𑖟𑖿𑖨𑖯《まかぼだら》の大印《だいいん》は
生仏不二《しょうぶつふに》と印可《いんか》して
一切衆生《いッさいしゅじょう》をことごとく
菩提《ぼだい》の道《みち》にぞ入《い》れ給《たま》う
𑖦𑖜𑖰《まに》の宝珠《ほうしゅ》の利益《りやく》には
此世《このよ》をかけて未来《みらい》まで
福寿意《ふくじゆこころ》の如《ごと》くにて
大安楽《だいあんらく》の身《み》とぞなる
𑖢𑖟𑖿𑖦唱《はんどまとな》うるその人《その》は
いかなる罪《つみ》も消滅《しょうめつ》し

われわれそのものが、大日如来《だいにちにょらい》のお身体となり、説法される姿となります。

「まかぼだら」▼5の偉大な印《いん》を結べば、われわれ人間とブッダ【生仏《しょうぶつ》】がまったく平等に【不二《ふに》】、悟りを開くとの証明【印可《いんか》】を得て、すべての人々をことごとく悟りに至る道に導いて下さいます。

「まに」▼6の宝珠《ほうしゅ》の利益には、この世から未来まで、幸福と寿命は意の如く操ることができ、大いなる安楽《あんらく》に身を置き続けることができます。

「はんどま」▼7ととなえるその人は、いかなる罪も消滅し、（蓮《はす》の）華の台に招かれて、心の中

華《はな》の台《うてな》に招《まね》かれて
心《こころ》の蓮《はちす》を開《ひら》くなり
𑖕𑖿𑖪𑖩《じんばら》唱《とな》うる光明《こうみょう》に
無明変《むみょうへん》じて明《みょう》となり
数多《あまた》の我等《われら》を摂取《せッしゅ》して
有縁《うえん》の浄土《じょうど》に安《お》き給《たま》う
𑖢𑖿𑖨𑖪𑖨𑖿𑖝𑖧《はらばりたや》を唱《とな》うれば
万《よろず》の願望成就《がんもうじょうじゅ》して
仏《ほとけ》も我等《われら》も隔《へだ》てなき
神通自在《じんつうじざい》の身《み》を得《う》べし
𑖮𑖳𑖽《うん》字《じ》を唱《とな》うる功力《くりき》には
罪障深《ざいしょうふか》きわれわれが
造《つく》りし地獄《じごく》も破《やぶ》られて

にある仏性《ぶっしょう》【蓮《はちす》】を（見事に）花開きます。

「じんばら」[8]ととなえる光明によって、（煩悩《ぼんのう》の根元《こんげん》である根本的な智慧《ちえ》の欠如から起こる）心の闇【無明《むみょう》】は、智慧の光明によって霧消して、大勢の人々を救い取り【摂取《せッしゅ》して】、前生から縁を結んでいた浄土《じょうど》に連れて行って下さいます。

「はらばりたや」[9]をとなえれば、すべての願望が成就して、仏もわれわれ（人間）も分け隔てなく、超能力【神通《じんつう》】を自由自在に駆使できる身になることができます。

「うん」[10]の字をとなえる功徳の力は、深い罪穢《けが》れ【罪障《ざいしょう》】を持つわれわれが（その罪障を消すために）作った地獄《じごく》【罪障深《ざいしょうふか》きわれわれが造《つく》りし地獄《じごく》】[11]も破られて、たちまち浄土に変わって

忽《たちま》ち浄土《じようど》と成《な》りぬべし
亡者《もうじや》の為《ため》に呪《しゆ》を誦《じゆ》じて
土砂《どしや》をば加持《かじ》し回向《えこう》せば
悪趣《あくしゆ》に迷《まよ》う精霊《しようりよう》も
速得解脱《そくとくげだつ》と説《と》きたまう
真言醍醐《しんごんだいご》の妙教《みようきよう》は
余教超過《よきようちようか》の御法《みのり》にて
無辺《むへん》の功徳《くどく》具《そな》われり
説《と》くともいかで尽《つ》くすべき
南無大師遍照尊《なむだいしへんじようそん》
南無大師遍照尊《なむだいしへんじようそん》
南無大師遍照尊《なむだいしへんじようそん》

しまいます。

死者【亡者《もうじや》】のために呪文【呪《しゆ》】をとなえ、(加持祈禱《かじきとう》を行なった)土砂を被《かぶ》せて回向《えこう》すれば【土砂《どしや》をば加持《かじ》し回向《えこう》せば】[12]、(地獄《じごく》・餓鬼《がき》・畜生《ちくしよう》の三大)悪所《あくしよ》【悪趣《あくしゆ》】[13]で迷っている死者の霊【精霊《しようりよう》】も即座に輪廻転生《りんねてんしよう》の連鎖から解き放たれ【解脱《げだつ》】ると説かれていらっしゃる。

最上【醍醐《だいご》】[14]の真言であるこの妙《たえ》なる教えは他の教説を遥《はる》かに上回る御教《みおし》えで、無間の功徳が具わり、いくら説いても説きつくすことができません。

南無大師遍照尊
南無大師遍照尊
南無大師遍照尊

1 **大灌頂**《だいかんじょう》　一般に大灌頂は行者に秘法を授ける儀式で、伝法灌頂《でんぽうかんじょう》と呼ばれる。しかし、ここでは大日如来《だいにちにょらい》がすべての衆生《しゅじょう》を悟りに導く力を与える光明《こうみょう》を導き出す真言《しんごん》、すなわち「光明真言《こうみょうしんごん》」を示している。

2 **おん**（）　サンスクリット語の「オーム」で、「唵《おん》」と音写される。インドでは仏教以前から聖音《せいおん》とされ、ヒンドゥー教でもバラモンが儀式に先立ってとなえる。

3 **あぼきや**（）　大日如来《だいにちにょらい》は衆生《しゅじょう》を救済するために五智《ごち》と呼ばれる五つの優れた智慧《ちえ》を発揮する。アボキャはその根本となる法界体性智《ほっかいたいしょうち》である。

4 **べいろしやのう**（）　サンスクリット語の「ヴァイローチャナ」の音写で大日如《だいにちにょ》来《らい》を表わす。

5 **まかぼだら**（）　阿閦如来《あしゅくにょらい》の持つ大円境智《だいえんきょうち》を表す。森羅万象を鏡のように漏れなく映し出す智慧である。

6 **まに**（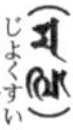）　サンスクリット語の「マニ」の音写で、宝珠、宝石のこと。不幸や災厄を除き、濁水《じょくすい》を澄ませ、水の色を変える力があるという。

7 **はんどま**（）　サンスクリット語の「パッドマ」の音写で蓮《はす》を意味する。すべてのもののありのままの姿（真理《しんり》）を観察できる智慧《ちえ》、妙観察智《みょうかんざっち》を表わし、阿弥陀如来《あみだにょらい》がこの智慧を発揮して衆生《しゅじょう》を救う。また六字大明呪《ろくじだいみょうじゅ》と呼ばれる観音菩薩《かんのんぼさつ》の大慈悲を表わす「オン・マニ・パッドメー・フウン」という真言《しんごん》（陀羅尼《だらに》）がある。ダライラマが観音菩薩の化身《けしん》とされているチベットでよくとなえられ、マニ車にもこの真言が刻まれている。

8 **じんばら**（）　サンスクリット語の「ジュヴァーラ」の音写で、光明《こうみょう》のこと。

9 **はらばりたや**（）　サンスクリット語の「プラヴァルッタヤ」の音写語で、すべての物事を成就する力で、不空成就如来《ふくうじょうじゅにょらい》が担当する。

10 **うん**（）　サンスクリット語の「フーン」の音写。オームが最初にとなえられる聖音《せいおん》であるのに対してフーンは真言《しんごん》を締めくくる聖音としてとなえられる。インドでは仏教が起こるはるか以前から真言や聖典《せいてん》をとなえる前後にこの二つの聖音を必ずとなえる。

11 **罪障深《ざいしょうふか》きわれわれが造《つく》りし地獄《じごく》**　地獄は今生《こんじょう》で犯した罪障を消すために存在する。われわれが罪を犯さなければ地獄は存在しないはずだ。だから、結果として地獄は罪を犯すわれわれ自身が造ったことになる。

12 **土砂《どしゃ》をば加持《かじ》し回向《えこう》せば**　土砂加持《どしゃかじ》（三三〇ページを参照）のこと。加持祈禱《かじきとう》して清めた土砂を死者を埋葬するときにかぶせること。回向は自らが修めた善行《ぜんぎょう》を他者に振り向けること。仏事や法要《ほうよう》などを営んで、死者の死後の安穏を期待することで、ここでは埋葬のときに法要を営み土砂加持で清めた土砂を死者に被《かぶ》せることを指している。

13 **悪趣《あくしゅ》**　地獄《じごく》・餓鬼《がき》・畜生《ちくしょう》の三つの苦しみの世界。

14 **醍醐《だいご》**　最高のという意味。サンスクリット語の「サルピス・マンダー」の訳で、サルピスは「第五の」、マンダーは「味」を意味する。牛乳を生成するとクリームやバターなど五つの味に変化する。その五番目の味、つまり最高の味である。もともと第五と書いたが、日本では平安時代ごろから醍醐の文字が使われるようになった。

弘法大師《こうぼうだいし》和讃《わさん》

文字通り弘法大師空海の偉大な業績を讃歎《さんだん》したものである。空海の誕生から出家、入唐《にっとう》、密教《みっきょう》の伝授、高野山《こうやさん》の創建、その後の弟子の養成や布教活動など空海の生涯を簡潔に述べて、その業績を讃《たた》えている。また、この和讃の中に空海の作とされる「いろは歌」が含まれている。

原文

帰命頂礼《きみょうちょうらい》遍照尊《へんじょうそん》
宝亀五年《ほうきごねん》の六月《みなづき》に
玉藻《たまも》よるちょう讃岐潟《さぬきがた》

現代語訳

弘法大師《こうぼうだいし》さま【遍照尊《へんじょうそん》】に深く帰依《きえ》いたします。

宝亀《ほうき》五年▼1（七七四）の六月に、玉藻《たまも》の漂う讃岐潟屏風《さぬきがたびょうぶ》が浦に誕生し、御歳七歳になったそ

屏風《びょうぶ》が浦《うら》に誕生《たんじょう》し
御歳七《おんとしなな》つの其時《そのとき》に
衆生《しゅじょう》の為《ため》に身《み》を捨《す》て
五《いつつ》の岳《たけ》に立雲《たつくも》の
立《たつ》る誓《ちかい》ぞ頼《たの》もしき
遂《つい》に乃《すなわ》ち延暦《えんりやく》の
末《すえ》の年《とし》なる五月《さつき》より
藤原姓《ふじわらうじ》の賀能等《かのうら》と
遣唐船《もろこしふね》にのりを得《え》て
しるしを残《のこ》す一本《ひともと》の
松《まつ》の光《ひかり》を世《よ》に広《ひろ》く
弘《ひろ》め給《たま》える宗旨《しゅうし》をば
真言宗《しんごんしゅう》とぞ名《な》づけたる

のときに、衆生《しゅじょう》（救済）の為に身を捨てて、連なる山々に湧き上がる雲のように、（衆生を助けるために）多くの頼もしい誓いを立てられました。

そして、遂に延暦《えんりやく》の末【延暦《えんりやく》の末《すえ》の年《とし》】▼2五月から、藤原賀能《ふじわらのかのう》の率いる遣唐使《けんとうし》船団《せんだん》で、遣唐使船に乗り込んで（唐に渡られました）。（お大師《だいし》様は唐《とう》から帰る直前、三鈷《さんこ》を投げて修行の最適地を占われました。帰国してから高野《こうや》山《さん》に登ったところ、その三鈷が山頂の）一本の松【しるしを残《のこ》す一本《ひともと》の松《まつ》】▼3の木に引っ掛かっており、（高野山が修行の最適地との確信をお持ちになられたお大師様は）その松の木の光《こう》明《みょう》を世に広く弘められる宗旨《しゅうし》を作ろうとお考え

真言宗旨《しんごんしゅうし》の安心《あんじん》は
人《ひと》みなすべて隔《へだ》てなく
凡聖不二《ぼんじょうふに》と定《さだ》まれど
煩悩《なやみ》も深《ふか》き身《み》のゆえに
ひたすら大師《だいし》の宝号《ほうごう》を
行住坐臥《ぎょうじゅうざが》に唱《とな》うれば
加持《かじ》の功力《くりき》も顕《あき》らかに
仏《ほとけ》の徳《とく》を現《げん》ずべし
不転肉身成仏《ふてんにくしんじょうぶつ》の
身《み》は有明《ありあけ》の苔《こけ》の下《した》
誓《ちかい》は竜華《りゅうげ》の開《ひら》くまで
忍土《にんど》を照《て》らす遍照尊《へんじょうそん》
仰《あお》げばいよいよ高野山《たかのやま》

になり、その宗旨を真言宗《しんごんしゅう》と名付けられました。

　真言宗の宗旨の心の平安【安心《あんじん》】はすべての人に隔てなく、凡人も聖人もまったく平等【凡聖不二《ぼんじょうふに》】▼4であると説いていますが、（われわれ凡夫《ぼんぷ》は）深い煩悩《ぼんのう》を持つ身の上なので、ひたすらお大師様のご宝号《ほうごう》を寝ても起きても【行住坐臥《ぎょうじゅうざが》】におとなえすれば、仏と一体となる【加持《かじ》】の功徳《くどく》の力も顕《あき》らかになって、仏さまの徳《とく》が現実のものになるでしょう。

　（もう六道《りくどう》に）輪廻転生《りんねてんしょう》することなく【不転《ふてん》】▼5、今生《こんじょう》で悟りを開くことが約束された身の上は明白になっています【有明《ありあけ》の苔《こけ》の下《した》】。

　誓いは（釈尊《しゃくそん》が亡くなってから五十六億七千万年《ごじゅうろくおくななせんまんねん》後に）弥勒菩薩《みろくぼさつ》がこの娑婆世界《しゃばせかい》に降りて来て竜華樹【竜華《りゅうげ》】▼6の下で悟りを開くまで、この

流《なが》れも清《きよ》き玉川《たまがわ》や
むすぶ縁《えに》しの蔦《つた》かずら
縋《すが》りて登《のぼ》る嬉《うれ》しさよ
昔《むか》し国中大旱魃《こくちゅうおおひでり》
野山《のやま》の草木《くさき》皆枯《みなかれ》ぬ
其時大師勅《そのときだいしちょく》を受《う》け
神泉苑《しんぜんえん》に雨請《あまごい》し
甘露《かんろ》の雨《あめ》を降《ふら》しては
五穀《ごこく》の種《たね》を結《むす》ばしめ
国《くに》の患《うれい》を除《のぞ》きたる
功《いさお》は今《いま》にかくれなし
吾日本《わがひのもと》の人民《ひとぐさ》に
文化《ぶんか》の花《はな》を咲《さか》せんと

迷いの世界【忍土《にんど》】[7]をお大師さま【遍照尊《へんじょうそん》】が照らし続けます。

高野山《こうやさん》を仰ぎ見れば、清い流れの玉川《たまがわ》[8]や（仏との）縁を結ぶ蔦《つた》や葛《かずら》が、木に縋《すが》って登る姿をとても嬉《うれ》しく見ることができます。

昔、国中で大旱魃《だいかんばつ》【昔《むか》し国中大旱魃《こくちゅうおおひでり》】[9]が起こり、野山の草木はことごとく枯れてしまいました。

そのとき、お大師さまは勅命を受け、神泉苑《しんぜんえん》[10]で雨乞いをして、恵みの雨【甘露《かんろ》の雨《あめ》】[11]を降らして五穀に実を結ばせて、国の憂いを取り除くことができました。

その功績は今もはっきりと刻まれています。（また、お大師さまは）わが日本の国民に文化の花を咲かせようと、釈尊ご自身がお説きになった無常偈文《むじょうげもん》【金口《こんく》の真説四句《しんせつしく》の偈《げ》】[12]を、（お

金口《こんく》の真説《しんせつ》四句《しく》の偈《げ》を
国字《こくじ》に作《つく》る短歌《みじかうた》
いろはにほへどちりぬるを
わがよたれぞつねならむ
ういのおくやまけふこえて
あさきゆめみじえひもせず
まなび初《そ》めにし稚子《おさなご》も
習《なら》うに易《やす》き筆《ふで》の跡《あと》
されども総持《そうじ》の文字《もじ》なれば
知《し》れば知《し》るほど意味《いみ》深《ふか》し
僅《わずか》に四十七字《しじゅうしちじ》にて
百事《ひゃくじ》を通《つう》ずる便利《べんり》をも
思《おも》えば万国天《ばんこくあめ》の下《した》

大師さまは）日本語【国字《こくじ》】に直して（次の）短い歌を作られました。

　いろはにほへどちりぬるを
　わがよたれぞつねならむ
　ういのおくやまけふこえて
　あさきゆめみじえひもせず▼13

　勉強をはじめたばかりの幼い子どもでも、簡単に習うことのできるものです。

　しかしながら、（これは）陀羅尼《だらに》【総持《そうじ》】の文字なので、知れば知るほど深遠《じんのん》な意味があります。

　僅《わず》か四十七文字で、すべて【百事《ひゃくじ》】の事象に通ずる便利なものです。

　思えば世界中で（お大師さま）の御恩《ごおん》を受け

御《ご》恩《おん》を受《う》けざる人《ひと》もなし
猶《なお》も誓《ちかい》の其中《そのなか》に
五《ご》穀《こく》豊熟《ほうじゆく》富《と》み貴《たと》き
家《か》運《うん》長久《ちようきゆう》智慧《ちえ》愛敬《あいきよう》
息災《そくさい》延命《えんめい》且《かつ》易《い》産《さん》
あゆむに遠《とお》き山河《やまかわ》も
同行《どうぎよう》二《に》人《にん》の御《ご》誓願《せいがん》
八十八《はちじゆうはち》の遺跡《ゆいせき》に
よせて利益《りやく》を成《な》し給《たま》う
罪障《ざいしよう》深《ふか》きわれわれは
繋《つな》がぬ沖《おき》の捨小船《すておぶね》
生死《しようじ》の苦海《くかい》果《はて》もなし
誰《たれ》を便《たより》の綱手縄《つなでなわ》

ていない人はいません。

　そして、その誓いの中には、五穀豊穣【五穀《ごこく》豊熟《ほうじゆく》】、貴い富を得る、家運が末永く栄える、智慧《ちえ》や親愛と尊敬の念【愛敬《あいきよう》】の獲得、無事息災、延命、安産【易産《いさん》】。

　遠い山路を歩くときも、お大師さま同行して下さると誓って下さいました。

　八十八箇所の（お大師さまの）ご遺跡【八十八《はちじゆうはち》の遺跡《ゆいせき》】[14]に寄せてご利益《りやく》を得させて下さいます。

　罪深いわれわれは、係留されずに波間を漂う小船のようなものです。

　われわれが迷う苦しみの世界【生死《しようじ》の苦海《くかい》】[15]は際限もなく広がり、誰を頼りに船をつなぐ綱

ここに三地《さんじ》の菩薩《ぼさつ》あり
弘誓《ぐぜい》の船《ふね》に櫓櫂《ろかい》取《と》り
たすけ給《たま》える御慈悲《おんじひ》の
不思議《ふしぎ》は世世《よよ》に新《あら》なり
南無大師遍照尊《なむだいしへんじょうそん》
南無大師遍照尊《なむだいしへんじょうそん》
南無大師遍照尊

や縄を求めたらいいのでしょうか。
（しかし）ここに優れた徳《とく》を具《そな》えたお大師さま【三地《さんじ》の菩薩《ぼさつ》】▼16がいらっしゃいます。
（仏法を弘め衆生《しゅじょう》を救うために立てた）誓願を成就するために船出した船【弘誓《ぐぜい》の船《ふね》】の櫓《ろ》と櫂《かい》を操り、助けて下さる偉大なお慈悲の不思議な霊力はいつの世にも新たなのです。
南無《なむ》大師遍照尊《だいしへんじょうそん》
南無大師遍照尊
南無大師遍照尊

1　**宝亀五年《ほうきごねん》**　西暦七七四年。
2　**延暦《えんりやく》の末《すえ》の年《とし》**　延暦二三年（八〇四）。
3　**しるしを残《のこ》す一本《ひともと》の松《まつ》**　三鈷《さんこ》の松《まつ》（一六二ページを参照）。
4　**凡聖不二《ぼんじょうふに》**　凡夫《ぼんぷ》（凡人）も聖人（仏）も平等にという意味。
5　**不転《ふてん》**　輪廻転生《りんねてんしょう》しない。
6　**竜華《りゅうげ》**　竜華樹《りゅうげじゅ》という樹木名。仏教滅後、五十六億七千万年《ごじゅうろくおくななせんまんねん》後に弥勒菩薩《みろくぼさつ》が娑婆世界《しゃばせかい》に降りて来たときに竜華樹の下で悟りを開くという。

7 **忍土《にんど》**　われわれが迷い苦しむ娑婆《しゃば》世界《せかい》のこと。この世界では寒暑や痛痒《つうよう》などさまざまな苦痛や苦しみ、悲しみに耐えて生きなければならない。

8 **玉川《たまがわ》**　高野《こうや》山《さん》の奥之院《おくのいん》を流れる清流で、最も神聖な川とされている。

9 **昔《むか》し国中大旱魃《こくちゅうおおひでり》**　平安時代の初期にあった近畿地方を中心とする大旱魃《だいかんばつ》。多くの餓死者などが出たため、ときの天皇が空海《くうかい》に命じて雨ごいをさせたところ、たちまち慈雨《じう》に恵まれたことを指す。

10 **神泉苑《しんぜんえん》**　太古の昔、京都は大きな湖だったことが分かっている。この湖が永い時間をかけて次第に干上がり、京都盆地になった。平安京遷都のとき、京都の中心部、二条城《にじょうじょう》の近くにその湖底の部分が池として残っており、遷都に伴って池を中心とする庭園にしたのが神泉苑の始まりである。注9にあるように天長《てんちょう》元年（八二三）の大旱魃《だいかんばつ》の際、淳和《じゅんな》天皇は空海に命じてここで雨ごいをさせた。さらに、貞観《じょうがん》五年に発生した疫病の大流行に際しては神泉苑で御霊会《ごりょうえ》を行なって疫病退散を祈願した。そして、貞観一一年（八六九）には池の畔に六六本（当時の国の数）の鉾《ほこ》を立てて、山車《だし》を繰り出して祇園社《ぎおんしゃ》（後の八《や》坂神社《さかじんじゃ》）まで巡行した。これが祇園祭《ぎおんまつり》の山鉾巡行《やまほこじゅんこう》の起源である。

11 **甘露《かんろ》の雨《あめ》**　「甘露」はサンスクリット語のアムリタの漢訳で、不死を意味する。このころから、永遠の安楽《あんらく》に安住する「悟り」の意味になった。甘露の雨とは悟りを促進する雨という意味である。

12 **金口《こんく》の真説《しんせつ》四句《しく》の偈《げ》**　「金口の真説」は釈迦《しゃか》が存命中に直接説いたという意味。「四句の偈」は釈迦が説いた「無常偈《むじょうげ》」のことで、「諸行無常　是生滅法　生滅滅已　寂滅為楽」の四つの句。この世は常に留《とど》まることなく移り行く。生じては滅するのが世の法則である。再生してもまた滅する。そのような無常がなくなった世界が本当の安楽《あんらく》の世界（悟りの境地）である。

13 **いろはにほへと……えひもせず**　「いろは歌」である。この歌の作者は空海《くうかい》ということになっているが、史実としてそれを証明できるものな何もない。実際には一〇世紀後半から一一世紀はじめにかけて作られたと見られている。注12で触れたように『涅槃経《ねはんぎょう》』の「無《む》常偈《じょうげ》」の内容を和語に開き、カタカナだけで文字の重複なしに表わしたものである。また、平安時代末には末尾に「京」という漢字一字を加えて四十八文字にした。

14 **八十八《はちじゅうはち》の遺跡《ゆいせき》**　四国霊場八十八箇所。

15 **生死《しょうじ》の苦海《くかい》**　煩悩《ぼんのう》に苛《さいな》まれる迷いの世界。すなわち娑婆世界《しゃばせかい》。

16 **三地《さんじ》の菩薩《ぼさつ》**　菩薩には発心《ほっしん》したての初地《しょち》の菩薩から観音菩薩《かんのんぼさつ》や弥勒菩薩《みろくぼさつ》のような最高位菩薩までのいくつものランクがある。空海《くうかい》は師匠の恵果阿闍梨《けいかあじゃり》から最高位に近い三地の菩薩と評されたという。

◆空海と弟子たちの著作

『十住心論《じゅうじゅうしんろん》』

「十住心《じゅうじゅうしん》」とは空海《くうかい》が立てた真言宗《しんごんしゅう》の教判《きょうはん》。教判とは教相判釈《きょうそうはんじゃく》の略で、膨大な仏教の経典を形式や時代、教義や意味内容などによって分類し、その価値を決定するものである。『十住心論』で空海は人間の本性を一〇の段階に分け、それぞれに適した仏教の教えがあるとした。

第一は「異生羝羊心《いしょうていようしん》」で、「異生《いしょう》」は凡夫《ぼんぶ》（普通の凡人）の意味で、「羝羊《ていよう》」、つまり羊などの動物のように低俗な本能に支配されている愚昧《ぐまい》な心の状態。第二の「愚童持斎心《ぐどうじさいしん》」は生まれながらにして持っていた菩提心《ぼだいしん》（悟りを求める心）を起こし、五戒《ごかい》や十善戒《じゅうぜんかい》という在家《ざいけ》の戒律《かいりつ》を守って人間として正しい道を歩くことに努力する段階。第三は「嬰童無畏心《ようどうむいしん》」。嬰童《ようどう》とは凡夫のことで、菩提心は起こしているものの人間世界の苦悩を嫌って天上の楽果《らっか》を求めて修行をする程度の段階。

第四は「唯蘊無我心《ゆいうんむがしん》」。「蘊《うん》」とは人間の肉体を含むすべての物質を構成する五つの要素で、「色《しき》・受《じゅ》・想《そう》・行《ぎょう》・識《しき》」の五つに分類される。五蘊《ごうん》の法《ほう》は実在だが、人間の肉体は仮のものであるとする小乗仏教《しょうじょうぶっきょう》の段階。第五の「抜業因種心《ばつごういんしゅしん》」も小乗《しょうじょう》の徒《と》の心境で、悪業《あくぎょう》を逃れて縁起《えんぎ》の法則を認識し、生死《しょうじ》の苦《く》を離れる程度の段階。第六は「他縁大乗心《たえんだいじょうしん》」。大《だい》乗《じょう》の菩《ぼ》薩《さつ》の段階で、法相宗《ほっそうしゅう》の教えがこれに当たる。第七は「覚心不生心《かくしんふしょうしん》」。すべての存在現象を「空《くう》」と観《かん》じる大乗の菩薩の段階で、三論宗《さんろんしゅう》の教義がこれに当たる。

第八は「一道無為心《いちどうむいしん》」。天台思想《てんだいしそう》ですべての教えは法華一乗《ほっけいちじょう》に帰するという立場で、如《によ》実一道心《じついちどうしん》、如実知自心《にょじっちじしん》、空性無境心などとも呼ばれる。第九は「極無自性心《ごくむじしょうしん》」。華厳宗《けごんしゅう》の教義で仏陀《ぶつだ》の悟りの境地も仏の初心とする立場。第十は「秘密荘厳心《ひみつしょうごんしん》」。真言《しんごん》の立場で仏の最高の教えで、これを真言宗《しんごんしゅう》に充てる。第一から第九を顕教《けんぎょう》、第十を密教一乗《みつきょういちじょう》とする。

『十住心論』は天長《てんちょう》年間（八二四～八三三）に淳和《じゅんな》天皇の命で十住心の真意を多くの経典を引用しながら明らかにした空海の代表作。建長《けんちょう》六年（一二五四）、快賢《かいけん》によってはじめて刊行された。覚鑁《かくばん》の『十住心論略疏《じゅうじゅうしんろんりゃくしょ》』、頼瑜《らいゆ》の『十住心論勘文《じゅうじゅうしんろんかんもん》』など多くの注釈書がある。

『秘蔵宝鑰《ひぞうほうやく》』

天長《てんちょう》七年（八三〇）、淳和《じゅんな》天皇は各宗派の教義をまとめるようにとの勅命を出した。これに応じて著されたのが先に挙げた『十住心論《じゅうじゅうしんろん》』と『秘蔵宝鑰』である。前者が余りに煩《はん》瑣《さ》で難解だったことから、空海《くうかい》がその簡略本を作った。前者を「広論《こうろん》」と呼ぶのに対して後者は「略論《りゃくろん》」と呼ばれている。

「宝鑰《ほうやく》」とは宝の鍵という意味。『十住心論』では第一から第九までを顕教《けんぎょう》とし、これら九住心はすべて第十の密教《みっきょう》に含まれるという「九顕十密《くけんじゅうみつ》」の教義を明らかにした。これに対して『秘蔵宝鑰』では龍猛《りゅうみょう》の『菩提心論《ぼだいしんろん》』を根拠に第十の密教だけが仏陀《ぶっだ》の真の教えとする「九顕一密」を強調している。

『十住心論』と『秘蔵宝鑰』は空海晩年の作で、空海の著作中、双璧《そうへき》をなす書である。

『御遺告《ごゆいごう》』

空海《くうかい》は承和《じょうわ》二年（八三五）の旧暦三月二一日に遷化《せんげ》したが、その六日前の三月一五日、門弟を集めて最後の遺誡《ゆいかい》（遺言）を示した。真言宗《しんごんしゅう》の成立に関わることから、金剛峯寺《こんごうぶじ》や東寺《とうじ》など主要寺院の管理の問題、修行僧や信徒が守るべき戒律《かいりつ》などを二五箇条にわたって詳細に述べている。空海亡き後の真言宗はこの『御遺告』にしたがって運営されることになったのである。

『即身成仏義《そくしんじょうぶつぎ》』

空海《くうかい》が真言密教《しんごんみっきょう》の枢要である「即身成仏《そくしんじょうぶつ》」（一二八ページを参照）について理論的に述べた書である。さまざまな経論を引用して論拠を挙げ、修行者のいま生きている現身《げんしん》が大日《だいにち》如来《にょらい》の真理《しんり》と一致したとき、生きながらにして仏になることを強調する。密教成立《みっきょうせいりつ》の根幹に関わる問題であることから、天台宗《てんだいしゅう》の一部では空海著を否定する向きもある。

『般若心経秘鍵《はんにゃしんぎょうひけん》』

空海《くうかい》が『般若心経《はんにゃしんぎょう》』について著した注釈書。『般若心経』は『大般若経《だいはんにゃきょう》』六百巻の要約ととらえられていたが、空海は鳩摩羅什《くまらじゅう》訳と玄奘三蔵《げんじょうさんぞう》訳の異同を指摘し、『陀羅尼集経《だらにじっきょう》』などを典拠に、般若菩薩《はんにゃぼさつ》の大心真言である「羯諦《ぎゃてい》、羯諦……」による内証三昧《ないしょうざんまい》（深い悟りの境地）を説いたものだという。

『三教指帰《さんごうしいき》』

空海《くうかい》は一八歳のときに『聾瞽指帰《ろうこしいき》』を著して儒教、道教、仏教を比較して仏教が最も優れた教えであることを表明した。この『聾瞽指帰』に修正を加えたものが『三教指帰』で空海が二四歳のときの著作。儒教を代表する亀毛先生《きもうせんせい》、仏教を代表する仮名乞児《かめいこつじ》、道教を代表する虚亡隠士《きょぶいんし》がそれぞれの説を展開し、結局、仏教代表の仮名乞児が論戦に勝つというストーリーである。

本書は戯曲の形式でストーリーを展開したもので、我が国の仏教文学史上、画期的な書である。四六駢儷体《しろくべんれいたい》（四字と六字の対句を連続した漢文の華麗な文体）の華やかな文章でつづられ、若くして花開いた空海の文才が遺憾なく発揮されている。

『文鏡秘府論《ぶんきょうひふろん》』

空海《くうかい》が中国の六朝《りくちょう》から唐《とう》（三世紀～一〇世紀）に書かれた詩や散文などを抜粋し、その創作理論などを研究した文学理論書。全六巻で、それぞれ天地東南西北に分かれている。中国語の言語構成や発音、詩論などを挙げてそれぞれの巻の序文で簡単な論評を加えている。空海が唐から帰国した後の弘仁《こうにん》年間（八一〇〜八二三）に完成したと見られている。ただし、本書はすべて中国の文人の著作の抜粋で、空海自身の文章は序文のみである。したがって、本書での空海は著者ではなく編者としての役割を果たしている。

『性霊集《しょうりょうしゅう》』

詳しくは『遍照発揮性霊集《へんじょうほっきしょうりょうしゅう》』といい、空海《くうかい》が残した詩や碑文《ひぶん》、願文《がんもん》などを弟子の真済《しんぜい》が編纂《へんさん》したもので、個人の詩文集としては我が国最古のものである。全一〇巻からなるが、第八巻から第一〇巻は早くに散逸したため、承暦《じょうりゃく》三年（一〇七九）に仁和寺《にんなじ》の済暹《さいせん》が空海の遺文を収集して編纂した『続遍照発揮性霊集補闕鈔《ぞくへんじょうほっきしょうりょうしゅうほけつしょう》』三巻を充てた。ただし、「補闕鈔《ほけつしょう》」は『遍照発揮性霊集』の第八巻から第一〇巻を計ったものではなく、後世の偽作と考えられているものも含まれている。

『空海僧都伝《くうかいそうずでん》』

空海《くうかい》の高弟の真済《しんぜい》の著とされている。空海の出生から大学入学、仏教への転向、独学での修行、入唐《にっとう》、恵果阿闍梨《けいかあじゃり》との出会い、高野山《こうやさん》の創建、東寺《とうじ》の下賜、死に至るまでの空海の伝記を詳しく記している。とかく空海には伝説的な部分が多く、ともすればその実像は伝説に気圧《けお》されがちだが、この書は空海の側近くに仕えた高弟の真済の書ということもあって空海の実像をよく伝え、高く評価されている。

『高野雑筆集《こうやざつひつしゅう》』

『性霊集《しょうりょうしゅう》』の補遺に当たるもので書簡を中心に七二編が収められているが、そのうち一〇編は『性霊集』と重複している。その内容は空海《くうかい》が唐《とう》から持ち帰った経典の書写、庇護者への礼状、病気見舞いなど多岐にわたっている。また、空海の弟子の書簡と思われるものも数編含まれている。『性霊集』とともに空海の事績や思想を知るうえで貴重な資料である。

『五輪九字秘釈《ごりんくじひしゃく》』

五輪《ごりん》とは大日如来《だいにちにょらい》、九字《くじ》とは「南無不可思議光如来《なむふかしぎこうにょらい》」、つまり阿弥陀如来《あみだにょらい》のことである。覚鑁《かくばん》は本書で密教《みっきょう》と浄土教《じょうどきょう》の融合を計り、大日如来の密厳浄土《みつごんじょうど》と阿弥陀如来の西方極楽浄土《さいほうごくらくじょうど》は同じであると説く。そして、行者が三密加持《さんみつかじ》（一九ページを参照）を実践しても、念仏を実践しても、すぐさま浄土往生《じょうどおうじょう》すると主張するのである。本書は空海《くうかい》の没後、しばらくして停滞期に入った真言密教《しんごんみっきょう》を活性化するものになった。

コラム／なぜ不祝儀を延ばしてはいけないのか

昔から御祝い事は延ばしても良いが、不祝儀は延ばしてはいけないという。このように言われるようになったのは、年忌法要《ねんきほうよう》が庶民の間にも普及した室町時代中ごろからのこと、とくに四十九日《しじゅうくにち》を延ばしてはいけないということが言われるようになった。

これは民間信仰であるが、語呂合わせで四十九を「始終苦《しじゅうく》」と読み、これが三月にまたがると「始終苦が身に着く（三月）」といって嫌ったのである。例えば五月の一日に亡くなった人の四十九日は六月の一八日で、五月、六月の二月におさまる。しかし、五月三一日に亡くなると七月一八日が四十九日になる。そうすると五月、六月、七月の三月にまたがることになる。だから、四十九日の法要《ほうよう》は日程を切り上げて六月中に行なわなければならないというのだ。

このような民間信仰が広まってすべての不祝儀は繰り上げて営むという風習が生まれたのである。

コラム／奈良時代に始まった国家的な法会

奈良時代になると東大寺《とうだいじ》などの大寺《おおでら》が相次いで建立され、そこで天皇主催の大掛かりな法会《ほうえ》が営まれるようになった。この時代は鎮護《ちんご》国家《こっか》の仏教で、僧侶《そうりょ》たちは国家安泰や天皇や皇族の病気平癒や延命《えんめい》祈願《きがん》、五穀豊穣などを祈願したのである。

『仁王般若経』を読誦《どくじゅ》する「仁王会《におうえ》」、『勝曼経《しょうまんぎょう》』を読誦して女性の無事息災を祈願する「勝曼会《しょうまんえ》」、吉祥天を本尊として日頃の罪穢《つみけが》れを懺悔《さんげ》する「吉祥天悔過《きちじょうてんけか》」などが盛んに行なわれた。このような法会は平安時代にも行なわれたが、貴族が主役の平安時代になると、国家的法会から皇族や貴族個人の安泰を祈る法会になっていった。

そして、鎌倉時代になって武士が仏教の主役になると、武士がこれらの法会を営むようになった。武士たちは法会を通じて主に武運長久を祈願することが多かった。また、元寇《げんこう》に際しては京都の東寺《とうじ》で外敵退散の祈禱《きとう》が行なわれたと伝えられている。

これらの大掛かりな法会の中で現在も各地の寺院で行なわれているのは「大般《だいはん》若会《にゃえ》」ぐらいである。

付録　真言宗《しんごんしゅう》の年中行事と法要《ほうよう》

◆修正会《しゅしょうえ》（一月一日〜三日）

正月に修《しゅ》する法会《ほうえ》なので「修正会」と呼ばれる。もとは新年に日ごろの罪業《ざいごう》を懺悔《さんげ》する悔過《けか》の行事で、除災、招福、国家安泰、五穀豊穣などが祈願された。高野山《こうやさん》では金《こん》堂《どう》と大塔《だいとう》の両方で修正会が行なわれる。金堂の修正会は顕教《けんぎょう》の儀礼で、大塔のものは密教《みっきょう》の儀礼で営まれる。大塔の修正会は二時間にも及び、最後の僧侶《そうりょ》たちが「牛《ご》黄杖《おうづえ》」で床を叩《たた》いて邪悪なものを払う。

◆後《ご》七日《しちにち》御《み》修《し》法《ほ》（一月八日〜一四日）

空海《くうかい》が亡くなる前年の承和《じょうわ》元年（八三四）、仁明《にんみょう》天皇の勅命により空海が宮中の真言院《しんごんいん》に於《お》いて営んだのが起源。天皇の安穏や国土安泰、五穀豊穣などを祈願する行事で、以降、真言宗《しんごんしゅう》の最も重要な法要《ほうよう》の一つになった。

室町《むろまち》時代には南北朝《なんぼくちょう》の騒乱や応仁《おうにん》の乱《らん》の影響で一時中断したが、元和《げんな》九年（一六二三）、約一七〇年ぶりに復活した。その後、明治四年（一八七一）には神仏分離によって断絶したが、同一六年（一八八三）に復活した。このとき、法要の場所を宮中の真言院から東寺《とうじ》の灌頂院《かんじょういん》に移した。

七日間にわたって行なわれる法要は、護《ご》摩《ま》や五大明王法《ごだいみょうおうほう》、聖天法《しょうでんほう》など二一座にわかれて営まれる。初日には宮中から勅使が御衣を唐櫃《からびつ》に入れて奉持し、灌頂院の内《ない》陣《じん》に納める。また、法要では数珠《じゅず》や五鈷《ご こ》杵《しょ》、衣などは空海が唐《とう》から持ち帰ったものの一部が使われている。法要が満願した一四日には一般信徒の灌頂院への入堂、礼拝《らいはい》が許される。

◆涅槃会《ねはんえ》（二月一五日）
涅槃《ねはん》とは釈迦《しゃか》の死のこと。中国や日本では釈迦が亡くなったのは二月一五日のこととされている。この日は宗派を問わず各地の寺院で釈迦の最期の光景を描いた涅槃《ねはん》図《ず》を掲げて釈迦の菩提《ぼだい》を弔う。高野《こうや》山《さん》や東《とう》寺《じ》をはじめ全国の真言宗寺院《しんごんしゅうじいん》でも涅槃会が営まれる。

◆彼岸会《ひがんえ》
（三月の春分の日と九月の秋分の日を中心とする七日間）

春秋の彼岸《ひがん》は日本人にとって、盂蘭盆《うらぼん》会《え》とともに最もなじみの深い仏教行事である。彼岸は、サンスクリット語で「パーラミター」という。この音を漢字に当てて

「波羅蜜多《はらみた》」といい、意訳して「到彼岸《とうひがん》」という。彼岸とは悟りの世界、すなわち「仏の世界」である。われわれが住む此岸《しがん》（迷いの世界）から、迷いのない仏の世界を指して彼岸というのだ。俗にいう「あの世」である。

春分の日と秋分の日を彼岸の中日《ちゅうにち》と定め、その日をはさんで前後各三日の七日間で営まれる法会《ほうえ》が「彼岸会《ひがんえ》」だ。春分、秋分の両日は昼夜の時間が等しくなり、古くから「時正《じしょう》」「昼夜等分《ちゅうやとうぶん》」などといわれる最高の日である。万物のバランスが最もよくとれたこの日に、日頃の怠惰を反省し、仏道精進《ぶつどうしょうじん》の機会にするための法要《ほうよう》を定めたのが彼岸会の起源と考えられている。

つまり、この日を機に仏道《ぶつどう》に励み（仏教の教えに従って生活すること）、彼岸（仏の世界）に到達しようとしたのだ。だから、彼岸にはお寺に参詣し、墓参をして、僧《そう》侶《りょ》にお経を読んでもらったり、法話《ほうわ》を聞いたりして、仏教に親しむのである。墓参をするのは先祖を敬い、供養《くよう》することによって善行《ぜんぎょう》（善い行ない）を積み、功徳《くどく》を得るためである。さらには、善行を先祖に振り向ける追善回向《ついぜんえこう》の意味もある。

彼岸会の習俗は日本独特のもので、インドや中国には見られない。日本では聖徳《しょうとく》太子《たいし》の時代に彼岸会が行なわれたと伝えられる。時代が下ると、彼岸会の風習が各地に広まり、暦にも春秋の彼岸の日が定められるようになった。

敗戦後の昭和二三年（一九四八）には春分、秋分の両日は「国民の祝日」と定められた。そして、春分の日は「自然をたたえ、生物をいつくしむ日」、秋分の日は「祖先をうやまい、亡くなった人をしのぶ日」とされている。ここに日本古来の彼岸会の習俗が復活したということができる。

また、日本では古くから稲作の始まる春と終了する秋に、田の神祭りを行なっていた。田の神は祖先の霊とも考えられているから、田の神祭りは祖先の霊を迎える祭でもある。これに仏教の風習が加味され、彼岸の習俗ができあがったと考えられている。いずれにしても日本人の魂に深く根ざした行事であることには間違いない。

また、九月の彼岸の中日には「一座土《いちざど》砂加持法会《しゃかじほうえ》」が壇上伽藍金堂《だんじょうがらんこんどう》で行なわれる。これは祈願を込めた土砂を播《ま》いて諸霊を供養するための法会である。

◆花《はな》まつり(四月八日。釈迦の誕生日)

中国や日本の伝承では釈迦《しゃか》は四月八日に生まれたとされている。(もちろん、これは伝承で、釈迦がいつ生まれたかは分かっていない。生まれたばかりの釈迦は右手で天をさし、左手で地をさして「天上天下唯我独尊《てんじょうてんげゆいがどくそん》」といったという。このときの姿をとらえたのが誕生仏《たんじょうぶつ》で、毎年、四月八日にはたくさんの花で飾った花御堂《はなみどう》という小堂の中に水盤の中に入れた誕生仏を安置し、甘茶《あまちゃ》をかけて釈迦の誕生を祝う。降誕会《ごうたんえ》、灌仏会《かんぶつえ》などと呼ばれ、一般には花まつりの名で親しまれている。すでに奈良時代には行なわれており、東大寺《とうだいじ》には直径一メートルほどの水盤上に立った誕生仏(国宝)がある。ふつう、誕生仏は二〇センチメートルほどの小型のものだが、東大寺の灌仏会は大仏殿《だいぶつでん》の前で行なわれ、誕生仏もそれに合わせて大振りになっている。

◆結縁灌頂《けちえんかんじょう》（五月三日〜五日、一〇月一日〜三日）

主に在家《ざいけ》の信徒が仏縁《ぶつえん》を結ぶ行事である。五月には胎蔵界結縁灌頂《たいぞうかいけちえんかんじょう》、一〇月は金剛《こんごう》界結縁灌頂《かいけちえんかんじょう》が壇上伽藍《だんじょうがらん》の金剛《こんごう》で行なわれる。初日には先《ま》ず、「庭儀結縁灌頂三摩耶《ていぎけちえんかんじょうさんまや》戒《かい》」が授けられ、次に曼荼羅《まんだら》を床に広げ、印《いん》と真言《しんごん》を授けられた僧俗が目隠しをされ、印を結んだ手に花を持たされる。その花を役僧の介助で後ろ向きに曼荼羅の上に投げる。これを「投華得仏《とうげとくぶつ》」といい、花が落ちたところの仏、菩薩《ぼさつ》がその人の一生の守《しゅ》護本尊《ごほんぞん》になる。

次に導師《どうし》が聖水を受者の頭の上にかける。これが灌頂《かんじょう》である。この結縁灌頂は弘仁《こうにん》三年（八一二）に空海《くうかい》が高雄山寺《たかおさんじ》で行なったのが起源で、それ以降、高野山《こうやさん》では最も厳格な儀式として行なわれている。

◆宗祖降誕会《しゅうそごうたんえ》（六月一五日）

弘法大師《こうぼうだいし》の誕生日を祝う行事。かつては金堂《こんどう》で営まれていたが大正四年（一九一五）に高野山大師教会《こうやさんだいしきょうかい》が落成してからは大師教会の大講堂で行なわれるようになった。全国から檀信徒《だんしんと》が集まり、メインストリートで踊りや太鼓などを披露する。高野山挙げての行事である。

◆不断経《ふだんぎょう》（八月七日から一週間）

寛治《かんじ》八年（一〇九四）に始められた法会《ほうえ》

で、滅罪善生を願って壇上伽藍《だんじょうがらん》の金堂《こんどう》内を『理趣経《りしゅきょう》』に節をつけて読経《どきょう》しながら巡る。この法会の基を作ったのは空海《くうかい》の弟子の真然大徳《しんねんだいとく》といわれ、法要《ほうよう》では曼荼羅《まんだら》の裏側に真然大徳と釈迦如来《しゃかにょらい》の画像が掲げられる。一日の経は途中で終わり（終わり経）、次の日に続きの経（始め経）を読んで、一週間、続けられる。

◆盂蘭盆会《うらぼんえ》（七月、八月）

お盆は春秋の彼岸《ひがん》と並んで、日本人に最も馴染みの深い仏教行事である。正しくは「盂蘭盆会」といい、盂蘭盆《うらぼん》とはサンスクリット語の「ウランバナ」の音写《おんしゃ》で、「倒懸《とうけん》」と意訳される。

倒懸というのは、逆さ吊《づ》りにされるような耐え難い苦しみのことである。そして、盂蘭盆会は地獄や餓鬼道《がきどう》などの悪処《あくしょ》に落ちて、この苦しみを受けている死者を救うために営む法会《ほうえ》なのである。『仏説盂蘭盆経《ぶっせつうらぼんぎょう》』という経典には、次のようなお盆の起源に関する話が述べられている。

昔、釈迦《しゃか》の十大弟子《じゅうだいでし》（釈迦の弟子の中でもとくに優れた一〇人）の一人に目連《もくれん》という人がいた。彼は若くして母親を失ったが、その母親が餓鬼道に落ちて苦しんでいることを知った。母親の姿を見て、多いに嘆き悲しんだ目連は、釈迦に相談することにした。すると釈迦は、ひとたび餓鬼道に落ちたものをにわかに救うのは難しいが、安居《あんご》（雨季の期間、僧院にこもって修行を積むこと）明けに僧侶《そうりょ》たちに飲食を饗応《きょうおう》すると、最高の功徳《くどく》がある。

だから、この日に修行僧たちにご馳走を

すれば、その功徳で彼の母親も救われるだろう、と説いた。このように釈迦に教えられた目連は、安居明けの日を待って、修行僧たちに食事を饗応したところ、母は餓鬼道から救われた。この故事にちなんで、盂蘭盆会が行なわれるようになった、というのである。

　ただし、『仏説盂蘭盆経』というのは中国で作られた偽経《ぎきょう》（インドの経典に似せて作った経典）で、目連が母を救った話を賞賛して儒教の「孝《こう》（親孝行の孝）」の思想を広めるために作られたものだともいわれている。本来、インドで行なわれた盂蘭盆の行事は、先に述べたように安居明けに修行僧たちに食事をふるまうものである。僧侶たちにとっては、厳しい修行に耐えた後の一種の打ち上げだったのだ。

　しかし、中国では『仏説盂蘭盆経』によって盂蘭盆会が一般に普及し、後に本来の意味が転じて祖先の霊を供養《くよう》する行事となった。これが日本にも伝えられてお盆の行事となったのだ。

　金剛峯寺《こんごうぶじ》では八月一〇日に「仏迎え」をし、一一日に盂蘭盆会を行なう。仏迎えでは奥之院《おくのいん》から「消えずの火」を頂戴《ちょうだい》し、これを金剛峯寺や各坊《ぼう》に運びお盆の期間は灯《とも》し続ける。そして、一三日に万燈会《まんどうえ》（ろうそく祭）を行ない、送り火とする。万燈会では一の橋から奥之院までの約二キロの参道に一〇万本の燈明が灯され、幻想的な光景が繰り広げられる。

◆明神社秋季大祭《みょうじんじゃしゅうきたいさい》（一〇月一六日）

高野山《こうやさん》の地主神である高野明神《こうやみょうじん》の例大

祭。明神社で読経《どきょう》をした後、中学生の神輿《みこし》が山内を練り歩く。餅投《もちな》げなどもあり、多くの参詣者で賑《にぎ》わう。

◆諡号奉賛会《しごうほうさんえ》（一〇月二七日）

延喜《えんぎ》二一年（九二一）一〇月二七日、空海《くうかい》は醍醐《だいご》天皇から弘法大師《こうぼうだいし》の諡号《しごう》を賜った。それを記念して営まれるのがこの行事である。しかし、その起源は意外に新しく、大正四年（一九一五）に開山記念法会《かいざんきねんほうえ》を行なったのを機に始まった。法印御房《ほういんごぼう》が導師《どうし》を務める最後の行事で、翌年の二月二二日には新しい法印御房に引き継ぐ。

◆成道会《じょうどうえ》（一二月八日）

成道《じょうどう》、釈迦《しゃか》が道を開いた日、つまり、悟りを開いた日を祝う法要《ほうよう》。中国や日本では一二月八日のこととされている。臘月《ろうげつ》八日であるから「臘八会《ろうはちえ》」とも呼ばれる。禅《ぜん》宗《しゅう》では接心《せっしん》といって一二月一日から八日まで僧堂《そうどう》に籠《こも》って座禅《ざぜん》に打ち込むという厳しい修行を行なう。真言宗《しんごんしゅう》でも悟りに向かって心を新たにして修行に励む。

◆除夜会《じょやえ》（一二月三一日）

一年の穢《けが》れを除き、新たな気持ちで新年を迎える行事で、煩悩《ぼんのう》の数と同じ一〇八回、鐘を撞《つ》く。高野山《こうやさん》では大晦日《おおみそか》の午後一一時三〇分から深夜にかけて、壇上伽藍《だんじょうがらん》の大鐘が打ち鳴らされ、毎年、多くの初詣《はつもうで》客で賑《にぎ》わう。

★施餓鬼《せがき》（随時）

餓鬼道《がきどう》に堕《お》ちて飢餓《きが》に苦しむものが一年

に一度だけ腹一杯、食べ物を食べることができる日である。施餓鬼棚《せがきだな》を設け三界万霊《さんがいばんれい》や戦没者の霊位、震災などの被災者の霊位をまつる位牌《いはい》を立て、仏飯《ぶっぱん》を供える。餓鬼《がき》は腹が膨らみガリガリに痩《や》せた極めて醜い姿なので、人前に出てくるのを憚《はばか》る。そこで、施餓鬼棚は本堂《ほんどう》の入り口近くに外に向けて設《しつら》えられる。

浄土真宗《じょうどしんしゅう》以外の各宗派で行なわれるが、仏教行事の中でも最も密教的《みっきょうてき》色彩の濃厚なもので、浄土宗《じょうどしゅう》の施餓鬼会《せがきえ》でもほとんど陀羅尼《だらに》をとなえ続ける。また、施餓鬼は地域の各宗派の教区の寺院が一〇数ヶ寺で協力して行なうため、教区内で同じ日に施餓鬼会を行なうのは物理的に不可能だ。したがって施餓鬼の日は寺院によって区々《まちまち》である。

★大般若会《だいはんにゃえ》（随時、通常は年初）

『大般若経《だいはんにゃきょう》』を読誦《どくじゅ》して国家安泰や五穀豊穣を祈願する法会《ほうえ》。中国で皇帝の主催で始められ日本でも奈良時代から執り行なわれるようになった。経典全部を通読する真読《しんどく》ではなく、経典の中の見出しや最初と中ごろと最後の数行を読む。これを転読《てんどく》といい、二〇人ほどの僧侶《そうりょ》が経本折《きょうほんおり》の経巻《きょうかん》をアコーディオンを弾くときのようにバラバラと広げながらそれぞれ違った内容を大声で読み上げる。

高野山《こうやさん》では五月二八日の春季大祭と一〇月二八日の秋季大祭のときに大般若会が行なわれ、大勢の信徒が参列して無事息災や五穀豊穣、国家安泰などを祈願する。

★開山忌《かいざんき》・先住忌《せんじゅうき》（随時）

開山忌はその寺を開いた僧侶《そうりょ》の命日、先住忌は先代の住職の命日に菩提《ぼだい》を弔う法《ほう》要《よう》である。各寺院で営まれ、その寺の檀家《だんか》などが参集する。

〈関連年表〉

年　号	主な出来事
弘仁七年（八一六）	空海、嵯峨天皇から高野山を下賜される。
弘仁一〇年（八一九）	空海、高野山に登拝して伽藍創建をはじめる。同年、高野山ではじめての本格的法要である万灯万華会を営む。
承和二年（八三五）	高野山金剛峯寺、定額寺（准官寺）に列せられる。三月二一日、空海没する。
延喜二一年（九二一）	朝廷、空海に「弘法大師」の諡号を贈る。
正暦五年（九九四）	壇上伽藍の根本大塔に落雷があり、御影堂を残して堂塔が全焼する。
寛治二年（一〇八八）	白河上皇、高野山に参詣して根本大塔再建の宣旨を下す。
天治元年（一一二四）	鳥羽上皇が登拝し、壇上伽藍東塔と西塔建立の宣旨を下す。
長承元年（一一三二）	覚鑁、鳥羽上皇の勅許を得て高野山に大伝法院と密厳院を建立し、鳥羽上皇を迎えて盛大な落慶法要を営む。
建暦元年（一二一一）	北条政子、源頼朝の菩提を弔うために禅定院（後の金剛三昧院）を創建する。
弘安八年（一二八五）	安達泰盛らの寄進により町石道が完成、落慶法要が営まれる。
正和二年（一三一三）	後宇多法皇、高野山に行幸。
建武元年（一三三四）	後醍醐天皇、愛染堂を建立。

康永三年	（一三四四）	足利尊氏・直義兄弟、金剛三昧院で法楽歌会を催す。
永享五年	（一四三三）	衆徒と堂衆の合戦があり、山内の主要伽藍の大半を焼失。
永享一一年	（一四三九）	松平親氏（徳川家祖）、蓮花院と師檀関係を結ぶ。
永禄三年	（一五六〇）	武田信玄、成慶院と宿坊契約を結ぶ。
天正九年	（一五八一）	織田信長、安土城外で高野聖一三八三人を処刑し、高野攻めを開始する。
天正一三年	（一五八五）	豊臣秀吉、根来寺を焼き討ちにし、高野山に帰順を迫る。秀吉は木食応其の説得により高野山の寺領を安堵する。
天正二〇年	（一五九二）	豊臣秀吉、高野山に一万石の朱印地を寄進する。
文禄三年	（一五九四）	豊臣秀吉、徳川家康らを伴い高野山に参詣する。
寛永五年	（一六二八）	山内に東照宮を造営。
元禄五年	（一六九二）	幕府、高野山の学侶方と行人方の争いを裁断し、行人方六二七名を流刑に処し、行人方寺院九〇二ヶ寺を廃寺にし、二八〇ヶ寺の存続を許す。
天保五年	（一八三四）	弘法大師一千年遠忌が営まれる。
慶応三年	（一八六七）	孝明天皇の宝塔建立。
明治元年	（一八六八）	明治維新。神仏分離により廃仏毀釈運動が起こり、神仏習合色の強かった真言宗は存亡の危機に直面する。

明治二年（一八六九）	維新政府の指導により、学侶、行人、高野聖の高野三方を廃し、金剛峯寺の旧号に復する。
明治四年（一八七一）	金剛峯寺、朝廷に寺領二万石を返還する。
明治五年（一八七二）	太政官布告により、高野山の女人禁制を解く。金剛峯寺に管長を置く。
明治六年（一八七三）	明治政府、金剛峯寺の寺有林四千町歩を接収。
明治二四年（一八九一）	金剛峯寺、子院（坊）を一三〇ヶ寺に統廃合。
明治三七年（一九〇四）	金剛峯寺、日露戦争の出征兵士の留守と労働力確保のため、女性の入山を認める。
大正一〇年（一九二一）	高野山初の博物館を設置、高野山霊宝館が開館。
大正一五年（一九二六）	大学令により高野山大学が設置される。

〈参考文献〉

『高野山真言宗檀信徒必携』（新居祐政著、高野山真言宗教学部）
『真言宗豊山派　檀信徒宝典』（真言宗豊山派宗務所）
『真言宗のしきたりと心得』（高野山真言宗仏教習俗研究会監修、池田書店）
『空海の本』（学習研究社）
『密教の本』（学習研究社）
『別冊太陽　高野山　弘法大師空海の聖山』（井筒信隆監修、平凡社）
『大正新脩大蔵経』各巻（大蔵出版）
『大乗仏典』各巻（中央文庫）
『仏書解説大辞典』（小野玄妙他編、大東出版社）
『仏典解題事典』（水野弘元、中村元ほか編集、春秋社）
『仏教通史』（平川彰著、春秋社）
『インド仏教史』上・下（平川彰著、春秋社）
『新・佛教辞典』（中村元監修、誠信書房）
『仏教・インド思想辞典』（早島鏡正監修、春秋社）
『仏教要語の基礎知識』（水野弘元著、春秋社）

『ブッダ最後の旅』（中村元訳、岩波文庫）
『大乗経典を読む』（定方晟著、講談社現代新書）
『お経の基本がわかる小事典』（松濤弘道著、ＰＨＰ新書）　ほか

本書は書き下ろしです

よくわかる真《しん》言《ごん》宗《しゅう》
重要《じゅうよう》経典《きょうてん》付《つ》き

瓜《うり》生《ゆう》 中《なか》

平成28年 12月25日　初版発行
令和 6 年 10月30日　8 版発行

発行者●山下直久

発行●株式会社KADOKAWA
〒102-8177　東京都千代田区富士見2-13-3
電話　0570-002-301（ナビダイヤル）

角川文庫 20124

印刷所●株式会社KADOKAWA
製本所●株式会社KADOKAWA

表紙画●和田三造

●お問い合わせ
https://www.kadokawa.co.jp/（「お問い合わせ」へお進みください）
※内容によっては、お答えできない場合があります。
※サポートは日本国内のみとさせていただきます。
※Japanese text only

ISBN978-4-04-400135-3　C0115

◆◇◇

角川文庫発刊に際して

角川源義

第二次世界大戦の敗北は、軍事力の敗北であった以上に、私たちの若い文化力の敗退であった。私たちの文化が戦争に対して如何に無力であり、単なるあだ花に過ぎなかったかを、私たちは身を以て体験し痛感した。西洋近代文化の摂取にとって、明治以後八十年の歳月は決して短かすぎたとは言えない。にもかかわらず、近代文化の伝統を確立し、自由な批判と柔軟な良識に富む文化層として自らを形成することに私たちは失敗して来た。そしてこれは、各層への文化の普及滲透を任務とする出版人の責任でもあった。

一九四五年以来、私たちは再び振出しに戻り、第一歩から踏み出すことを余儀なくされた。これは大きな不幸ではあるが、反面、これまでの混沌・未熟・歪曲の中にあった我が国の文化に秩序と確たる基礎を齎らすためには絶好の機会でもある。角川書店は、このような祖国の文化的危機にあたり、微力をも顧みず再建の礎石たるべき抱負と決意とをもって出発したが、ここに創立以来の念願を果すべく角川文庫を発刊する。これまで刊行されたあらゆる全集叢書文庫類の長所と短所とを検討し、古今東西の不朽の典籍を、良心的編集のもとに、廉価に、そして書架にふさわしい美本として、多くのひとびとに提供しようとする。しかし私たちは徒らに百科全書的な知識のジレッタントを作ることを目的とせず、あくまで祖国の文化に秩序と再建への道を示し、この文庫を角川書店の栄ある事業として、今後永久に継続発展せしめ、学芸と教養との殿堂として大成せんことを期したい。多くの読書子の愛情ある忠言と支持とによって、この希望と抱負とを完遂せしめられんことを願う。

一九四九年五月三日

角川ソフィア文庫ベストセラー

角川ソフィア文庫ベストセラー

知っておきたい
わが家の宗教
瓜生 中

信仰心がないといわれる日本人だが、宗教人口は驚くほど多い。その種類や教義、神仏習合や檀家制度、さらに身近な習俗まで、祖霊崇拝を軸とする日本人の宗教を総ざらいする。冠婚葬祭に役立つ知識も満載！

知っておきたい
日本人のアイデンティティ
瓜生 中

日本人の祖先は大陸や南方からの人々と交流し、混血を重ねるうちに独自の特徴を備える民族となった。地理的状況、国家観、宗教観などから古きよき日本人像を探り、そのアイデンティティを照らし出す。

知っておきたい
般若心経
瓜生 中

わずか二六二文字に圧縮された、この経典には何が書かれていて、唱えたり写経するとどんなご利益が得られるのか。知っているようで知らない般若心経を読み解き、一切の苦厄を取り除く悟りの真髄に迫る。

知っておきたい
日本の名僧
瓜生 中

最澄、空海、法然、親鸞、日蓮、一遍、栄西、一休、道元。日本人なら誰もが知っている名僧たち。独自の教義へ辿りつくまでの道筋とその教えをコンパクトに解説。名僧たちを通して仏教の理解が深まる！

ブッダの言葉
生き方が変わる101のヒント
瓜生 中

「すべてのものは滅び行くものである」（釈迦）、「本来無一物」（慧能）、「善人なおもて往生をとぐ、いわんや悪人をや」（親鸞）——。自分に自信がなくなったり、対人関係がぎくしゃくする時に効く人生の案内書。

角川ソフィア文庫ベストセラー

仏教の思想 1
知恵と慈悲〈ブッダ〉

増谷文雄
梅原猛

インドに生まれ、中国を経て日本に渡ってきた仏教。多様な思想を蔵する仏教の核心を、源流ブッダに立ち返って解明。知恵と慈悲の思想が持つ現代的意義を、ギリシア哲学とキリスト教思想との対比を通じて探る。

仏教の思想 2
存在の分析〈アビダルマ〉

櫻部建
上山春平

ブッダ出現以来、千年の間にインドで展開された仏教思想。読解の鍵となる思想体系「アビダルマ」とは？ ヴァスバンドゥ（世親）の『アビダルマ・コーシャ』を取り上げ、仏教思想の哲学的側面を捉えなおす。

仏教の思想 3
空の論理〈中観〉

梶山雄一
上山春平

『中論』において「あらゆる存在は空である」と説き、論理全体を究極的に否定して根源に潜む神秘主義を肯定したナーガールジュナ（龍樹）。インド大乗仏教思想の源泉のひとつ、中観派の思想の核心を読み解く。

仏教の思想 4
認識と超越〈唯識〉

服部正明
上山春平

アサンガ（無着）やヴァスバンドゥ（世親）によって体系化の緒につき、日本仏教の出発点ともなった「唯識」。仏教思想のもっとも成熟した姿とされ、ヨーガとも深い関わりをもつ唯識思想の本質を浮き彫りにする。

仏教の思想 5
絶対の真理〈天台〉

田村芳朗
梅原猛

六世紀中国における仏教哲学の頂点、天台教学。法然・道元・日蓮・親鸞など鎌倉仏教の創始者たちは、最澄が開宗した日本天台に発する。豊かな宇宙観を湛える、天台教学の哲理と日本の天台本覚思想を解明する。

角川ソフィア文庫ベストセラー

仏教の思想 11
古仏のまねび〈道元〉

高崎直道
梅原　猛

日本の仏教史上、稀にみる偉大な思想体系を残した禅僧、道元。その思想が余すところなく展開された正伝仏法の宝蔵『正法眼蔵』を、仏教思想全体の中で解明。大乗仏教思想の集大成者としての道元像を提示する。

仏教の思想 12
永遠のいのち〈日蓮〉

紀野一義
梅原　猛

「古代仏教へ帰れ」と価値の復興をとなえた日蓮。永遠のいのちを説く「久遠実成」、宮沢賢治に数多の童話を書かせた「山川草木悉皆成仏」の思想など、日蓮の生命論と自然観が持つ現代的な意義を解き明かす。

ビギナーズ　日本の思想
空海「三《さん》教《ごう》指《しい》帰《き》」

空　海
訳／加藤純隆・加藤精一

日本に真言密教をもたらした空海が、渡唐前の青年時代に著した名著。放蕩息子に儒者・道士・仏教者がそれぞれ説得を試みるという設定で各宗教の優劣を論じ、仏教こそが最高の道であると導く情熱の書。

ビギナーズ　日本の思想
空海「秘《ひ》蔵《ぞう》宝《ほう》鑰《やく》」
こころの底を知る手引き

空　海
訳／加藤純隆・加藤精一

『三教指帰』で仏教の思想が最高であると宣言した空海は、多様化する仏教の中での最高のものを、心の発達段階として究明する。思想家空海の真髄を示す、集大成の名著。詳しい訳文でその醍醐味を味わう。

ビギナーズ　日本の思想
空海「般《はん》若《にゃ》心《しん》経《ぎょう》秘《ひ》鍵《けん》」

空　海
編／加藤精一

宗派や時代を超えて愛誦される「般若心経」。人々の幸せを願い続けた空海は、最晩年にその本質を〈こころ〉で読み解き、後世への希望として記した。名言や逸話とともに、空海思想の集大成をわかりやすく読む。

角川ソフィア文庫ベストセラー

日本の昔話　柳田国男

「藁しび長者」「狐の恩返し」など日本各地に伝わる昔話106篇を美しい日本語で綴った名著。「むかしむかしあるところに――」からはじまる誰もが聞きなれた昔話の世界に日本人の心の原風景が見えてくる。

日本の伝説　柳田国男

伝説はどのようにして日本に芽生え、育ってきたのか。「咳のおば様」「片目の魚」「山の背くらべ」「伝説と児童」ほか、柳田の貴重な伝説研究の成果をまとめた入門書。名著『日本の昔話』の姉妹編。

日本の祭　柳田国男

古来伝承されてきた神事である祭りの歴史を「祭から祭礼へ」「物忌みと精進」「参詣と参拝」等に分類し解説。近代日本が置き去りにしてきた日本の伝統的な信仰生活を、民俗学の立場から次代を担う若者に説く。

毎日の言葉　柳田国男

普段遣いの言葉の成り立ちや変遷を、豊富な知識と多くの方言を引き合いに出しながら語る。なんにでも「お」を付けたり、二言目にはスミマセンという風潮などへの考察は今でも興味深く役立つ。

一目小僧その他　柳田国男

日本全国に広く伝承されている「一目小僧」「橋姫」「物言う魚」「ダイダラ坊」などの伝説を蒐集・整理し、丹念に分析。それぞれの由来と歴史、人々の信仰を辿り、日本人の精神構造を読み解く論考集。

角川ソフィア文庫ベストセラー

新訂 妖怪談義

柳田国男
校注／小松和彦

柳田国男が、日本の各地を渡り歩き見聞した怪異伝承を集め、編纂した妖怪入門書。現代の妖怪研究の第一人者が最新の研究成果を活かし、引用文の原典に当たり、詳細な注と解説を入れた決定版。

山の人生

柳田国男

山で暮らす人々に起こった悲劇や不条理、山の神の嫁入りや神隠しなどの怪奇談、「天狗」や「山男」にまつわる人々の宗教生活などを、実地をもって精細に例証し、透徹した視点で綴る柳田民俗学の代表作。

海上の道

柳田国男

日本民族の祖先たちは、どのような経路を辿ってこの列島に移り住んだのか。表題作のほか、海や琉球にまつわる論考8篇を収載。大胆ともいえる仮説を展開する、柳田国男最晩年の名著。

海南小記

柳田国男

大正9年、柳田は九州から沖縄諸島を巡り歩く。日本民俗学における沖縄の重要性、日本文化論における南島研究の意義をはじめて明らかにし、最晩年の名著『海上の道』へと続く思索の端緒となった紀行文。

先祖の話

柳田国男

人は死ねば子孫の供養や祀りをうけて祖霊へと昇華し、山々から家の繁栄を見守り、盆や正月にのみ交流する——膨大な民俗伝承の研究をもとに、古くから日本人に通底している霊魂観や死生観を見いだす。